아이와 떠나는
한나절 ✽ 하루 ✽ 하룻밤
감성 여행

아이와 떠나는
한나절 ✽ 하루 ✽ 하룻밤
# 감성 여행

권다현 지음

비타북스

Prologue

여행은 길 위의 학교다

아이와 함께 여행을 하다 보면 뜻하지 않은 호의를 받게 되는 경우가 많다. 길을 걷다 어르신들을 만나면 안녕하세요, 먼저 인사를 건넬 만큼 아이가 곰살맞은 데다 좀처럼 어린아이를 만나기 어려운 시골에선 어딜 가나 관심의 대상이다. 게다가 엄마와 단둘이 작은 가방을 메고 돌아다니는 모습이 기특해보였는지 간혹 속바지에서 꼬깃꼬깃 접힌 1,000원짜리를 쥐어주시는 어르신도 있다. 어떤 날은 여기저기서 손에 쥐어준 사탕이 숙소에 돌아오니 주머니 한가득일 때도 있다. 올해로 일곱 살이 된 아이는 그렇게 길 위에서 사랑받고 또 사랑하며 조금씩 더 큰 세상과 만나는 중이다.

아이가 네 살쯤 되었을 때일까, 상담이 있어 어린이집을 찾았더니 선생님께서 아이가 시골에서 자란 모양이라며 뜻밖의 이야기를 전해주었다. 숲체험을 나가면 강아지풀로 친구의 목을 간질이며 장난을 치고 애기똥풀을 꺾어 줄기에서 나오는 노란 진액을 보여주며 키득거리는가 하면 길가에 핀 갖가지 풀꽃 이름도 척척 알려준단다.

사실 녀석은 서울 한복판, 그것도 번잡한 도심에서 태어난 '까도남'이다. 그런 아이가 풀꽃들을 놀잇감 삼아 자연에서 뛰어노는 법을 익히게 된 것은 온전히 여행의 힘이다. 저 산과 바다가 얼마나 많은 색깔을 품고 있는지, 솔방울 하나로 얼마나 많은 놀이를 즐길 수 있는지, 보잘 것 없는 돌과 흙에도 얼마나 다양한 모양과 촉감이 존재하는지, 처음엔 낯설고 이상해도 막상 입에 넣으면 맛있는 음식이 있다는 것과 먼저 인사를 건네면 누구든 웃는 얼굴로 반겨준다는 것도 모두 여행길에서 배운 것들이다. 그래서 여행은, 길 위의 학교다.

인공지능 알파고와 인간 이세돌의 대결에서 귀중한 1승을 챙길 수 있었던 것은 '지식'이 아니라 '감각'이었다. 이제 알파고의 시대를 살아가야 할 아이들에게 필요한 것은 글과 사진에 갇힌 지식이 아니라 눈으로 직접 보고 코로 향기를 맡으며 귀로 듣고 피부로 느끼는, 그리고 무엇보다 '감동'하는 세계일 것이다. 모든 감각을 열어 세상과 만나고 소통한 아이라면 엄마 아빠가 살아가는 지금보다 조금은 더 넉넉하고 따뜻한 세상을 만들어가지 않을까?

지난밤 잠든 아이를 품에 안으니 두 다리가 삐죽 새어나와 괜히 마음이 울컥했다. 어느새 이렇게 내 품보다 훌쩍 자라버린 걸까 아쉽기도 하지만, 그만큼 녀석과 함께 걸을 수 있는 길이 더 많아지리라 생각하니 고맙고 든든하다. 내년이면 초등학생이 될 녀석에게 이 책이 좋은 선물이 되길 바란다.

여행작가이자 엄마
권다현

Prologue _ 여행은 길 위의 학교다 _004

Intro _ 여행작가 엄마가 알려주는 아이와의 여행팁 _012

PART 1

## 가볍게 떠나는 한나절 여행

-<서울 염리동>- 좁은 골목길에서 만나는 보물 같은 추억 **소금길** _022

-<서울 서촌>- 시간의 향기를 품은 아름다운 화가의 집 **박노수미술관** _029

-<서울 상암>- 디지털로 놀다 **디지털파빌리온** _038

-<서울 홍대>- 한여름에 만나는 겨울왕국 **트릭아이 아이스뮤지엄** _046

-<서울 신문로>- 경찰관이 되고 싶어요! **경찰박물관** _054

-<서울 북한산>- 알록달록 가을의 절정을 걷다 **우이령길** _062

-<서울 북촌>- 서울에서 즐기는 시간 여행 **한옥마을** _070

-<서울 동대문>- 디자인과 만난 상상력 놀이터 **동대문디자인플라자** _078

-<경기 고양>- 한나절의 중남미 여행 **중남미문화원** _086

-<경기 부천>- 만화 속 주인공들과 놀아요 **한국만화박물관** _094

-<경기 파주>- 영어마을에서 즐기는 특별한 크리스마스 **경기영어마을** _101

-<경기 용인>- 텔레비전이 예술이 되다 **백남준아트센터** _109

-<경기 수원>- 시간의 성을 걷다 **수원화성** _116

-<인천>- 책 읽기 좋은 마을 **배다리헌책방골목** _124

-<경기 연천>- 원시인과 함께 떠나는 구석기 여행 **전곡선사유적지** _132

# PART 2

## 알차게 돌아보는 하루 여행

-<경기 남양주>- 고양이 '능내'가 기다리는 간이역 **능내역** _142

-<경기 양주>- 아이를 닮은 화가, 아이를 닮은 미술관 **장욱진미술관** _150

-<인천 강화>- 아이와 함께 정겨운 섬 나들이 **교동도 대룡시장** _158

-<경기 양평>- 소나기 내리는 동화마을 **황순원문학촌 소나기마을** _166

-<강원 춘천>- 경춘선 타고 <봄봄> 속으로 **실레 이야기길** _174

-<경기 포천>- 곤돌라 타고 베네치아로 떠나볼까? **허브아일랜드** _182

-<강원 횡성>- 우리만 알고 싶은 비밀의 숲 미술관 **자작나무숲** _190

-<강원 평창>- 푸른 초원에서 만나는 귀여운 양떼 **대관령양떼목장** _198

-<경기 안성>- 호밀밭 너머 정겨운 목장 **안성팜랜드** _206

-<충남 태안>- 공룡들의 시대로 떠나는 이색 체험 **안면도쥬라기박물관** _214

-<충북 청주>- 대통령별장에서 즐기는 여유로운 산책 **청남대** _222

-<세종>- 아기 곰들과 친구가 될 수 있는 특별한 공원 **베어트리파크** _230

-<경북 봉화>- 백호열차 타고 백두대간을 달려요 **백두대간협곡열차 V-train** _238

-<강원 정선>- 전통시장에서 만나는 푸근한 인심 **아리랑시장** _248

-<대구>- '씨투' 버스 타고 대구 한 바퀴 **대구시티투어** _256

# PART 3

## 추억이 쌓이는 하룻밤 여행

-<강원 강릉>- 가슴 뭉클한 모정(母情)의 길 **노추산 모정탑길** _266

-<충남 예산>- 나라를 사랑하는 마음을 배워요 **윤봉길의사기념관** _276

-<충남 보령>- 바다를 품은 아름다운 놀이터 **개화예술공원** _284

-<강원 영월>- 오늘은 나도 라디오 DJ **라디오박물관** _292

-<전북 완주>- 아픈 역사 위에 예술을 꽃피우다 **삼례문화예술촌** _302

-<경북 군위>- 그림 같은 간이역, 꽃 같은 동네 **화본마을** _312

-<경북 청도>- 겨울밤이 더 아름다운 동화마을 **프로방스포토랜드** _320

-<전남 곡성>- 가을은 기차를 타고 떠난다 **섬진강기차마을** _328

-<전남 순천>- 붉은 노을 아름다운 생명의 정원 **순천만습지** _336

-<전남 보성>- 기찻길 옆 추억 여행 **득량역 추억의 거리** _344

-<전남 강진>- 동백꽃 아름다운 봄날의 산책 **백련사동백림** _352

-<전남 해남>- 고즈넉한 사찰에서 보내는 하룻밤 **미황사 템플스테이** _360

＊이 책에 실린 정보는 2016년 7월 기준입니다. 여행 정보는 수시로 변경될 수 있습니다.

SPECIAL

## 언제라도 좋을 제주 여행

아이와 걷기 좋은 **길** _370

아이와 놀기 좋은 **해변과 계곡** _375

아이와 함께하는 **박물관과 미술관** _379

아이가 즐기는 **오감체험** _386

아이가 좋아하는 **제주 맛집** _396

여행작가 엄마가 알려주는
아이와의 여행팁

 엄마 아빠가 가고 싶은 여행지를 선택하세요

가족 여행을 준비하면서 많은 엄마 아빠들이 아이들을 위한 체험이나 볼거리 위주의 여행지를 선택합니다. 목적지부터 아이의 흥미에 맞추다 보니 정작 엄마 아빠는 가족 여행을 즐거움이 아닌 포기하고 양보하는 것으로 받아들입니다. "아이들과 여행을 떠나면 힘들기만 하고 재미가 없다"는 엄마 아빠들의 이야기를 들어보면 대부분 이런 경우에 해당합니다. 하지만 우리가 경험적으로 알고 있듯이 아이들은 흙 한 줌, 물놀이 한 번에도 더없이 즐거워하고 행복해합니다. 여행을 통해 무언가 색다른 체험을 하고 오감을 일깨워 줘야 한다는 것은 어쩌면 엄마 아빠의 욕심이고 편견일지 모릅니다. 엄마 아빠가 즐거워야 아이들도 즐겁습니다. 엄마 아빠가 지루해하거나 힘들어하는 모습을 보인다면 아이들도 눈치를 보거나 혹은 엄마 아빠의 감정을 무시하는 이기적인 즐거움을 먼저 배우게 됩니다. 아이들에게 모두 맞춘 여행보다는 엄마 아빠가 가고 싶은 목적지를 선택하세요. 부모들이 좋아하는 곳이라면 아이를 챙기느라 조금 지치더라도 심리적인 보상이 가능하고, 또 아이들도 다양한 환경에서 자신의 즐거움을 찾는 방법을 터득하게 될 겁니다.

여행을 준비하는 과정에 아이를 참여시키세요

의사소통이 불가능한 영아들은 제외하더라도 A와 B 중에서 더 선호하는 것을 선택하거나 좋아하는 것을 표현할 수 있는 유아들의 경우 여행을 준비하는 과정에 적극적으로 참여시키는 것이 좋습니다. 아이에게 여행지의 다양한 사진들을 보여주고 마음에 드는 것을 고르게 하면 실제 그곳에 도착했을 때 보다 친근한 감정을 느끼게 됩니다. 이러한 경험들이 쌓이면 아이로 하여금 주체적으로 여행에 참여할 수 있도록 하는 것은 물론 일종의 성취감도 느낄 수 있게 됩니다. 실제로 저는 여행하고 싶은 도시를 선택한 후 그 지역의 다양한 여행지들을 아이에게 보여주고 선택하도록 하는데, 그 과정에서 자연스레 서로가 선택한 여행지들을 존중하는 마음가짐을 배우게 됩니다. 또 아이가 어떤 여행지들을 좋아하고 어떤 풍경에 매력을 느끼는지 파악할 수 있어 아이를 이해하는 데도 큰 도움이 됩니다.

 이동 시간을 즐겁게 만들어주세요

집중력이 짧고 왕성한 활동력을 가진 아이들에게 자동차에 꼼짝 없이 갇혀 있어야 하는 시간은 그야말로 견디기 힘든 고문입니다. 때문에 이른 아침이나 아이들의 낮잠 시간을 이용해 이동하는 것을 추천하고, 늦은 오후나 저녁이라면 충분한 놀이 후에 아이가 조금 피곤한 상태에서 자동차에 타는 것이 컨디션을 조절하는 데 도움이 됩니다. 또 평소에 좋아하는 장난감이나 별다른 집중력을 요하지 않는 색칠공부, 색종이, 클레이 등의 놀잇감을 준비해 이동하는 시간을 보다 즐겁게 만들어주는 것도 좋은 방법입니다. 사탕이나 초콜릿 등으로 잠시나마 아이의 기분을 전환시켜주는 것도 좋습니다. 5세 이상의 아이들의 경우엔 휴게소에서 쉬는 10분 동안 스마트폰 등 평소 금지하던 것들을 잠시 허용해주는 것도 지루한 시간을 견디게 하는 이유가 됩니다. 남자아이를 키우는 저는 함께 여행을 떠날 때마다 휴게소에서 '뽑기'를 할 수 있도록 허락해줍니다. 덕분에 아이는 자동차로 이동하는 내내 설레는 마음으로 휴게소에 도착하기를 기다리고, 휴게소에서 뽑기를 하고나면 새로운 장난감으로 목적지에 도착할 때까지 한참 가지고 놉니다. 그야말로 '1,000원(물론 3,000원짜리 고급 뽑기도 있지만)의 행복'인 셈이죠.

 작은 짐이라도 아이가 스스로 책임지도록 하세요

아이가 걷기 익숙해지는 순간부터 가방에 손수건이나 물티슈 하나만 넣더라도 자신의 짐은 스스로 책임지도록 하는 것이 좋습니다. 아이의 짐을 엄마 아빠가 당연하게 들어주기보다 작은 짐부터 책임감을 느끼도록 하는 것이 아이를 보다 독립적으로 성장하게 합니다. 또 스스로 자신의 짐을 꾸리도록 하면 처음엔 장난감만 잔뜩 챙기던 아이도 점차 필요한 물건과 필요하지 않는 물건을 구분하고 여행지에 따라 챙겨야 할 것들을 선별하는 능력이 생깁니다. 무거운 짐은 가족이 함께 나눠들면서 배려와 협동심도 배울 수 있으니 여행을 준비하는 과정 또한 더없이 좋은 교육의 기회라고 할 수 있습니다.

아이와 함께 여행할 때는 매너를 지켜주세요

최근 노키즈존(No Kids Zone)에 대한 논란이 뜨겁습니다. 실제로 여행을 하다 보면 레스토랑이나 카페가 아니더라도 벽화마을 담벼락에서 아이에게 노상방뇨를 시킨다거나 사용한 기저귀를 거리에 버리는 등 상식 이하의 행동을 하는 부모님을 가끔 만납니다. 때론 개별 여행자들이 이용하는 게스트 하우스의 도미토리에서 아이가 있으니 일층침대를 양보해달라고 무작정 항의하는 부모들도 있습니다. 아이에게 좋은 추억을 만들어주고 싶어서 떠난 여행이라면 다른 사람들의 추억도 존중해주는 엄마 아빠가 되어주세요. 별 생각 없이 한 행동들이 아이들에게는 보고 배우는 삶의 기준이 됩니다.

여행지에서 어른들을 만나면 먼저 인사하도록 하고 여러 사람이 식사를 하거나 쉬어가는 공간에서는 뛰거나 소리를 지르는 등의 행동을 하지 않도록 엄마 아빠가 먼저 주의를 주세요. 또 아이가 문제를 일으켰다면 엄마 아빠는 물론 아이 스스로 사과할 수 있도록 하세요. 속상하고 민망한 그 과정 속에서 아이는 사람과 사람 사이의 예절과 매너를 직접 경험으로 배워갑니다. 예전에 아이와 함께 제주행 비행기를 탔는데 아이가 장난을 치다가 앞좌석을 발로 차서 승객의 항의를 받은 적이 있습니다. 그 즉시 엄마인 저도 사과를 했지만 아이도 직접 상대방에게 사과하도록 했습니다. 처음엔 싫다고 고집을 부리던 아이가 결국은 눈물을 뚝뚝 흘리며 죄송하다고 말을 전했습니다. 물론 엄마 입장에서 속상하고 미안한 마음도 있지만 당연히 배워야 할 사람 사이의 예절이라고 생각해 일부러 엄하게 행동했습니다. 그랬더니 상대 승객도 금세 마음을 누그러뜨리고 웃는 얼굴로 아이를 다독여주었습니다. 아이도 그날 이후로 비행기에서는 절대 장난을 치지 않고요. 그 순간에는 어린아이를 이해해주지 않는 상대방이 원망스러울 수도 있지만 아이를 위해서라도 조금은 엄격한 부모가 되어야 합니다.

###  아이의 능력을 함부로 판단하지 마세요

아이는 작고 여리지만 그렇다고 항상 보호해줘야 할 대상은 아닙니다. 아이의 성장속도는 때로 엄마 아빠의 선입견을 앞서가기도 합니다. "우리 아이가 언제 이렇게 훌쩍 자랐지?" 싶을 때가 많지 않나요? 어쩌면 "이 나이의 아이는 이럴 것이다"라는 생각의 울타리가 아이에게는 너무 좁을 수도 있습니다. 저 역시 아이와 함께 여행하면서 그런 생각의 틀이 몇 번이나 부서지는 경험을 했습니다. 아이가 세 살이 되었을 때 함께 제주 올레길을 걸었는데, 당연히 아이에게는 버거운 거리일 거라 생각해 유모차를 준비했습니다. 하지만 웬걸요, 오랜만의 흙길에 신이 난 세 살배기 아들은 무려 3km를 거뜬히 걸어냈습니다. 어디 그뿐인가요, 곡성의 한 국밥집에서는 이름도 생소한 암뽕순대를 정말 맛있다며 한 접시 몽땅 비워냈습니다. 아이의 잠재력은 무한할지도 모릅니다. 어떤 길, 어떤 음식이든 일단 엄마 아빠도 아이와 함께 부딪혀보세요. 적어도 여행길에서만큼은 경험을 통해 아이의 능력을 가늠하되 함부로 판단하지는 마세요.

## 길 위에선 아이도 친구예요

요즘 저와 가장 마음이 잘 맞는 여행친구를 꼽으라면 단연 일곱 살배기 아들입니다. 엄마가 사진을 찍으면 척척 모델도 되어주고 여기는 이런 게 좋다, 이런 게 마음에 들지 않는다, 제법 오랜 여행자들처럼 제 의견을 말해주기도 합니다. 또 시골에 가면 만나는 할머니 할아버지마다 먼저 싹싹하게 인사를 하는 덕분에 엄마인 제가 도움을 받은 적도 여러 번입니다. 아이와 여행을 떠나면 부모로서 챙겨줘야 할 것들이 더 많을지 모릅니다.

하지만 아이를 보호해줘야 할 대상이 아닌 여행친구라고 생각한다면 오히려 마음의 부담도 덜고 배우는 부분도 많습니다. 어른들의 선입견과 편견 없이 대상을 바라보고 천진하게 감동하는 자세, 이 어린 친구들에게 우리가 배워야 할 여행의 태도가 아닐까 싶습니다.

 ## 공정 여행, 착한 여행법을 가르쳐주세요

여행은 아이와 즐거운 추억을 쌓는 시간이기도 하지만 생생한 교육의 현장이기도 합니다. 편의점이나 프랜차이즈 식당보다는 현지 구멍가게나 전통시장을 이용하고, 대규모 자본이 투입된 박물관이나 체험시설보다는 때 묻지 않은 자연과 그 속에서 살아가는 순박한 사람들을 직접 만나며 여행하는 방법을 엄마 아빠가 먼저 보여주세요. 공정 여행은 어려운 개념이 아닙니다. 아이와 함께 와서 좋았던 여행지들이 아이가 어른이 되어 다시 그 추억을 그리며 찾아왔을 때, 그 자리에 그 모습 그대로 있을 수 있도록 배려하는 여행입

니다. 그러니까 외부자본이 아닌 그곳 사
람들이 운영하는 상점과 식당을 이용
하는 것만으로도 당신의 여행은 충
분히 착한 여행이 됩니다. 우리 아이
들에게 보다 아름다운 여행문화를
가르쳐주세요.

 아이와 둘만의 여행도 추천해요

여행작가란 직업 때문에 아이와 단둘이 여행할 기회가 많은데, 혼자일 때보
다 시간이나 체력, 비용은 배로 들지만 그만큼 아이와 속내를 이야기할 수
있는 기회가 많아져 오히려 고맙기도 합니다. 가족 여행이라고 해서 늘 모든
가족이 동행해야 하는 것은 아닙니다. 때론 엄마와 아이만, 또 아빠와 아이만
여행을 떠나보는 것도 평소 나누지 못했던 이야기를 통해 소통할 수 있는 좋
은 기회가 됩니다. 만약 아이가 둘 이상이라면 한 아이만 데리고 여행을 해
보는 것도 추천합니다. 형제, 자매, 남매의 관계들 속에서 무의식중에 드러내
지 못했던 아이의 속마음을 읽어주고 도닥여줄 수 있는 최고의 방법이 여행
입니다.

 함께 여행을 기록해보세요

많은 부모들이 아이와의 여행을 망설이는 이유 중의 하나로 "어차피 아이는
어려서 기억을 못한다"고 이야기합니다. 하지만 어른들처럼 언어화를 통해

기억을 저장하는 방법이 익숙하지 않을 뿐, 아이들은 저마다의 이미지와 감각들로 여행의 기억들을 저장하고 추억합니다. 아는 선배 중 하나는 취재 때문에 어쩔 수 없이 돌쟁이 딸아이를 업고 눈 내린 설악산을 오른 적이 있었는데, 나중에 아이가 초등학생이 되었을 때 다시 산을 찾았더니 "어쩐지 예전에 왔던 곳처럼 익숙하다"고 말해서 깜짝 놀랐다는 이야기를 들려준 적이 있습니다. 아이들은 아이들만의 언어가 있는 듯합니다. 그 언어의 존재가 믿기 어렵다면 함께 여행을 기록하는 습관을 들이는 것도 좋습니다.

디지털이 일상화된 요즘이지만 여행의 추억들을 몇 장의 사진으로 출력해 추억앨범을 만들거나 블로그 등을 통해 기록하고 저장해두는 겁니다. 아이가 크면 이 같은 과정을 함께하며 서로의 감상이나 느낌 등을 이야기할 수도 있으니 여행이 끝난 후에도 더 많은 추억을 공유할 수 있습니다.

PART 1

아이와 함께 떠나는 여행에 늘 다양한 볼거리와 놀거리가 필요한 것은 아니다. 변덕스런 어른들과 달리 아이들은 흥미로운 대상을 발견하면 한 시간이든 두 시간이든 푹 빠져들어 집중한다. 때문에 큰마음을 먹지 않더라도, 한나절 가볍게 떠나는 여행만으로도 아이들과 소중하고 특별한 추억을 만들 수 있다. 서울과 수도권 지역에서 대중교통을 이용해 편리하게, 그러나 알차게 돌아볼 수 있는 여행지들을 모아보았다.

가볍게
떠나는
### 한나절 여행

서울
염리동

### 좁은 골목길에서 만나는 보물 같은 추억
# 소금길

**HERE!** "술래잡기 고무줄놀이 말뚝박기 망까기 말타기 놀다 보면 하루는 너무나 짧아…."
'자전거 탄 풍경'의 〈보물〉을 들으면 어린 시절 추억들이 고스란히 되살아난다. 비싸고 멋진 장난감 하나 없어도 하루 종일 재미있었던 그 시절이 '내 어린 날 보물들'이었음을 삭막한 아파트에 둘러싸여 자라는 아이들을 보며 깨닫는다. 하루쯤, 시간을 거슬러 우리 아이들을 그 시절로 초대할 수 있다면 좋겠다.

찾아가는 길
서울지하철 6호선 대흥역 2번 출구에서 숭문고등학교 방면으로 걸어서 10분
또는 서울지하철 2호선 이대역 5번 출구에서 걸어서 3분

염리동이란 지명은 소금 염(鹽)자를 사용한다. 지리적으로 조선 최고의 수상교통 요지였던 마포나루와 가깝고, 이곳을 통해 귀한 소금이 거래되다 보니 염리동 일대에 소금장수들이 많이 모여 살면서 붙여진 이름이다. 그런데 비탈진 골목이 대부분인 데다 재개발까지 차일피일 미뤄지면서 염리동은 최근까지 우범지역이라는 오명을 떠안은 채 서울의 대표적인 낙후지역으로 꼽혔다.

하지만 지난 2012년, 서울시가 주관한 범죄예방디자인프로젝트 지역으로 선정되면서 염리동에는 작지만 큰 변화가 생겼다. 어둡고 으슥했던 골목길마다 밝고 경쾌한 노란색 가로등이 세워지고 낡은 벽은 정겨운 그림들로 채워졌다. 골목길 바닥에 갖가지 모양의 미로와 땅따먹기 같은 그림들이 그려져 늦은 오후만 되어도 대문 안으로 숨어들어야 했던 동네 아이들에게는 새로운 놀이터가 되었다.

아이와 함께 염리동 소금길을 찾은 것은 지난 5월, 한창 유치원에서 학부모 상담을 진행하던 무렵이었다. 여행작가 엄마를 둔 탓에 유난히 결석이 잦은 아이가 새로운 유치원에 잘 적응하고 있을까, 걱정이 많았던 나는 담임선생님께 이것저것 궁금한 것들을 잔뜩 물어보았다. 그러자 선생님은 사람 좋은 웃음을 띠며 이렇게 답했다.

"명석이는 모든 면에서 잘 지내고 있으니 유치원만 꼬박꼬박 나오면 될 것 같아요."

그만 머쓱해진 나는 교실을 빠져 나오며 앞으로 가능한 한 결석은 시키지 말자고 다짐했지만, 결국 일주일도 못 견디고 아이와 염리동 나들이를 계획

한 것이다. 유치원을 빠진다는 사실만으로도 신이 난 아이는 염리동의 굽이굽이를 즐겁게 뛰어다녔다. 마음에 드는 벽화를 발견할 때마다 장난스런 표정을 지으며 사진을 찍어달라 조르기도 하고, 땅따먹기 그림 앞에서는 엄마와 승부를 다투느라 한참 시간을 지체하기도 했다. 그 순간만큼은 나도 아이와 같은 여섯 살이 되어 마음껏 웃고 떠들고 깔깔거렸다. 그러다 우연히 발견한 문구점 앞 뽑기 기계 앞에서 아이는 애절한 눈빛으로 엄마를 바라보았다. 마음에 드는 물건이 나오지 않으면 금세 실망하고 속상해하는 성격을 알기에 조용히 타이르고 지나가려 했지만 '100원'이라고 적힌 금액에 나도 모르게 주머니를 열고 말았다. 아이는 콧물처럼 찐득하고 기분 나쁘게 생긴 장난감을 뽑아 쥐고는 만족스러운 웃음을 짓는다. 그러고는 마치 꿈을 꾸듯 감격스러운 표정으로 말했다.

"이렇게 매일매일 유치원 안 가고 엄마랑 여행 다녔으면 좋겠다!"

그래, 유치원에서 뭐 그리 대단한 걸 배운다고, 차라리 엄마랑 매일매일 여행하며 길에서 배우는 게 훨씬 크고 의미 있을 거야, 라는 말을 해주고 싶었지만 끝내 입 밖으로 내지는 못했다. 그래도 유치원은 가야지, 적당히 얼버무리는 내가 부끄럽고 미안해졌다.

## 염리동
### 한나절코스

좁고 어두운 골목과 낡은 주택들로 가득했던 염리동에 상큼한 노랑 가로등과 아기자기한 벽화들로 채워진 소금길이 만들어진 후 염리동은 걷고 싶은 동네가 되었다. 근처에 이화여대, 연세대, 홍대 등 대학이 밀집돼 있어 캠퍼스를 구경하는 것도 좋다.

 슬런치

 염리동 소금길

 이화여대 박물관

상수역 근처 한적한 주택가에 자리한 빈티지한 분위기의 레스토랑으로 저염, 저칼로리, 저지방, 저자극을 원칙으로 건강하고 담백한 식단을 낸다. 메뉴 대부분이 채식주의자들을 위한 음식이다 보니 아이들이 꺼리는 채소도 커리와 크로켓 등 친숙한 모양과 식감으로 거부감 없이 맛보도록 한다. 아이들이 좋아하는 초콜릿케이크도 단호박을 80% 이상 사용해 건강한 단맛을 구현했다.

📍 서울 마포구 와우산로3길 38
☎ 02-6324-9870
🔗 www.slunch.co.kr
🕐 11:00~01:00
₩ 시금치커리 13,000원

미로처럼 좁고 어두운 골목이 대부분이었던 염리동의 취약한 환경을 개선해 범죄 예방은 물론 활기찬 마을 분위기를 만들어보자는 취지에서 소금길이 조성되었다. 범죄 심리를 위축시킨다는 노란색을 주로 사용해 밝고 따뜻한 분위기와 함께 곳곳에 다양한 벽화와 설치작품들이 멋스런 사진촬영 포인트가 된다. 바닥에 노란색 동선이 표시되어 있어 길을 찾는 것도 수월하다.

📍 서울 마포구 염리동 9-245
☎ 02-711-8956(소금나루)

국내에서 손꼽히는 명문 중 하나인 이화여자대학교는 고풍스런 건축물과 다양한 수목이 어우러져 캠퍼스가 아름답기로도 유명하다. 때문에 아이와 함께 가볍게 산책을 즐기기에도 좋은데, 특히 입구에 자리한 이화여대 박물관은 흥미로운 기획전과 대학의 역사를 살펴볼 수 있는 자료들이 풍성해 꼭 한번 들러보길 추천한다. 전시 내용은 홈페이지를 통해 미리 확인이 가능하다.

📍 서울 서대문구 이화여대길 52
☎ 02-3277-3152
🔗 museum.ewha.ac.kr
🕐 09:30~17:00(일요일 및 공휴일 휴관)
₩ 무료

❶ 슬런치　　❷ 염리동 소금길　　❸ 이화여대 박물관

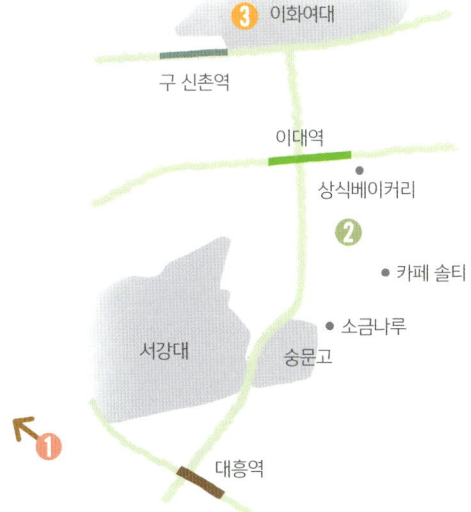

### 엄마의 여행팁

◉ 염리동 소금길의 사랑방이라고 할 수 있는 '소금나루(서울 마포구 대흥동 6-4)'에서는 지역 학생들과 예술가들이 직접 만든 다양한 소품들을 판매하고 있어요. 마을을 보다 가깝게 느낄 수 있도록 아이와 함께 꼭 들러보길 추천해요.

◉ 염리동 소금길 안에는 크고 작은 가게와 문구점 등이 자리하고 있어요. 지역민들을 위한 공정여행 차원에서 마실 물이나 간식, 장난감 등을 직접 구입해보세요. 최근에는 카페와 밥집들도 들어서고 있으니 이곳에서 점심을 해결하는 것도 좋아요.

◉ 마을 규모가 크지는 않지만 비탈진 길이나 계단이 많으므로 바닥이 미끄럽지 않고 편안한 신발을 신도록 하세요. 한여름에는 선크림과 선글라스도 준비해요.

◉ 주민들이 거주하는 지역이므로 지나친 소음이나 사생활을 침해할 수 있는 사진촬영은 주의해주세요. 너무 이르거나 늦은 시간에 방문하는 것 또한 조심해주세요.

◉ 이화여대 박물관은 다른 박물관들과 달리 매주 일요일과 공휴일에 휴관해요.

## 여기도 좋아요!

### 카페 솔티
소금길 꼭대기에 자리한 카페로 사회적 기업에서 운영하고 있어 그 의미가 남다른 공간이다. 카페 수익금으로 지역 주민들을 위한 음악 공연이나 전시회 등을 선보이고 있어 그야말로 '착한 커피'를 맛볼 수 있는 곳이다.
📍 서울 마포구 대흥로24바길 21 ☎ 02-313-9176
₩ 아메리카노 1,500원

### 상식베이커리
이름 그대로 보통의 상식에 의거한 정직한 빵을 구워내는 베이커리다. 신선하고 좋은 원료를 어떠한 식품첨가물도 없이 천천히 구워내는 것은 물론 뛰어난 맛과 합리적인 가격도 매력적이다.
📍 서울 마포구 신촌로 204 ☎ 02-706-0826
⏰ 09:00~20:00 주말 09:00~19:00
₩ 버터롤 900원 모카빵 1,500원

### 구 신촌역
서울에서 가장 오래된 기차역 건물로 서울역보다 5년이나 앞선 1920년에 세워졌다. 지난 2006년 역사 뒤편에 민자역사가 새로 지어지면서 구 역사는 등록문화재로 지정돼 옛 추억을 떠올릴 수 있는 전시공간으로 활용되고 있다.
📍 서울 서대문구 신촌역로 30

서울
서촌

시간의 향기를 품은 아름다운 화가의 집
# 박노수미술관

HERE!  거미줄처럼 얽히고설킨 좁다란 골목길을 따라 지붕 낮은 한옥들이 이어지고 번듯한 마트 대신 순박한 재래시장이 더 자연스럽고 익숙한 동네. 경복궁 서쪽에 자리했다고 하여 이름 붙은 서촌은 옛 서울의 마을 풍경을 고스란히 간직한 타임캡슐 같은 공간이다. 이곳에 새롭게 문을 연 종로구립 박노수미술관은 아이가 가늠할 수 없을 만큼 오래된 시간의 향기로 코끝을 간질인다.

찾아가는 길
서울지하철 3호선 경복궁역 4번 출구에서 경복고 방면으로 걸어서 3분

서촌, 그중에서도 옥인동 골목길에 자리한 종로구립 박노수미술관은 수십 년 동안 화가 개인의 생활공간이자 작업실로 외부의 눈길을 허락하지 않던 곳이다. 앞서 몇 번 이곳을 지나는 길에 까치발로 담장 너머를 힐끗거리기도 했지만, 워낙 고목이 우거져 있어 내부를 눈에 담기 어려웠다. 그런데 지난 2011년, 노화가가 선뜻 자신이 머물던 공간을 종로구에 기증할 뜻을 밝혔다. 안타깝게도 자신의 이름을 딴 미술관이 문을 열기도 전에 그는 세상을 떠났지만, 우리는 그렇게 소중한 선물을 덥석 떠안게 되었다.

"우와, 정말 오래된 집이네!"
아이의 눈에도 붉은 벽돌 위로 쌓인 세월이 읽히는 모양이다. 조선 말기의 한옥에 중국과 서양의 건축양식을 더한 이 집이 처음 지어진 것은 1930년대. 박노수가 1972년에 이 집을 사들였지만 약간의 증축을 제외하고는 원형 그대로 유지해 건축사적으로도 귀한 자료가 되고 있다. 집 안으로 들어서니 반들반들 윤이 날 만큼 잘 닦여진 나무 바닥과 기둥, 계단이 먼저 눈에 들어온다. 그 묵직한 세월의 무게에 아이마저 걸음을 조심한다. 그러면서도 삭막한 도시의 아파트와는 사뭇 다른 집안 풍경을 꼼꼼하게 살피더니 귓가에 대고 속삭이듯 말했다.
"엄마도 이런 집에서 살고 싶지?"
이곳 미술관에 처음 왔을 때 들었던 생각을 고스란히 꿰뚫는 아이의 말에 나도 모르게 눈이 동그래졌다.
"너도 이 집이 마음에 들어?"

"응! 여기선 나무 냄새가 나잖아. 꼭 옛날 숲에 들어와 있는 것 같아."

아이의 말에 나도 모르게 코를 킁킁거렸다. 그동안 여러 번 이곳을 다녀갔지만 그 은은한 시간의 향을 느끼지 못했는데, 아이는 자신의 모든 감각을 열어 이 공간을 이해하고 있었다. 볼거리를 좇느라 놓쳤던 천진한 감동을 오히려 아이에게서 배운다.

곧 큐레이터의 안내에 따라 화가의 작품들을 하나씩 둘러보았다. 눈에 익숙하지 않은 동양화라 아이가 어렵게 느끼지는 않을까 걱정했는데 아이들 눈높이에 맞춰 알기 쉽게 설명해주니 고개까지 끄덕이며 제법 열심히 듣는다. 동양의 정신세계와 우직한 선을 잃지 않으면서도 파랑과 노랑 등 신선한 색채를 이용한 그림이 아이들 눈에는 오히려 친근하게 느껴지는 모양이다. 2층 화실에 걸린 작품들까지 모두 돌아본 후 어린이 관람객들을 위한 체험프로그램에도 참여했다. 또래 친구들과 어울려 필름 위에 그림도 그리고 색도 채워보며 아이는 꽤 즐거운 얼굴이다. 프로그램을 마친 아이와 천천히 정원을 걸으며 오늘 본 그림들이 어땠는지 물었다.

"음… 좋았어!"

엄마 딴에는 살짝 힘 빠지는 대답이지만 여섯 살 아이에게 '좋다'라는 것만큼 최고의 표현이 또 있을까 싶어 만족하기로 했다. 그때 앞서 걷던 아이가 고개를 휙 돌리더니 덧붙였다.

"근데 엄마, 아까 보았던 복숭아 그림 정말 먹고 싶게 생겼더라. 나

복숭아 하나 사주면 안 돼?"

사실 박노수의 대표작인 '달과 소년' 시리즈도 좋았지만 나 역시 아이가 말했던 복숭아 그림에서 발길을 멈추고 한참 들여다보았다. 그림의 제목은 〈삼천년결실지도(三千年結實之桃)〉, 즉 3000년 만에 열린 복숭아란 뜻이다.

## 서촌
## 한나절코스

### 1. 대림미술관

매 전시마다 뜨거운 화제를 불러일으키는 대림미술관은 서촌에서 가장 핫한 공간이라고 해도 과언이 아니다. 전시에 따라 아이들을 위한 체험프로그램을 따로 마련하기도 하고 D카페에서는 수시로 사진촬영 서비스도 진행하기 때문에 미리 알아두면 훨씬 알찬 관람을 할 수 있다.

- 서울 종로구 자하문로4길 21
- ☎ 02-720-0667
- www.daelimmuseum.org
- 화요일~일요일 10:00~18:00
  목요일·토요일 10:00~20:00
  (월요일 휴관)
- ₩ 성인 5,000원 청소년 3,000원
  어린이 2,000원(3세 미만 무료)

### 2. 사진위주 류가헌

통의동의 깊숙한 골목길에 자리한 사진 전문 갤러리다. 아는 사람들만 찾는 한적한 골목길에 한옥 두 채가 오붓하게 마주앉은 모습이 가장 서촌다운 전시 공간이라는 느낌이다. 손때 묻은 나무대문을 지나면 작고 정갈한 안마당이 나타나고, 그 마당을 가로질러 한옥 내부로 들어서면 서까래 아래 그림처럼 사진작품들이 걸려 있다. 전시 주기가 짧은 편이라 매번 새로운 주제의 사진전을 만날 수 있다는 것도 이곳의 매력이다.

- 서울 종로구 효자로7길 10-3
- ☎ 02-720-2010
- www.ryugaheon.com
- 10:30~18:30(월요일 휴관)
- ₩ 무료

### 3. 통인시장

통인시장 2층에 마련된 도시락카페에서 판매하는 엽전으로 밥과 국은 물론 시장에서 반찬을 조금씩 구입할 수 있다. 좋아하는 음식을 골라서 도시락을 채우는 재미와 함께 슬쩍 덤을 얹어주는 전통시장만의 넉넉한 인심도 느껴볼 수 있다. 쫄깃쫄깃한 밀떡볶이에 매콤한 양념이 어우러진 기름떡볶이도 통인시장에서 빼놓을 수 없는 별미다.

- 서울 종로구 자하문로15길 18
- ☎ 02-722-0911
- tonginmarket.co.kr
- 통인시장 09:00~22:00(셋째 주 일요일 휴무)
  도시락카페 11:00~16:00(월요일 및 셋째 주 일요일 휴무)

권력가와 양반들이 주로 거주했던 북촌과 달리 하급관리나 중인들이 모여 살았다는 서촌은 근대 들어 시인 이상과 윤동주 등 유명 예술가들이 머물며 독특한 마을 분위기를 형성했다. 지금도 친근하고 정겨운 골목길 사이사이 젊은 예술가들의 뜨거운 열정과 따뜻한 감성을 만날 수 있다.

### 4 박노수미술관

1930년대에 지어진 근대식 가옥으로 화가 박노수가 실제로 거주했던 집을 미술관으로 꾸몄다. 박노수는 우리나라를 대표하는 한국화가 중 한 명인데, 한국화라고 해서 어렵게 느껴질 수도 있지만 과감한 색의 사용과 단순하고 동양적인 선이 오히려 아이들이 보기에 편안하고 친숙하다. 다만 좁은 복도와 계단 등 근대식 주택의 구조를 그대로 간직하고 있으니 아이들과 함께 관람할 때는 주의가 필요하다.

📍 서울 종로구 옥인1길 34
☎ 02-2148-4171
🕙 10:00~18:00(월요일, 1월 1일 및 설날·추석 당일 휴관)
₩ 성인 2,000원 청소년 1,200원 어린이 800원(7세 미만 무료)

### 5 효자베이커리

서촌의 오랜 터줏대감 중 하나인 효자베이커리는 골목 깊숙이 파고든 대형 프랜차이즈 빵집의 무차별 공격에도 30년 가까이 제자리를 지키고 있는 고마운 동네 빵집이다. 청와대에 케이크를 납품하면서 입소문을 타기 시작해 주말이면 손님들로 줄이 길게 늘어설 만큼 유명한 빵집이 되었다. 이곳의 인기 메뉴인 콘브레드는 아이들 간식으로도 제격이다.

📍 서울 종로구 필운대로 54
☎ 02-736-7629
🕙 07:30~24:00
₩ 콘브레드 5,000원

### 6 대오서점

서촌의 상징처럼 여겨지던 헌책방 대오서점은 그 자체가 서촌의 역사라 해도 과언이 아닐 만큼 수많은 이야기가 쌓여 있는 공간이다. 더 이상 서점으로서의 기능을 하지 못해 위기를 겪기도 했지만 주인 할머니의 따님과 손자가 아이디어를 모아 따뜻한 감성이 묻어나는 추억의 공간으로 다시 태어났다. 커피나 차를 주문하면 달짝지근한 달고나를 함께 내 더욱 정겹게 느껴진다.

📍 서울 종로구 자하문로7길 55
☎ 010-9219-1349
🔗 www.facebook.com/deobookstore33
🕙 10:00~22:00
₩ 2,500원(달고나와 응모용 엽서 포함)

❶ 대림미술관　❷ 사진위주 류가헌　❸ 통인시장

❹ 박노수미술관　❺ 효자베이커리　❻ 대오서점

엄마의 여행팁

- 미술관은 대부분 월요일에 휴관해요. 헛걸음하지 않도록 휴관일을 미리 체크하세요.
- 미술관에서는 관람객들의 이해를 돕기 위한 정규 도슨트 투어를 진행하고 있어요.
- 대림미술관은 전시의 성격에 따라 어린이 체험프로그램을 운영하니 홈페이지를 확인하세요.
- 통인시장은 서촌의 명소가 되었어요. 도시락카페를 이용하려면 식사시간을 비껴서 방문하세요.
- 대오서점에서는 봄부터 가을까지 일요일에 비정기적으로 평상음악회(입장료 별도)가 열려요. 페이스북에서 미리 일정을 확인해두면 색다른 공연도 즐길 수 있답니다.

**여기도 좋아요!**

### 수성동계곡

박노수미술관에서 10여 분쯤 더 걸어 들어가면 인왕산 동쪽 능선 아래 펼쳐진 수성동계곡을 만날 수 있다. 겸재 정선이 그린 산수화 〈수성동〉에도 등장할 만큼 빼어난 풍광과 맑은 물소리를 자랑하는 곳으로, 한여름에는 잠시 바람을 쐬며 쉬어가기에도 좋다.

📍 서울특별시 종로구 옥인동 185-3  ☎ 02-2148-2844

### 남도분식

옥인동의 손꼽히는 맛집으로 방송에도 여러 번 소개되었다. 이곳에선 다른 분식집에서 맛볼 수 없는 독특한 메뉴들을 내는데, 치즈와 파스타로 속을 채운 오징어순대가 통째로 들어앉은 떡볶이인 '오순떡'과 오징어튀김을 상추에 싸먹는 '상추튀김'이 인기 메뉴다.

📍 서울 종로구 옥인길 33  ☎ 02-723-7775
🕐 런치 12:00~15:00 디너 17:00~21:00(월요일 휴무)
₩ 상추튀김 6,000원

### 영화루

무려 50년의 역사를 자랑하는 중화요리집으로 청와대에서도 배달해 먹을 만큼 묵직한 세월의 맛을 느낄 수 있다. 마치 영화세트장처럼 느껴지는 외관과 낡은 테이블, 벽면을 가득 채운 연예인들의 사인이 아이들에게도 색다른 볼거리가 된다.

📍 서울 종로구 자하문로7길 65  ☎ 02-738-1218
🕐 11:00~20:30  ₩ 고추간짜장 7,000원

서울
상암

디지털로 놀다
# 디지털파빌리온

HERE!

빠르게 변화하는 세상의 속도만큼이나 요즘 엄마들은 이전의 엄마들이 전혀 상상하지 못했던 고민들에 직면하곤 한다. 그 대표적인 게 디지털기기가 아닐까 싶은데, 아이들의 시력이나 성장발달을 저해한다는 사실을 알고 있지만 잠시라도 아이의 관심을 묶어두기엔 그만한 도구가 없다. 육아와 편리 사이에서 오늘도 방황하는 엄마들에게 디지털파빌리온은 놀이로서의 디지털이라는 새로운 대안을 제시해준다.

찾아가는 길
서울지하철 6호선·공항철도 디지털미디어시티역 9번 출구에서 상암 MBC 방면으로 걸어서 5분

미래엔 전화기를 손에 들고 다니며 영상통화를 할 수 있을 거라는 말에 고개를 갸웃거리던 아날로그 시대를 지나온 엄마들에게, 태어난 순간부터 다양한 디지털기기를 본능적으로 다루는 아이의 모습은 낯설고 걱정스럽다. 나 역시 설명해주지 않았음에도 스마트폰의 인터페이스를 단번에 이해하는 아이에게 감탄하면서도 한편으로는 아이의 관심사나 상상력이 저 작은 화면 안에 갇히지는 않을까 우려스럽다.

특히 사람이 많은 레스토랑이나 카페에서 시끄럽고 산만한 아이를 제자리에 잡아두기 위해 내가 먼저 스마트폰을 꺼내줄 때면 어쩔 수 없이 죄책감에 시달리기도 한다. 한번은 아이를 손쉽게 재우기 위해 사용했던 '도깨비 어플'에 놀란 아이가 한밤중에 울음을 터트리는 걸 보고 나의 이기적인 육아를 깊이 후회하기도 했다. 때문에 육아에 있어서 만큼은 아날로그를 고집하고 싶지만 그 역시 쉽지 않은 요즘이다.

디지털파빌리온을 만나게 된 것은 그야말로 우연이었다. 아이가 엄마는 도통 이해할 수 없는 애니메이션인 〈요괴워치〉를 보고 싶다고 졸랐고, 해당 영화를 상영하는 극장이 마침 근처인 상암동에 있었다. 영화를 보는 김에 주변에 아이와 함께 가볼 만한 곳이 있을까 찾던 중 디지털파빌리온의 존재를 알게 되었는데, 상상력을 현실로 바꿔주는 ICT 기술을 체험해볼 수 있다는 뭔가 복잡하고 어려운 설명에 호기심이 생겨 들러보기로 했다. 그런데 아이는 그토록 보고 싶다던 영화보다 이곳 디지털파빌리온에서 훨씬 재미있게 뛰어놀았다.

ICT란 Information & Communication Technology의 약자로 단순히 정보를 제공하는 기술 발전에서 벗어나 인간과의 소통을 통해 정보를 교환하는 새로운 디지털 패러다임이라고 한다. 즉, 디지털의 무한한 가능성에 아날로그의 감성과 소통을 덧입힌 형태랄까. 때문에 디지털파빌리온에서는 터치화면에 실제 공을 던져서 멸종 위기에 처한 동물을 구하거나 자신의 그림자로 동물 형태를 만들어 화면 속의 친구들과 숨바꼭질을 하는 등 디지털과 아날로그의 경계를 자유롭게 넘나드는 과학기술을 통해 아이가 몸과 마음으로 신나게 놀이를 즐길 수 있다. 특히 자신이 그린 동물이 간단한 손동작만으로 생명력을 얻어 커다란 화면 속에서 마치 살아 있는 것처럼 움직이는 '라이브 스케치북'은 아이가 한참이나 발길을 떼지 못하던 곳이다.

"내가 그린 사자한테 친구를 만들어줘야겠어. 그래야 다음에 만날 때까지 숲 속에서 재미있게 놀 수 있을 거 아냐."

그렇게 아이는 자신이 그린 사자와 원숭이, 기린들에게 친구를 만들어주느라 한참 동안 그림을 그리고 또 그렸다. 디지털 방식으로도

이렇게 아이의 창의력과 상상력을 충분히 키워줄 수 있는 것이다.

　이날 이후 아날로그에 대한 무조건적인 집착을 버리기로 했다. 아이에게 똑바로 앉아서 적정 거리를 유지하며 스마트폰을 시청할 수 있도록 지도하고 하루에 한 시간, 한 번에 10분 이상 사용하지 못하도록 우리만의 규칙을 만들었다. 아이에게 스마트폰을 건네줄 때는 미리 알람을 맞춰두고 소리가 나면 엄마 아빠에게 반납하도록 습관을 들이니 아이도 조금씩 자제력이 생기는 모습이다. 아이가 보는 영상물은 엄마 아빠가 먼저 확인해 일방적인 시청보다는 아이가 참여할 수 있는 형태의 그림 그리기나 퀴즈 맞히기, 또는 순발력이 필요한 간단한 게임 정도만 허락하기로 했다.
　어차피 아이는 발 빠르게 변화하는 디지털의 시대를 살아갈 테고, 이를 무작정 제한하기보다는 현명하게 가지고 놀 수 있는 경험을 만들어주는 것이 보다 합리적인 육아가 아닐까 싶다.

## 상암
# 한나절코스

### 1  망원시장

최근 가장 핫한 재래시장으로 주목받고 있는 망원시장은 저렴한 가격에 다양한 먹거리를 즐길 수 있어 아이와 함께 부담 없이 들러보기 좋다. 대학생과 1인가구의 비율이 높은 지역적 특성 때문에 가볍게 먹기 좋은 소포장과 소량 구매가 가능하다는 점도 매력적이다. 즉석에서 면을 반죽해 만드는 칼국수와 맛깔스런 닭강정, 고소한 수제크로켓 등 입맛에 따라 배를 채울 수 있다.

📍 서울 마포구 포은로8길 14
☎ 02-335-3591

### 2  디지털파빌리온

우리나라 ICT 기술의 발전 수준과 미래의 생활을 직접 체험해볼 수 있는 공간으로 1층 창조관과 2층 탐구관, 3층 상상관으로 이뤄져 있다. 사전예약제로 운영되는 창조관에서는 뛰어난 기술력이 구현하는 미래도시를 만나볼 수 있으며 탐구관에서는 놀이와 체험을 통해 ICT 기술의 원리를 탐구해볼 수 있다. 아이들은 물론 부모들도 흥미롭게 살펴볼 수 있는 볼거리와 체험거리가 많아서 가족이 함께 들러보길 추천한다.

📍 서울 마포구 월드컵북로 396
☎ 02-2132-0500~2
🌐 www.digitalpavilion.kr
🕘 09:30~18:00(일요일, 1월 1일 및 설날·추석 연휴 휴관)
₩ 무료

디지털파빌리온이 자리한 상암미디어시티는 서울시가 의욕적으로 추진한 계획도시로 MBC와 KBS, SBS 등 주요 방송사와 언론사, 엔터테인먼트사가 대거 밀집해 있다. 때문에 어릴 때부터 갖가지 영상물과 미디어에 노출되는 아이들에게 이들이 어떻게 만들어지는지 직접 눈으로 보고 체험할 수 있는 살아 있는 교육의 장이 되기도 한다.

### MBC월드 방송테마파크

국내를 대표하는 방송사 중 하나인 MBC에서 운영하는 최초의 방송테마파크로 한류스타들과 함께 노래하고 춤을 추는 것은 물론, 인기 드라마와 뉴스의 주인공이 되어볼 수 있는 특별한 체험이 가능하다. 평소 방송에 관심이 많은 아이들이라면 무척 흥미롭게 참여해볼 수 있는 프로그램이 가득하고, 별도의 비용을 지불하면 체험 장면을 사진이나 파일로도 소장할 수 있다.

📍 서울 마포구 상암로 267
☎ 02-789-3705
🌐 mbcworld.imbc.com
🕐 10:00~18:00(설날·추석 당일 휴관)
₩ 성인 18,000원 청소년 13,000원 어린이 9,000원 (36개월 미만 무료)

### 하늘공원

한때 수도권에서 발생하는 쓰레기를 매립하던 난지도에 조성된 인공적인 초지로 봄이면 노란 유채와 가을이면 황금빛 억새가 펼쳐져 언제든 편안하게 휴식을 즐길 수 있는 공간이다. 월드컵공원 중에서 하늘과 가장 가까이에 자리해 하늘공원이라는 이름을 얻게 되었는데, 가파른 계단과 오르막길이 부담스럽다면 아이들과 맹꽁이전기차를 이용해보는 것도 색다른 경험이 된다.

📍 서울 마포구 하늘공원로 95
☎ 02-300-5501
🕐 ~일몰+2시간까지(맹꽁이전기차 10:00~일몰시)
₩ 입장 무료, 맹꽁이전기차 성인 왕복 3,000원 어린이 왕복 2,200원

❶ 망원시장 　→　❷ 디지털파빌리온 　→　❸ MBC월드 방송테마파크 
↓
❹ 하늘공원

- 디지털파빌리온 1층에 자리한 ICT 창조관을 관람하려면 방문 하루 전 16:00까지 홈페이지를 통해 예약해야 해요. 2층 ICT 탐구관은 예약이 필요 없어요.
- MBC월드 방송테마파크는 한류의 영향으로 많은 외국인 관광객들이 찾아오는 곳이에요. 당일 티켓 구입도 가능하지만 미리 예매해두면 더욱 편리하게 이용할 수 있어요.
- MBC월드 방송테마파크는 운영 종료 2시간 전(16:00)까지 입장해야 하고 10:00부터 30분 간격으로 운영되는 투어프로그램(1일 9회, 소요시간 90분)을 통해서만 입장할 수 있으니 시간을 잘 맞춰서 방문하세요.
- 망원시장은 재래시장이지만 교통카드에 한해 카드사용이 편리한 곳이에요. 그래도 미리 현금을 준비해두는 것이 좋아요.

**여기도 좋아요!**

### 서울에너지드림센터

아이들과 함께 지구의 소중한 자원들을 아끼고 에너지를 절약할 수 있는 다양한 방법들을 살펴볼 수 있는 공간이다. 홈페이지를 통해 미리 예약하면 재활용품을 이용해 집을 만드는 등 갖가지 체험프로그램도 참여할 수 있다.

📍 서울 마포구 증산로 14 ☎ 02-3151-0562
🌐 www.seouledc.or.kr ⏰ 09:30~17:30(월요일, 1월 1일, 12월 12일 및 설날·추석 연휴, 휴관) ₩ 무료

📍 서울 마포구 하늘공원로 86
☎ 02-302-0168
⏰ 10:00~18:00 ₩ 무료

### 마포자원회수시설 환경사랑홍보관

하늘공원과 노을공원 사이에 자리한 커다란 굴뚝은 주거 지역과 상가 지역에서 배출된 폐기물을 연소하는 과정에서 발생하는 열을 에너지로 재활용하는 마포자원회수시설의 상징적인 존재다. 이곳 환경사랑홍보관에 들르면 재활용에 대한 다양한 정보를 얻을 수 있다.

서울
홍대

한여름에 만나는 겨울왕국
## 트릭아이 아이스뮤지엄

아이들과의 나들이 장소로는 선뜻 떠올리지 않는 홍대지만 이곳 특유의 자유로운 분위기와 풍요로운 다양성은 아이들에게도 통한다. 골목마다 숨은 크고 작은 전시공간과 소소한 체험거리, 트렌디한 레스토랑이 즐비한 홍대는 언제든 아이의 손을 잡고 즐거이 찾아볼 만한 동네다. 특히 한여름에도 만날 수 있는 겨울왕국인 아이스뮤지엄은 나날이 뜨거워지는 도시의 여름을 보내기에 더없이 반가운 공간이다.

찾아가는 길
서울지하철 2호선 홍대입구역 9번 출구에서 홍대 방면으로 걸어서 5분

작열하는 태양과 검은 아스팔트가 뿜어내는 뜨거운 열기에 숨이 턱턱 막힐 무렵, 유치원에서 무려 일주일의 여름방학을 선언했다. 당장 아이와 단둘이 하루를 온전히 보내야 한다고 생각하니 한여름 무더위보다 더 갑갑하고 막막해진다. 유난히 더위를 잘 타고 땀을 많이 흘리는 아이에겐 시원한 워터파크가 제격이지만, 홀로 아이를 챙기다 보면 엄마는 물놀이 한 번 제대로 못하고 기진맥진할 게 뻔하다. 오랜 고민 끝에 결정한 우리의 피서지는 홍대에 자리한 아이스뮤지엄. 한여름에 시원한 얼음썰매를 탈 수 있으니 아이도 좋아할 뿐 아니라 홍대라는 공간이 주는 막연한 자유로움이 엄마에게도 설렘과 위안이 된다.

1년 365일 꽁꽁 얼어붙은 얼음나라를 만날 수 있는 아이스뮤지엄은 이글루와 얼음 미끄럼틀은 물론 다양한 모양의 얼음조각들이 눈길을 사로잡는다. 이들 얼음이 녹지 않도록 뮤지엄 내부가 영하의 온도를 유지하다 보니 입구에서 나눠주는 담요와 망토가 없었다면 10분도 채 견디기 힘들 만큼 춥고 으슬으슬하다. 하지만 아이스뮤지엄까지 걸어오느라 이마에 땀이 송골송골 맺혔던 아이는 제 세상을 만난 것처럼 신났다. 얼음 미끄럼틀을 아예 누워서 타고 내려오는가 하면 얼음 침대에 누워 낮잠까지 잘 기세다. 그리 큰 규모는 아니지만 색다른 놀잇감에 아이는 공간 하나하나 싫증도 내지 않고 알뜰하게 논다. 덕분에 나도 아이와 함께 미끄럼틀을 타며 비명도 질러보고 이글루 안에서 기념사진도 찍어보며 마음껏 즐겼다.

"엄마, 여기가 겨울왕국이야?"

뒤늦게 애니메이션 〈겨울왕국〉의 재미에 빠진 아이는 엘사처럼 몇 번이나 얼음바닥을 발로 구르더니 까르르 웃음을 터트린다.

한여름에 콧물이 주르르 흐를 만큼 시원하게 놀았던 아이는 집으로 돌아오는 길에 만족스런 표정으로 물었다.

"오늘 정말 즐거웠어! 엄마는 어땠어?"

"응, 엄마도 즐거웠어."

사실 엄마 좋자고 찾아 나선 홍대였는데 아이가 이렇게 재미있었다니 기쁘면서도 한편으로는 미안했다. 내 대답에 그럴 줄 알았다는 듯 미소를 지어보인 아이가 덧붙였다.

"거봐, 엄마가 즐거우니까 내가 즐거웠던 거야."

## 홍대
# 한나절코스

### 수카라

산울림소극장 1층에 자리한 유기농카페로 '몸과 마음이 진심으로 기뻐하는 음식'을 모토로 밥상을 차려낸다. 인위적인 과정을 거치지 않은 자연 그대로의 조리법과 우리 땅에서 난 신선한 재료들을 중요시하다 보니 계절과 작황에 따라 메뉴가 수시로 바뀐다. 오픈키친이라 아이와 함께 음식이 만들어지는 과정을 지켜볼 수도 있고, 우드 플레이트에 한꺼번에 음식을 담아내기 때문에 아이들이 먹기에도 수월하다.

📍 서울 마포구 와우산로 157
☎ 02-334-5919
🕒 11:00~23:00(월요일 휴무)
₩ 버터치킨커리 11,000원

### 무스토이

무스토이는 유명 CF감독과 '뽀로로'의 디자이너가 함께 완성한 도자기인형으로, 그 위에 다양한 형태의 그림을 그려 나만의 캐릭터를 완성할 수 있는 일종의 입체형 캔버스다. 일반적인 인형 만들기 체험이 고정된 형태를 완성하는 과정이라면, 무스토이는 만드는 이의 창의력을 극대화시켜 어떤 형태든 그려 넣을 수 있는 데다 언제든 수정도 가능해 아이들이 체험하기에 더욱 적합하다.

📍 서울 마포구 와우산로29길 13 서교빌딩 2층
☎ 02-541-9374
🌐 www.mustoy.com
🕒 11:30~21:30
   주말 및 공휴일 11:00~21:00(월요일 휴무)
₩ 체험료 1인 15,000원~20,000원(음료 포함)

홍대는 엄마도 아이도 모두 만족할 만한 볼거리와 즐길거리, 먹거리가 풍성한 지역이다. 공방이나 카페에서 다양한 아트체험도 가능하고 홍대 캠퍼스에선 마음껏 뛰어놀 수도 있다. 웰빙 트렌드에 따라 건강한 식재료를 현대인의 입맛에 꼭 맞게 재해석한 레스토랑도 많아서 아이와 식사를 할 때도 고민이 덜하다.

## 3 트릭아이 아이스뮤지엄

1년 내내 얼음나라를 만날 수 있는 아이스뮤지엄과 다양한 착시효과를 이용해 기발하고 재미있는 사진을 촬영할 수 있는 트릭아이미술관을 함께 둘러볼 수 있다. 궁궐의상 등 다양한 종류의 한복을 입고 사진촬영을 할 수 있는 스튜디오와 캐리커처를 그려주는 미술가, 갖가지 공예체험 등 미술관 외에도 즐길거리가 풍성해 시간을 넉넉히 잡고 방문하는 것이 좋다.

📍 서울 마포구 홍익로 3길 20 서교프라자 B2
☎ 02-3144-6300
🔗 trickeye.com/seoul
🕘 09:00~21:00
₩ 성인 15,000원
　청소년 및 어린이 12,000원(36개월 이하 무료)

## 4 미니레고카페 겟앤쇼

입구부터 커다란 레고인형이 반겨주는 카페 겟앤쇼는 아이들이 좋아하는 브릭과 다양한 캐릭터 장난감들로 가득 채워져 있다. 흔히 레고로 더 익숙한 브릭은 아이들에게 집중력과 창의력을 길러줄 수 있어 엄마들도 선호하는 장난감이다. 이곳 카페에서는 다양한 종류와 크기의 레고는 물론, 동심을 자극하는 플레이모빌과 어른들을 위한 고난이도의 미니브릭도 판매하고 있어 아이들과 함께 만들어보면 더욱 좋다.

📍 서울 마포구 독막로3길 27
☎ 02-326-1888
🕘 09:30~23:30

❶ 수카라　　❷ 무스토이　　❸ 트릭아이 아이스뮤지엄　　❹ 미니레고카페 겟앤쇼

### 엄마의 여행팁

◉ 아이스뮤지엄은 트릭아이미술관과 함께 운영하며 통합티켓을 판매해요. 소셜커머스에 저렴한 티켓이 자주 올라오니 이를 활용하면 보다 알뜰하게 관람할 수 있답니다.

◉ 아이스뮤지엄은 낮은 내부온도 때문에 입장객들에게 담요와 망토 등을 제공합니다. 하지만 여름에 방문할 예정이라면 아이들이 더 오래 놀 수 있도록 두꺼운 겉옷을 챙겨 가길 추천해요.

◉ 트릭아이미술관은 착시효과를 이용한 재미있는 사진을 촬영할 수 있는 곳입니다. 미리 카메라를 준비하고 정해진 포토존에서 촬영하면 보다 더 생동감 있는 사진을 남길 수 있어요.

## 여기도 좋아요!

### 근현대디자인박물관

근현대의 다양한 디자인상품을 한자리에서 만나볼 수 있는 공간으로 가전제품과 가구, 엽서에 이르기까지 사회 전반의 디자인 역사를 살펴볼 수 있다. 청소년이나 어린이들을 위한 체험프로그램도 운영하니 미리 홈페이지에서 정보를 확인하자.

📍 서울 마포구 와우산로30길 36  ☎ 070-7010-4346
🌐 www.designmuseum.or.kr  ⏰ 10:00~18:00(월요일 휴관)  ₩ 성인 5,000원 청소년 및 어린이 4,000원(5세 이하 무료)

### 홍익대 현대미술관

국내 미술계에서 손꼽히는 명문인 홍익대학교 내부에 자리한 전시공간으로, 유명 작가들의 작품은 물론 톡톡 튀는 아이디어의 재학생 졸업전이나 과제전도 만날 수 있다. 더불어 녹음 짙은 홍익대의 아름다운 캠퍼스를 여유롭게 걸어보는 낭만도 느껴볼 수 있다.

📍 서울 마포구 와우산로 94  ☎ 02-320-3272~3
🌐 homa.hongik.ac.kr  ⏰ 10:00~17:00(제1관 주말, 제2관 일요일 휴무)  ₩ 무료

### 카페 창비

출판사 창비에서 운영하는 북카페로 비교적 가족 이용객들이 많은 편이라 부담 없이 들러볼 만하다. 실제로 유아동 서적을 출판하고 있기 때문인지 국내외 다양한 작가들의 동화책도 만나볼 수 있고, 가끔 아이들이나 청소년들을 위한 행사도 마련하고 있다.

📍 서울 마포구 월드컵로12길 7  ☎ 02-322-8626
⏰ 08:00~23:00 일요일 09:00~23:00

서울
신문로

경찰관이 되고 싶어요!
# 경찰박물관

**HERE!** 찾아보면 서울에는 아이들과 부담 없이 들러볼 만한 무료 박물관들이 꽤 많은데, 신문로에 위치한 경찰박물관도 그 대표적인 공간 중 하나다. 경찰청에서 직접 운영하는 만큼 전시 내용도 알차고 자연스레 아이들에게 안전교육도 할 수 있다. 실제 경찰근무복을 입어보거나 순찰차를 타보는 등 다양한 체험공간도 자리해, 어릴 적 한번쯤 경찰관을 꿈꿔보는 남자아이라면 더욱 흥미롭게 관람할 수 있다.

찾아가는 길
서울지하철 5호선 서대문역 4번 출구에서 광화문 방면으로 걸어서 7분

드라마 〈태양의 후예〉의 영향 때문인지 아이는 얼마 전 경찰이 되겠다던 꿈을 군인으로 바꾸었다. 그 전에는 소방관이 되겠다고도 했는데, 늦은 밤에도 눈 붙일 새 없이 현장으로 달려나가는 소방관들의 일상을 담은 다큐멘터리를 보고서는 "나는 잠이 많아서 힘들 것 같다"며 깔끔하게 포기했다. 하루에도 몇 번씩 바뀌는 변덕스런 장래희망이지만, 꿈꾸는 무엇이든 될 수 있는 제 나이의 무한한 가능성을 마음껏 누리고 있는 것 같아 오히려 기특하다.

아이가 한창 경찰관이 되겠다며 거리에서 순찰차만 봐도 반갑게 경례를 붙이던 무렵, 아이에게 특별한 추억을 만들어주고 싶어 경찰박물관을 찾았다. 광화문에서 서대문으로 넘어가는 대로변에 자리하고 있어 대중교통으로 찾아가기에도 쉬울 뿐 아니라 입장료가 없는 무료 박물관이라는 이유 때문에 가벼운 마음으로 출발했다.

지상 6층의 꽤 큰 규모를 자랑하는 경찰박물관은 경찰 관련 각종 영상물을 관람할 수 있는 6층을 시작으로 경찰의 역사를 살펴볼 수 있는 5층 '역사의 장'과 경찰의 다양한 업무를 이해할 수 있는 4층 '이해의 장', 경찰 장비를 직접 체험해볼 수 있는 2층 '체험의 장', 경찰근무복을 입고 기념촬영을 할 수 있는 1층 '환영의 장'까지 차례로 둘러볼 수 있다.

경찰의 역사는 어린아이가 이해하기엔 다소 어렵지 않을까 싶었는데 각 시대의 경찰을 의상을 통해 설명해주니 금세 알아듣는 눈치다. 특히 조선시대 경찰의 역할을 대신했던 포졸의 의상을 보고 옛날에도 경찰이 존재했다는 사실에 무척 흥미로워했다. 시민의 안전을 지키려

가볍게 떠나는 한나절 여행

다 목숨을 잃은 순직 경찰관들을 추모하는 '기억의 공간' 앞에서는 제법 엄숙한 표정으로 사진 한 장 한 장 살펴본다. 그들의 업적을 적은 안내판을 하나하나 읽어달라고 하더니 경찰관은 참 어려운 직업이구나, 새삼 깨달은 듯 고개를 끄덕인다.

아이가 가장 재미있어 했던 공간은 역시 '체험의 장'이다. 과학수사 요원이 되어 범죄현장에 남겨진 증거들을 수집해 범인을 추정하거나 교통경찰관이 되어 교차로에서 교통정리를 해보는 등 아이들의 눈높이에 맞춘 체험들이 흥미롭게 이어진다. 아이들의 체격에 맞게 제작된 경찰근무복을 입고 순찰차를 운전하거나 교통용 모터사이클에 탑승했을 때는 제가 더 신나서 사진을 찍어달라고 조른다. 내일 유치원 친구들에게 보여줄 거라며 시키지도 않았는데 멋지게 경례 자세까지 연출한다.

박물관을 나오는 길에 경찰관이 되겠다던 녀석의 꿈이 또 바뀌지는 않았는가 싶어 물었다.

"내 꿈? 엄마랑 아빠, 그리고 우리 마을 사람들이 안 아팠으면 좋겠어."

꿈은 그야말로 '꿈'인데 그것을 장래의 직업에 한정시켜 질문했던 어리석은 엄마는 또 한 번 반성한다. 게다가 가족뿐 아니라 마을 사람들 모두가 아프지 않았으면 좋겠다는 아이의 넉넉하고 아름다운 꿈에 코 끝 찡하게 감동하는 순간이었다. 그래, 지금의 그 따뜻한 마음만 가지고 자라준다면 무엇이 되어도 좋겠다.

## 신문로
## 한나절코스

### 1. 정동전망대

서울시청 서소문별관 13층에 자리한 정동전망대는 덕수궁은 물론 정동길 일대를 한눈에 감상할 수 있어 서울의 숨겨진 뷰포인트로 꼽힌다. 계절마다 옷을 갈아입는 옛 궁궐의 호젓한 풍경뿐 아니라 높다란 빌딩숲 한가운데 고즈넉한 낭만을 간직한 정동길을 담을 수 있어 사진작가들도 즐겨 찾는다. 시민들을 위해 무료로 개방하며 간단한 휴식공간과 카페도 있다.

📍 서울 중구 덕수궁길 15
🕘 09:00~18:00

### 2. 어반가든

정동길 깊숙이 자리한 정원식 레스토랑으로 스테이크와 파스타, 피자 등 유럽식 가정요리를 주로 낸다. 초록빛 식물과 색색의 꽃들이 가득한 공간이라 도심 한복판이라는 걸 잊고 편안하고 여유롭게 식사를 즐길 수 있다. 근처 직장인들이 즐겨 찾는 레스토랑이라 점심시간은 가능한 한 피해서 방문하는 것이 좋고, 다양한 세트 메뉴를 활용하면 보다 알차게 여러 음식을 맛볼 수 있다.

📍 서울 중구 정동길 12-15
☎ 02-777-2254
🔗 www.urbangarden.co.kr
🕘 11:30~22:00(브레이크타임 15:00~17:00)
₩ 파스타 15,000~20,000원대

### 3. 경교장

대한민국임시정부의 주석이었던 백범 김구 선생이 중국에서 돌아와 1949년 6월 26일 암살당할 때까지 집무실과 숙소로 사용하였던 역사적인 공간이다. 주요한 정치적 인물들이 드나들었던 거실과 식당 등이 당시 모습 그대로 재현돼 있으며, 특히 2층 집무실에는 선생의 목숨을 앗아간 창문의 총탄 자국까지 볼 수 있다. 지하에는 선생의 업적을 정리한 전시공간이 마련돼 아이들과 함께 역사적 현장을 둘러볼 수 있다.

📍 서울 종로구 새문안로 29
☎ 02-735-2038
🕘 09:00~18:00(월요일 휴관)
₩ 무료

경찰박물관이 자리한 신문로는 서대문이 몇 차례 그 위치가 바뀌면서 현재의 강북삼성의료원과 경향신문사 사이에 새로 문을 내어 신문(新門)이라 부른 데서 유래한다. 서울의 대표적인 교통요지인 광화문이 근처에 있고 근대의 다양한 건축물들이 밀집한 정동길과도 이어져 아이들과 함께 들러보기에 더없이 좋은 공간이다.

### 4. 경찰박물관

대한민국 경찰의 역사를 한눈에 살펴볼 수 있도록 시대별 전시관은 물론 평소 접하기 어려운 경찰의 업무를 직접 느끼고 체험해볼 수 있도록 꾸민 공간이다. 매월 다양한 문화공연과 교육프로그램을 선보이고 있으니 미리 홈페이지를 통해 관련 정보를 확인하자. 특히 어린이날에는 실제 경찰 사이드카와 오픈카 탑승체험 등 풍성한 행사와 이벤트가 마련된다.

📍 서울 종로구 새문안로 41
☎ 02-3150-3681
🌐 www.policemuseum.go.kr
🕘 09:30~17:30(월요일, 1월 1일 및 설날·추석 연휴 휴관)
₩ 무료

### 5. 서울역사박물관

조선의 수도인 한양시절부터 대한제국과 일제강점기의 서울, 그리고 세계가 주목한 고도성장을 이룩해낸 1970~1980년대의 서울까지 아이들이 직접 경험해보지 못했던 서울의 과거를 시간 순서에 따라 만나볼 수 있다. 어린이는 물론 유아를 위한 문화교육프로그램도 진행하니 미리 홈페이지를 통해 관련 정보를 확인하길 추천한다.

📍 서울 종로구 새문안로 55
☎ 02-724-0274
🌐 www.museum.seoul.kr
🕘 09:00~20:00
   3월~10월 주말 및 공휴일
   09:00~19:00
   11월~2월 주말 및 공휴일
   09:00~18:00(1월 1일 및 월요일 휴관)
₩ 무료

### 6. 경희궁

조선의 궁궐 중에서 가장 덜 알려진 곳을 꼽으라면 이곳 경희궁이 아닐까 싶은데, 그도 그럴 것이 일제강점기를 거치며 전각 대부분이 헐리고 옮겨져 궁궐의 옛 모습을 거의 잃어버렸기 때문이다. 하지만 광해군 시절 이곳에 왕기가 서려 있다고 하여 터를 빼앗고 왕궁을 지었다는 이야기가 전해질 만큼 특별한 기운을 품은 곳이니 아이들과 함께 산책하듯 걸어보는 것도 좋다.

📍 서울 종로구 신문로2가 1
☎ 02-724-0274
🕘 09:00~18:00(월요일 휴관)
₩ 무료

❶ 정동전망대   ❷ 어반가든   ❸ 경교장

❹ 경찰박물관   ❺ 서울역사박물관   ❻ 경희궁

### 엄마의 여행팁

- 경찰박물관 1층에는 관람객들의 편의를 위한 물품보관함이 비치돼 있어요. 무거운 짐은 이곳에 미리 보관하고 관람하도록 하세요.
- 서울역사박물관에서는 연령별로 다양한 체험학습지와 프로그램을 운영하고 있어요. 미리 홈페이지를 통해 관련 정보를 확인하면 보다 알찬 관람을 할 수 있어요.

**여기도 좋아요!**

📍 서울 중구 정동길 26
☎ 02-2175-1964
🌐 www.ewhamuseum.com
🕙 10:00~17:00(일요일 휴관)
₩ 무료

### 이화박물관

우리나라 최초의 여성교육기관이었던 이화학당을 전신으로 하는 이화여고 내에 자리한 박물관으로, 옛 교실을 그대로 재현한 공간뿐 아니라 다양한 역사자료들을 볼 수 있다. 특히 이곳 학생이자 독립운동가인 유관순의 흔적도 만날 수 있어 더욱 반갑다.

### 성곡미술관

경희궁 뒤편에 자리한 미술관으로 아름다운 정원과 수준 높은 전시 때문에 많은 관람객들이 찾아오는 곳이다. 유명 작가들은 물론 젊고 창의적인 신진 예술가들을 꾸준히 소개하고 있어 보다 신선하고 감각적인 작품들을 만날 수 있다.

📍 서울 종로구 경희궁길 42  ☎ 02-737-7650
🌐 www.sungkokmuseum.org  🕙 10:00~18:00(월요일 휴관)  ₩ 성인 5,000원 청소년 및 어린이 4,000원(만4세 미만 무료)

서울
북한산

알록달록 가을의 절정을 걷다
# 우이령길

못 견디게 맑고 푸른 하늘과 조금씩 색을 갈아입는 나무들에서 가을이 성큼 다가왔음을 느낄 때, 아이와 붉디붉은 가을의 절정을 함께 걸어보면 어떨까? 서울 강북구의 우이동과 경기도 양주시의 교현리를 연결하는 우이령길은 도봉산과 북한산의 경계에 자리해 빼어난 풍광을 자랑한다. 아이가 걷기에도 부담이 없는 야트막한 산길인 데다, 가을이면 알록달록 단풍이 화려하게 물들어 아름다운 우리나라의 가을 풍경을 만끽하기에 그만이다.

찾아가는 길
서울지하철 4호선 수유역 5번 출구에서 마을버스 도봉02번을 타고 우이동정류장에서 하차 후 걸어서 20분

모내기를 이제 막 끝낸 봄날의 파릇한 논을 보면 저것들이 언제 자라서 황금들녘을 이룰까 싶지만 금세 키가 자라고 풍성한 쌀알을 맺는 걸 보면 신기하기만 하다. 아이를 키우는 일도 그러하다. 눈도 제대로 뜨지 못하던 팔뚝만 한 녀석이 어느새 훌쩍 자라 엄마와 함께 여행도 하고 옆에서 조잘조잘 떠드는 것을 보면 새삼 놀랍고 또 기특하다. 사실 갓난아기일 땐 얼른 걷기 시작해서 함께 여행했으면 싶고, 걷기 시작하면 얼른 말문이 트여 함께 이런저런 이야기를 나누고 싶다고 바라는 게 엄마들 마음이다. 그런데 이렇게 부쩍 자란 아이를 보니 녀석과 함께 지나온 하루하루, 계절 하나하나가 모두 아름답고 소중하다. 되돌릴 수 없기에 아쉽기도 하다. 계절에 한 번씩이라도 아이와 함께 꼭 여행을 떠나리라 마음먹은 것도 그 때문이다.

유난히 나무가 많은 동네여서 그런지 아이는 나뭇잎 색깔이 조금씩 바뀔 때마다 계절의 변화를 단번에 눈치 채고는 엄마에게 가르치듯 말했다.

"엄마, 우리는 지금 가을나라에서 살고 있어. 가을나라에선 도토리를 많이 모아야 부자인 거야."

아마도 유치원에서 계절과 관련한 동화책을 읽은 모양이다. 녀석의 입에서 '가을'이란 단어가 자연스레 나오는 것이 놀라워서 얼른 되물었다.

"그럼 엄마랑 가을나라로 도토리 주우러 갈까?"

그렇게 지하철을 타고 한 시간여를 달려 도착한 우이령길은 입구부터 빨갛고 노란 가을이 반갑게 맞아줬다. 각양각색의 나뭇잎들을 구경하느라 몇 번이나 걸음을 멈추던 아이는 노랗게 물든 하트 모양의 나뭇잎에 마음을 빼앗겼는지 집에 가지고 가도 되느냐 묻는다. 겨울이 되면 길가의 연약한 풀꽃을 보호해줄 녀석들이니 가장 마음에 드는 나뭇잎 하나만 가져가자고 제안했다. 그때부터 아이는 나뭇잎 하나하나 꼼꼼하게 살펴보고 짐짓 고개를 갸웃거리며 집으로 가져갈 딱 하나의 나뭇잎을 고르느라 진지하다. 결국 어여쁜 단풍잎 하나로 결정하자 이번엔 길가 돌멩이 줍기에 열을 올린다. 돌멩이 역시 딱 하나만 가지고 갈 수 있다고 하자 이번에도 제 손 안에 쏙 들어오는 크기의 돌멩이를 고르느라 이리저리 뛰어다니기 바쁘다. 그러다 길에 떨어진 보랏빛 나무 열매를 주워서 보여주었더니 눈을 반짝이며 묻는다.

"이거 내 돌멩이랑 바꿀래요?"

산책길 중간에 작은 돗자리를 하나 펴고 앉아서 오랜만에 솜씨를 부린 엄마표 도시락과 잘 여문 사과 두 개를 나눠 먹었다. 야무지게 먹어치우는 아이가 귀여웠는지 옆에 앉은 어르신들이 간식을 나눠주셨다. 아이는 유치원에서 배운 대로 두 손을 배꼽 앞에 모으고 허리를 90도로 숙이고는 "감사히 잘 먹겠습니다" 외친다. 덕분에 주변에 있던 어르신들이 와하하 웃음을 터트린다. 가을에 물든 아름다운 숲길에 그보다 더 아름다운 웃음소리가 이어졌다. 엄마가 해준 것이라곤 함께 있어준 것뿐인데 그렇게 아이는 벼처럼 훌쩍 자랐다.

## 북한산
## 한나절코스

### 1  북한산 우이령길

군사적인 이유로 무려 40년 가까이 일반인의 출입이 금지되었던 지역이라 자연 그대로의 싱싱한 생명력을 고스란히 품고 있는 비밀의 숲이다. 우이동과 교현리 어느 방향에서 출발해도 좋지만 우이동에서 넘어가는 길이 부담 없는 내리막이라 아이와 함께 걷기 좋다. 우이령길의 총 길이는 약 7km로 아이와 함께라면 4시간 정도 소요된다. 편도 코스이기 때문에 대중교통을 이용하는 것이 훨씬 편리하다.

📍 서울 강북구 삼양로181길 387(우이탐방지원센터)
☎ 02-998-8365
♧ reservation.knps.or.kr
⊙ 09:00~14:00(하산은 ~16:00)
₩ 무료

### 2  오봉산 석굴암

우이탐방지원센터에서 출발해 1시간 남짓이면 오봉산 석굴암 표지판을 만날 수 있다. 우이령길에서 살짝 샛길로 빠져야 하는 곳이지만 웅장한 산자락을 병풍삼은 사찰의 풍경이 아름다워 잠시 걸음을 돌려도 좋다. 이름 그대로 커다란 바위 아래 석굴을 파고 나한을 모신 이곳은 신라 문무왕 때 의상대사가 창건했다고 전해진다. 기와 한 장도 10리 밖에서 들고 날라야 할 만큼 깊은 산자락에 위치한 사찰이 오랜 세월 그 자리를 지키고 있음이 놀랍다.

📍 경기 양주시 장흥면 석굴암길 519
☎ 031-826-3573
♧ www.sukgulam.com

북한산 둘레길의 21번째 코스이기도 한 우이령길은 오랫동안 사람의 발길이 닿지 않은 아름다운 숲길을 온전히 보존하기 위해 탐방객의 인원을 제한하고 있다. 덕분에 아이와 함께 오붓하게 소풍을 즐기기에도 좋고 대부분 평탄한 숲길이라 걷기에 익숙한 아이들이라면 부담 없이 산책을 즐길 만하다.

 ## 오봉전망대

도봉산 꼭대기 다섯 개의 암봉을 일컫는 오봉은 우이령길 중턱부터 내내 걷는 이들의 눈길을 사로잡는다. 오봉전망대에 이르면 마치 하늘로 날아오를 듯 우뚝 솟은 봉우리가 더욱 선명해지는데, 옹기종기 모여 앉은 모습 때문에 오형제봉으로도 불린다. 데크로 만든 전망대 주변에는 쉬어갈 만한 공간이 널찍해 준비한 도시락이 있다면 점심을 즐기기에도 최적의 장소다.

 ## 다솜갤러리

우이령길 끝자락에 자리한 교현탐방지원센터를 빠져나오면 버스정류장 근처에 피곤한 다리를 쉬어갈 만한 그림 같은 갤러리카페가 자리해 있다. 소녀 같은 외모의 화가가 자신을 꼭 빼닮은 딸과 함께 운영하고 있는 미술관 겸 카페로 음료수 가격에 입장료가 포함되어 있어 여유롭게 쉬어가기 좋다. 오봉을 그린 반가운 그림도 만날 수 있고 카페 주변으로 코스모스가 피어나면 가을 정취를 더욱 느낄 수 있다.

📍 경기 양주시 장흥면 북한산로 872-23
☎ 031-829-1178
🕐 10:00~22:00

❶ 우이령길　❷ 오봉산 석굴암　❸ 오봉전망대　❹ 다솜갤러리

### 엄마의 여행팁

- 북한산 우이령길은 사전예약제로 운영되고 있어요. 국립공원관리공단 홈페이지를 통해 미리 탐방일과 탐방인원, 출발지점을 지정해두세요. 당일에는 신분증을 지참해야 해요.
- 우이령길 내에는 자판기 등 편의시설이 전혀 없습니다. 아이가 마실 물과 간단한 도시락, 초콜릿 등의 에너지 음식을 넉넉하게 준비하세요. 아이가 지칠 때마다 앉아서 쉴 수 있도록 작은 돗자리를 휴대하도록 하고 돌과 흙, 나뭇잎 등을 자유롭게 만지게 하되 휴대용 물수건이나 소독제를 지참하길 추천합니다.
- 긴 거리를 걷는 만큼 아이에게 편안한 신발과 땀 흡수가 잘 되는 소재의 옷을 입혀주세요.
- 후손에게 물려줄 소중한 숲길인 만큼 나뭇잎이나 열매 등을 함부로 채취하거나 가지고 나오지 않도록 아이에게 주의를 주세요. 쓰레기 역시 부모가 먼저 되가져오는 모습을 보여주세요.
- 석굴암으로 올라가는 길은 경사가 심한 시멘트길이라 아이의 컨디션에 따라 코스에서 제외해도 됩니다.

**여기도 좋아요!**

📍 경기 양주시 장흥면 호국로 550
☎ 031-826-4077
🕐 10:30~21:00  ₩ 짬뽕 7,000원

### 진흥관
송추 지역에서 손꼽히는 중화요리집으로 무려 40여 년의 역사를 자랑한다. 특히 얼큰한 국물의 짬뽕이 맛있기로 소문나 북한산을 찾는 등산객들이 즐겨 찾는다. 쫄깃한 면발의 짜장면이나 바삭한 식감의 탕수육도 추천할 만하다.

📍 경기 양주시 장흥면 호국로550번길 111
☎ 031-877-5111
🌐 www.hessegarden.com
🕐 10:00~21:30

### 헤세의 정원(카페 휘바)
송추를 대표하는 복합문화공간으로 1만여 평의 부지에 카페 휘바를 비롯해 퓨전한식레스토랑과 갤러리 등이 함께 자리하고 있다. 북유럽 스타일의 카페에서는 파스타와 피자 등 식사도 가능하며 정원이 아름다워 아이와 함께 들르기 좋다.

서울
북촌

서울에서 즐기는 시간 여행
# 한옥마을

서울을 대표하는 여행지 중 하나인 북촌은 단정한 기와지붕을 얹은 한옥들이 즐비했던 조선시대는 물론, 근현대의 다양한 생활상을 살펴볼 수 있는 공간들이 함께 자리하고 있어 아이와의 나들이 장소로 그만이다. 영상이나 책으로만 보았던 시간들을 마치 여행하듯 돌아볼 수 있기 때문이다. 특히 민화와 자수 등 아이가 평소 접하기 어려운 전통예술을 직접 체험해볼 수 있어 색다른 추억을 쌓기에도 좋다.

찾아가는 길
서울지하철 3호선 안국역 1번 출구에서 정독도서관 방면으로 걸어서 5분

"몇 살이 되면 학교에 갈 수 있어?"

"엄마도 학교에 다녔어?"

가깝게 지내는 형아들이 책가방을 메고 학교에 다니는 모습이 내심 부러웠는지 아이는 어느 날인가부터 학교라는 공간에 대해 갖가지 질문들을 쏟아냈다. 처음엔 성심성의껏 대답을 해줬지만 할머니와 할아버지가 학교에 다니던 시절까지 거슬러 올라간 아이의 질문공세에 그만 말문이 턱 막혀버렸다. 이번에도 엄마는 '박물관 찬스'를 쓸 수밖에 없었다.

"다음에 엄마랑 학교박물관에 한번 가볼까?"

그렇게 시작된 북촌 나들이의 시작은 정독도서관 옆에 자리한 서울교육박물관이었다. 우리나라 교육의 역사를 시대별로 살펴볼 수 있는 이곳은 단순한 기록자료 대신 옛 모습 그대로 재현된 교실과 함께 실제 학생들이 사용했던 교과서와 교복 등을 체험할 수 있도록 해 아이들이 이해하기 쉽다.

마침 초등학교 시절 사용했던 교과서가 전시돼 있기에 엄마가 공부했던 책이라고 알려줬더니 신기한 듯 한참을 살펴본다. 가장 최근에 발간된 초등학교 교과서는 형아들이 공부하는 책이라고 했더니 자신도 그 책으로 공부하는 거냐며 벌써 기대에 찬 눈빛이다.

이어 북촌의 상징적인 공간이기도 한 가회동 언덕길에 이르니 아이는 우와 탄성을 터트린다. 가끔 영화세트장이나 민속촌 같은 곳에서

  옛 한옥들은 자주 접했지만 실제 사람들이 살아가는 공간이라는 점이 놀라운 모양이다. 이왕이면 한옥의 정취를 제대로 느낄 수 있도록 박물관 하나를 골라 안으로 들어섰다. 오붓한 안마당이 절로 보는 이들의 마음을 편안하게 한다.

  조잘조잘 한시도 입을 쉬지 않던 아이가 조용해 돌아보니, 툇마루에 홀로 앉아 마당을 지키고 선 나무 한 그루를 물끄러미 바라보고 있다. 서늘한 가을바람이 어린 두 볼을 스치고 아이는 잠시 눈을 감는 듯도 하다. 오래지 않아 다시 어리광을 피우며 엄마 품으로 쪼르르 달려오는 아이였지만 그 짧은 순간, 제 나름의 감동을 느꼈으리라 생각하니 괜스레 기특하다. 아이에게 보다 넓은 세상을 보여주고 싶어 떠나는 여행이지만 아이의 마음을 움직이는 감동은 엄마가 어찌해줄 수 없는 부분이다. 그래서 늘 어렵게만 느껴졌던 것을 제 스스로 찾아가고 있는 아이의 모습에 '오늘 떠나오길 잘했다'라는 생각이 들어 엄마가 더 감동한 하루였다.

## 북촌
## 한나절코스

### 1 서울교육박물관

우리나라 교육의 발전상을 살펴볼 수 있는 박물관으로 교육제도와 과정, 내용 등 다양한 유물과 사진자료들이 시대별로 전시돼 있다. 특히 대나무필통을 사용했던 조선시대부터 '철수와 영희'로 대표되는 옛 국어교과서와 낡은 공책, 가난한 시절 아끼고 또 아껴 사용했던 몽당연필 등 아이들이 경험해볼 수 없는 과거의 교실 풍경을 만날 수 있다는 점도 특별하다.

📍 서울 종로구 북촌로5길 48
☎ 02-736-2859
🔗 www.edumuseum.seoul.kr
🕐 09:00~18:00
　주말 09:00~17:00(법정공휴일 및 첫째·셋째 주 수요일 휴관)
₩ 무료

### 2 북촌마님

소담한 한옥에서 비빔밥 등 다양한 종류의 한식을 맛볼 수 있는 식당으로 아기자기한 안마당부터 북촌의 정취를 가득 느낄 수 있다. 상차림도 깔끔하고 밑반찬도 정갈해 외국인들도 자주 찾아온다. 아이와 함께 가더라도 수저와 접시 등을 살갑게 챙겨주는 모습이 인상적이다. 떡갈비 등의 고기 메뉴는 주방에서 이미 구워진 상태로 나오기 때문에 점심시간에도 부담 없이 즐길 수 있다.

📍 서울 종로구 북촌로 65
☎ 02-743-2468
🕐 11:30~21:00
₩ 백반정식 9,000원

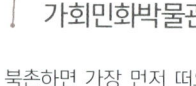
### 3 가회민화박물관

북촌하면 가장 먼저 떠오르는 가회동 언덕길에 자리한 박물관이다. 선비들의 고상한 산수화 대신 솔직하고 익살맞은 풍자를 덧입힌 민화를 전시해놓았는데, 그 꾸밈없는 표현 때문인지 아이들도 호기심 가득한 눈으로 살펴본다. 전시실 한편의 민화 공방에서는 아이들이 직접 민화를 그려보거나 도깨비 얼굴 모양의 기와를 탁본해보는 체험프로그램을 운영한다.

📍 서울 종로구 북촌로12길 17
☎ 02-741-0466
🔗 www.gahoemuseum.org
🕐 10:00~18:00
　12월~2월 10:00 ~17:00(월요일 휴관)
₩ 성인 3,000원
　청소년 2,000원

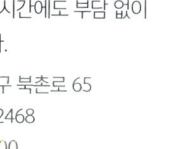

조선시대 최고 권력을 지닌 양반들이 거주했던 곳으로 지금도 옛 규모를 짐작케 하는 고풍스런 한옥들이 즐비해 도심의 빌딩숲과 묘한 대조를 이룬다. 시간을 거스른 듯한 색다른 풍경 때문에 외국인 여행자들에게도 인기가 높은 북촌은, 옛 삶의 모습들을 직접 만나볼 수 있는 소중한 체험 여행지다.

### 4 북촌생활사박물관 오래된 향기

북촌 언덕배기에 자리한 생활사박물관은 옛 사람들의 생활을 상상해볼 수 있는 곳이다. 박물관에 전시된 생활용품은 모두 서울 북촌 지역에서 수집한 것들로 불과 몇 십 년 전까지 대를 이어 사용했던 물건이다. 박물관이지만 가정집처럼 생활용품을 늘어놓아 마치 옛 집을 구경하는 기분이다. 유치원생과 초등학생들을 위한 다양한 체험프로그램도 운영한다.

📍 서울 종로구 삼청로4길 21
☎ 02-736-3957
🌐 cafe.daum.net/namu3579
🕘 09:00~19:00
　동절기 09:00~18:00
₩ 성인 5,000원
　청소년 3,000원

###  5 북촌전망대

북촌 가운데 자리한 일반 빌라 건물을 개조한 공간으로, 이곳에서 바라보는 북촌의 전경이 무척 아름다워 최고의 뷰포인트로 꼽힌다. 멀리 산자락을 병풍 삼아 옹기종기 머리를 맞댄 기와지붕들이 마치 옛 시간으로 여행을 온 것처럼 낯설고 또 고풍스럽다. 입장료에 음료 가격이 포함되어 있어 여유롭게 쉬어갈 수 있으며 일몰 후에도 전망대 이용이 가능하니 야경을 즐기기에도 좋다.

📍 서울 종로구 북촌로11다길 22-3
☎ 070-8819-2153
🕘 09:00~20:00
₩ 성인 3,000원
　청소년 2,000원

###  6 티아폴

가회동에서 안국역 방향으로 내려오는 길에 자리한 작은 카페로 달콤한 솜사탕을 가득 올린 커피가 유명하다. 아이들은 레모네이드 등으로 바꿔서 주문할 수 있는데, 보송보송한 구름을 올린 듯 색다른 모양 때문에 아이들이 무척 흥미로워 한다. 일반적인 솜사탕과 달리 색소를 사용하지 않고 크기도 그리 크지 않아서 엄마들도 한번쯤 마음 놓고 먹일 수 있다.

📍 서울 종로구 북촌로 33-1
☎ 02-766-8533
🕘 10:00~20:00

❶ 서울교육박물관  ➡ ❷ 북촌마님  ➡ ❸ 가회민화박물관 
⬇
❹ 북촌생활사박물관 오래된 향기 
⬇
❺ 북촌전망대 
⬇
❻ 티아폴

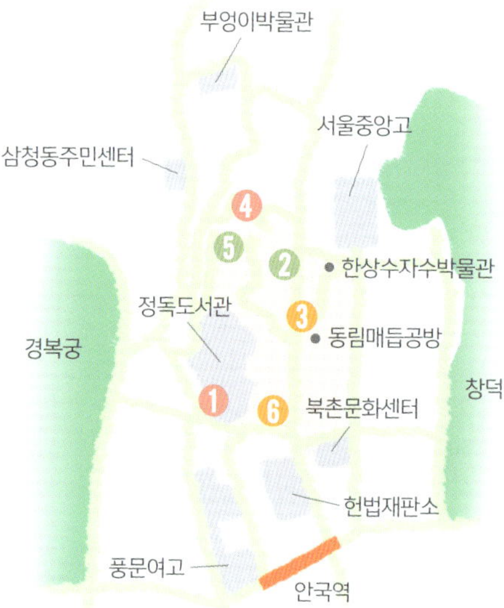

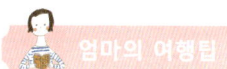
엄마의 여행팁

- 박물관의 휴관일이 조금씩 다르니 미리 확인하세요.
- 북촌은 대부분 걸어서 돌아봐야 하는 곳이에요. 가회동 일대는 오르막길도 많으니 편한 신발을 신고 마실 물은 미리 챙기도록 하세요.
- 북촌생활사박물관은 본관과 별관으로 나뉘어 있으며 하나의 입장권으로 함께 관람할 수 있어요. 다양한 체험프로그램을 운영하는 곳이라 미리 카페에서 관련 정보를 확인하세요.
- 북촌에 자리한 한옥들 중에는 숙박이 가능한 곳들이 많아요. 아이와 고즈넉한 한옥에서 특별한 하룻밤을 계획해보는 것도 좋아요.

## 여기도 좋아요!

### 한상수자수박물관

'자수장' 한상수의 주요 작품들을 전시한 공간으로 전통 자수를 활용한 의장과 민속품 등 다양한 볼거리로 채워져 있다. 아이들과 함께 모시 조각보에 들꽃 문양을 수놓거나 순면 손수건에 이니셜을 수놓는 등 다양한 체험프로그램도 운영 중이다.

📍 서울 종로구 북촌로12길 29-1 45 ☎ 02-744-1545
🌐 www.hansangsoo.com ⏰ 10:00~17:00(월요일 휴관) ₩ 성인 2,000원 청소년 1,000원

### 동림매듭공방(박물관)

노리개와 허리띠, 주머니 등에 사용되는 전통 장식용 매듭부터 관련 재료들을 총망라하여 전시한 공간으로 매듭기능전승자인 심영미 관장이 운영 중이다. 손끝의 감각을 익히는 다양한 매듭공예를 실제로 체험할 수 있는 프로그램도 운영하고 있다.

📍 서울 종로구 북촌로12길 10 ☎ 02-3673-2778
🌐 www.shimyoungmi.com ⏰ 10:00~18:00(월요일 휴관) ₩ 1,000원(체험을 할 경우 무료)

### 부엉이박물관

서양에서 지혜의 상징으로 통하는 부엉이는 다양한 문학작품이나 예술작품에서 신비로운 존재로 그려진다. 이 같은 부엉이에 대한 남다른 애정으로 관장이 직접 수집한 부엉이 관련 미술품과 공예품 2,000여 점을 전시하고 있으며 입장료에 음료 가격이 포함돼 있다.

📍 서울 종로구 북촌로 143-10 ☎ 02-3210-2902
🌐 www.owlmuseum.co.kr ⏰ 목요일~일요일 10:00~19:00 ₩ 성인 5,000원 청소년 4,000원 어린이 3,000원 (3세 미만 무료)

## 서울 동대문

디자인과 만난 상상력 놀이터
# 동대문디자인플라자

**HERE!** 한동안 패션과 쇼핑의 대명사로 여겨지던 동대문에 동대문디자인플라자(DDP)가 들어서면서 세계가 주목하는 서울의 디자인 명소로 떠오르고 있다. 마치 우주선을 연상시키는 미래적인 디자인의 건축물뿐 아니라 그 안을 가득 채운 젊은 디자이너들의 톡톡 튀는 아이디어 제품들이 눈과 마음을 사로잡는다. 여기에 감각적인 전시와 색다른 체험전들이 연일 이어지고 있어 이젠 아이와 함께 들러볼 만한 여행지로도 손색이 없다.

찾아가는 길
서울지하철 2·4·5호선 동대문역사문화공원역 1번 출구에서 바로 가끔 아이 옷을 사러 들르는 동대문이지만 쇼핑 외의 볼거리에 대해선 크게 관심을 두지 않았다. 그런데 만화나 애니메이션에 등장하는 각종 캐릭터와 피규어에 남다른 관심을 가진 아빠가 동대문디자인플라자에서 관련 전시회가 열린다며 우리를 이끌었다. 괜히 복잡하고 시끄러운 곳에 억지로 아이를 데려가는 것은 아닌가 걱정했는데, 아이는 동대문디자인플라자의 외관을 보는 순간 우주인이 사는 마을 같다며 오히려 설레는 표정이다.

세계적인 여성 건축가 자하 하디드가 설계한 동대문디자인플라자는 각각의 건물들이 마치 물이 흐르듯 자연스러운 곡선으로 이어지며 보는 방향에 따라 전혀 다른 모습을 갖는 비정형의 건축물이다. 새벽부터 밤늦게까지 쉴 새 없이 변화하고 움직이는 동대문 특유의 역동성을 건축물에 고스란히 담아낸 것이다. 아이도 건축가가 의도한 힘찬 활동성이 느껴졌는지 새삼스레 엄마 손을 꼭 잡는다.

"엄마, 이거 움직이는 거 아니지? 여기 들어가면 우주로 사라지는 거 아니겠지?"

아빠가 추천한 캐릭터 전시회를 신나게 관람한 우리는 이어서 엄마가 보고 싶었던 간송문화전을 찾았다. 본래 성북동에 자리한 간송미술관은 1년에 딱 두 번, 5월과 10월에 보름씩만 내부를 공개하기로 유명하다. 때문에 이전의 전시들을 보기 위해 한 시간씩 줄을 서는 수고도 마다하지 않았던 엄마다. 그도 그럴 것이 간송미술관은 우리나라 최초의 민간박물관으로 우리의 문자인 한글의 원리를 정리해놓은 훈

가볍게 떠나는 한나절 여행

민정음 해례본과 마치 1,000마리의 학이 날아가는 듯 신비스런 모양의 청자 운학문 매병, 조선 최고의 화가 신윤복의 〈미인도〉 등 수많은 국보와 보물을 소장하고 있다. 이들은 모두 미술관 설립자인 간송 전형필이 수집한 문화재들이다. 그는 손꼽히는 부잣집에서 태어났지만 그 많은 재산을 개인이 아닌 나라의 미래를 위해 사용했다. 일제치하에서 해외로 반출되는 우리의 소중한 문화재들을 사비를 들여 구입하고 보존하는 데 전 재산과 일생을 바쳤던 것이다.

이 같은 이야기를 들려주자 아이는 미술관 입구에 그려진 간송의 초상화 앞에서 꾸벅 인사를 전한다. 후손들에게 귀한 작품을 감상할 수 있게 해준 데 대한 고마움을 표시한 건가 싶어 기특한 마음에 녀석의 머리를 쓰다듬어줬다.

"고맙습니다, 인사한 거야?"

"아니, 우리나라 최고의 부자가 되게 해달라고 기도한 거야. 그래야 나도 그림들을 사서 이렇게 멋진 미술관을 지을 거 아냐!"

## 동대문
## 한나절코스

### 1  신당동 떡볶이타운

서울을 대표하는 떡볶이골목으로 1950년에 처음 문을 연 '마복림떡볶이'를 시작으로 수십 개의 떡볶이전문점들이 상권을 형성하고 있다. 이곳에서 파는 떡볶이는 대부분 넓은 팬에 떡볶이와 만두, 라면 등을 올리고 함께 끓여내는 즉석떡볶이의 형태로, 가게마다 치즈와 고구마 등 취향에 따라 다양한 재료를 더할 수 있다. 디제이가 상주하며 신청곡을 틀어주는 가게도 있어 아이에게 색다른 분위기를 느낄 수 있게 한다.

📍 서울 중구 다산로3길 5(마복림떡볶이)
₩ 2인 세트 11,000원

### 2  동대문디자인플라자

옛 동대문운동장이 자리했던 곳에 새롭게 문을 연 복합문화공간으로 다양한 전시와 체험, 마켓이 어우러져 볼거리와 즐길거리가 풍성하다. 주말에는 젊은 아티스트들의 색다른 거리공연이 펼쳐지기도 한다. 옛 서울성곽의 흔적과 아치 형태의 수문 등이 남아 있어 역사적으로도 의미가 남다른 공간이라 자체적으로 운영하는 투어프로그램에 참여해보는 것도 좋다. 또 밤이 되면 색색의 외관조명이 불을 밝혀 낮과는 전혀 다른 밤의 풍경을 연출한다.

📍 서울 중구 을지로 281
☎ 02-2153-0000
♧ www.ddp.or.kr
⊙ 살림터 10:00~21:00
   주말 및 공휴일 10:00~22:00

우리나라 보물 1호인 흥인지문을 중심으로 형성된 동대문 일대는 대형 쇼핑몰들이 밀집해 우리나라를 대표하는 패션일번지로 통한다. 여기에 복합문화공간인 동대문디자인플라자가 들어서면서 이제 패션과 디자인을 아우르는 새로운 핫플레이스로 사랑받고 있다. 특히 어린이들이 참여할 수 있는 다양한 디자인체험프로그램도 운영하고 있어 함께 들르기 좋다.

## 3 청계천 헌책방거리

1950년대 말부터 하나둘 생겨나기 시작한 헌책방들이 청계천 물줄기를 따라 거리를 형성하고 있다. 지금은 찾기 어려운 오래된 옛 서적들부터 동대문이란 공간이 지닌 특수성을 반영한 듯 다양한 패션 관련 원서들이 눈길을 끈다. 전성기 때에 비하면 헌책방의 숫자가 많이 줄어들었지만 낡은 책의 향기를 고스란히 담은 정겨운 분위기는 여전하다. 아이들 동화책이나 참고서도 있으니 구경 삼아 들러보면 좋다.

📍 서울 중구 장충단로13길 20

## 4 광장시장

서울을 대표하는 재래시장으로 그 역사만 무려 100년이 넘었다. 일제강점기 일본의 경제침략에 맞서 국권회복을 취지로 세워진 시장인 만큼 그 의미도 남다르다. 한복이나 직물 등이 대표적인 거래물품이기는 하나 여행자들에겐 다양한 시장 먹거리로 더 유명하다. 중독성이 강한 꼬마김밥과 즉석에서 부쳐내는 고소한 빈대떡을 시작으로 각종 채소와 나물을 넣고 비벼 먹는 비빔밥과 매콤한 떡볶이 등을 먹으며 푸짐한 시장 인심을 느껴보자.

📍 서울 종로구 창경궁로 88
☎ 02-2267-0291
🔗 kwangjangmarket.co.kr
🕘 09:00~22:00

① 신당동 떡볶이타운
② 동대문디자인플라자
③ 청계천 헌책방거리
④ 광장시장

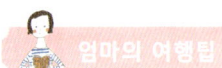 엄마의 여행팁

- 동대문디자인플라자는 수시로 다양한 전시가 열리기 때문에 미리 홈페이지를 통해 관련 정보를 확인하는 것이 좋아요. 특히 디자인놀이터에는 어린이들을 대상으로 하는 창의력 교육프로그램이 자주 있으니 미리 체크하세요. 어린이들이 이용 가능한 실내놀이터와 키즈카페도 있고 교구나 다양한 재료를 활용한 체험프로그램도 운영하고 있어요.
- 동대문디자인플라자 살림터 내에는 수유실이 있고 신분증만 있으면 유모차 대여도 가능하니 유용하게 활용할 수 있어요.
- 청계천 헌책방거리와 광장시장을 이용할 경우 미리 현금을 준비하세요.

**여기도 좋아요!**

### 제일평화시장

유명 미시연예인들을 비롯해 특별한 패션 감각을 지닌 엄마들의 쇼핑 명소로 잘 알려져 있다. 다양한 디자인의 아동복을 저렴하게 구입할 수 있는 것은 물론, 수입 아동복을 재빠르게 만나볼 수 있어 아이들 옷을 구입하기에 좋다.

📍 서울 중구 마장로 13  ☎ 02-2252-6744
🔗 www.jeilpyunghwa.com
🕘 09:00~17:30  20:00~05:00  토요일 09:00~17:00

### 창신동 문구완구도매시장

동대문완구시장으로도 불리는 이곳은 아이들이 좋아하는 각종 완구와 문구류를 저렴하게 구입할 수 있어 알뜰한 주부들이 즐겨 찾는다. 100여 개에 이르는 완구점과 문구점이 밀집해 있다 보니 시즌에 따라 최대 70~80%까지 세일하는 상품도 만나볼 수 있다.

📍 서울 종로구 종로52길 36

### 서울풍물시장

청계천 복원과 함께 '황학동 도깨비시장'으로 불리던 주변 노점상가들이 옮겨온 곳으로 각종 골동품을 비롯해 희귀한 레코드판과 필름카메라, 오래된 축음기 등 아이들에겐 그야말로 살아 숨 쉬는 박물관이다. 입구에서는 다양한 체험프로그램도 운영한다.

📍 서울 동대문구 천호대로4길 21  ☎ 02-2232-3367
🔗 pungmul.seoul.go.kr  🕘 10:00~19:00(2·4번째 화요일 휴장)

경기
고양

한나절의 중남미 여행
# 중남미문화원

HERE! 아이에게 보다 넓은 세상을 보여주러 떠나는 여행이라고 굳이 비행기를 타고 지구 반대편으로 날아갈 필요는 없다. 찾아보면 우리 주변에는 다양한 나라의 문화와 풍경을 만나볼 수 있는 공간들이 얼마든지 숨어 있기 때문이다. 특히 누구나 한번쯤 꿈꾸었을 중남미의 이국적인 풍광을 지하철과 버스만 타도 직접 만나볼 수 있다. 아이와 함께 부담 없이 떠나는 한나절의 중남미 여행, 고양에서라면 가능하다.

찾아가는 길
서울지하철 3호선 삼송역 8번 출구에서 마을버스 053번을 타고 고양동시장 정류장에서 하차 후 고양향교 방면으로 걸어서 10분

고양동의 한적한 주택가 한편에 자리한 중남미문화원은 30여 년 동안 중남미 지역에서 외교관 생활을 했던 이복형 전 멕시코 대사 부부가 운영하는 문화공간으로, 들어서는 순간부터 이국적인 붉은 벽돌의 독특한 건축물들이 눈길을 사로잡는다. 화려한 전통의상을 입은 여인상이 지키고 선 박물관에는 조각상과 똑같은 의상을 입은 백발의 여인이 화사한 미소로 반겨준다.

대사의 아내이자 문화원의 원장을 맡고 있는 그녀는 아이에게 전시관에서 지켜야 할 주의사항을 먼저 일러준다. 혹여 나이 어린 관람객을 꺼리는가 싶어 살짝 긴장했지만 곧 "여기 있는 것들은 할머니가 직접 모은 정말 소중한 보물들이야"라며 아이의 눈높이에 맞게 친절하게 설명을 해준다. 실제로 박물관 내에는 마야와 아즈텍, 잉카 등 중남미 지역의 고대문명과 역사를 살펴볼 수 있는 다양한 유물들이 전시돼 있었는데, 모두 대사 부부가 직접 월급을 털어 사 모은 것들이다. 아이도 귀중한 물건들이란 말에 꽤 얌전하게 전시관을 둘러본다.

건너편 미술관에는 풍만한 선과 화려한 색감이 돋보이는 라틴아메리카 출신 작가들의 작품이 가득 채워져 있다. 특히 꽃과 여인을 주제로 한 그림들이 많아서인지 아이도 무척 흥미롭게 감상하는 눈치다. 미술관을 빠져나오면 문화원의 상징적인 이미지이기도 한 붉은 벽과 그 너머로 아름다운 조각공원이 펼쳐져 있어 아이가 마음껏 뛰어놀며 구경할 수 있다. 중남미 지역의 성당을 재현한 종교전시관에선 색색의 정교한 스테인드글라스와 프레스코 등을 만날 수 있는데, 묵직하게 울리는 낯선 성가 때문인지 아이는 처음으로 여기는 다른 나라 같다며 신기해했다. 아이에게 지구 반대편에 우리와 전혀 다른 풍경과 역사를 지닌 나라가 존재하고 있음을 알려주고 싶었던 엄마의 바람이 제대로 이루어진 셈이다.

중남미문화원에서는 빠에야(Paeya)를 맛볼 수 있는 레스토랑을 함께 운영하고 있다. 스페인에서 유래된 빠에야는 양철로 만든 커다란 팬에 닭고기와 해산물 등을 넣어 볶은 밥을 올린 음식인데, 사프란(Saffron)이라는 향신료를 사용해 독특한 맛과 색을 낸다. 예전에 바르셀로나의 어느 거리에서 맛보았던 빠에야의 깊은 풍미를 떠올리며 미리 예약해두었는데, 현지의 맛과 비교하면 조금 아쉬웠지만 아이는 입맛에 잘 맞는지 금세 자기 몫의 접시를 비워냈다. 그 모습에 나도 모르게 신이 나서 스페인 여행 당시의 이야기를 늘어놓았더니 아이가 입술을 삐죽인다.

"그때 나는 어디에 있었는데? 왜 나를 빼놓고 엄마만 여행 다녀온 거야?"

아이가 존재하기 이전의 시간들을 어떻게 설명해야 할지 그만 말문이 막혀버렸다. 엄마의 당혹스러움을 눈치 챘는지 아이는 슬쩍 새끼손가락을 내민다.

"다음엔 나랑 같이 여행하는 거다?"

얼른 새끼손가락을 걸며 고개를 끄덕였다. 나 역시 발 딛지 못한 미지의 땅인 중남미를 미래의 어느 날, 이 작은 아이와 함께 손을 잡고 거닐 생각을 하니 벌써 마음이 두근거리기 시작했다.

## 고양
# 한나절코스

###  1 중남미문화원

중남미 지역의 다양한 문화예술과 생활, 종교를 한자리에서 살펴볼 수 있다. 박물관과 미술관 모두 스페인 양식으로 지어져 이국적인 분위기를 더하고, 설립자가 현지에서 직접 공수해온 전시품들이 눈길을 사로잡는다. 전시공간 외에도 드넓은 야외조각공원과 산책로가 조성되어 있어 여유롭게 돌아보기 좋다. 봄에는 하얀 목련이 가득 피어 낭만적인 분위기를 느낄 수 있으며 붉은 단풍이 물든 가을 풍경도 아름답다.

- 경기 고양시 덕양구 대양로285번길 33-15
- 031-962-7171
- www.latina.or.kr
- 10:00~18:00 11월~3월 10:00~17:00
- 성인 5,500원 청소년 4,500원 어린이(12세 이하) 3,500원

###  2 따꼬

야외조각공원 한편에 자리한 카페로 타코와 커피 등을 맛볼 수 있다. 타코는 멕시코의 전통음식으로 옥수수 전병인 토르티야(Tortilla)에 소고기와 돼지고기 등을 잘게 썰어 양파 등과 함께 구운 것으로 매콤한 양념이 맛깔스럽다. 예약제로 운영되는 레스토랑에선 스페인 전통음식 빠에야를 맛볼 수 있으며, 현지에서 가져온 고풍스런 테이블과 그릇 등이 색다른 분위기를 더한다.

- 경기도 고양시 덕양구 대양로285번길 33-15
- 031-962-7171
- 토요일~일요일 및 공휴일 11:00~17:00(레스토랑은 월요일~토요일 12:00~14:30)
- 타코 7,000~8,000원
  빠에야 성인 28,000원 소인 20,000원

고양은 대부분 지역이 서울과 지하철로 연결돼 있으며 인구 100만의 대도시답게 다양한 문화시설을 갖추고 있다. 더불어 때 묻지 않은 아름다운 자연환경과 600년이 넘는 역사 동안 이어져 내려온 유적지들도 곳곳에 자리해 언제든 아이와 함께 가볍게 떠나볼 만한 여행지다.

 ## 서삼릉

 ## 원당종마목장

원당에 자리한 서삼릉에는 중종의 계비 장경왕후의 능인 희릉과 인종의 능인 효릉, 철종의 능인 예릉이 자리하고 있다. 아이에게는 다소 이해하기 어려운 역사적 공간이지만 과거 대통령이 아닌 임금이 통치했던 시대가 있었고, 이곳에 누워 있는 이들이 그와 같은 임금과 왕비들이라고 하니 금세 이해하는 눈치다. 경건한 묘역이기는 하나 산책길이 아름답고 숲도 우거져 있어 상쾌한 바람을 즐기기에 그만이다.

📍 경기 고양시 덕양구 원당동 산37-1
☎ 031-962-6009
🕐 봄·가을 09:00~18:00 여름 09:00~18:30
　　겨울 09:00~17:30
₩ 성인 1,000원(24세 이하 무료)

서삼릉과 이웃하고 있는 원당종마목장은 우수한 경기용 종마를 육종하고 보호하려는 목적으로 세워진 시설이지만, 일반인들에게도 무료로 개방하고 있어 드넓은 초원과 그 위를 달리는 말들이 빚어내는 이국적인 풍경을 볼 수 있다. 돗자리나 간단한 도시락도 반입이 가능하고 내부에 작은 매점도 있다. 주말에는 체험승마 등 다양한 체험프로그램도 운영하고 있으니 미리 현금을 준비해가면 좋다.

📍 경기 고양시 덕양구 서삼릉길 233-112
☎ 02-509-1682
🕐 09:00~16:30(월요일·화요일 휴장)
₩ 무료

❶ 중남미문화원   ❷ 따꼬
❸ 서삼릉   ❹ 원당종마목장

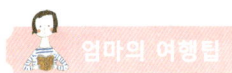 엄마의 여행팁

- 중남미문화원은 대중교통으로 찾아가는 방법이 다소 복잡해요. 아이가 어리다면 자동차를 이용하는 것을 추천해요.
- 중남미문화원에서 빠에야를 맛보려면 하루 전에 홈페이지를 통해 미리 예약해야 해요. 타코는 별도의 예약이 필요 없지만 토요일과 일요일, 공휴일에만 운영하니 참고하세요.
- 서삼릉은 오랜 역사만큼 숲이 우거져 있어 한여름에는 아이에게 얇은 긴팔 티셔츠나 긴 바지를 입히는 것이 좋고 모기기피제도 미리 준비하기를 추천해요.
- 원당종마목장에서는 어린이들을 대상으로 승마체험프로그램을 운영하고 있어요.

**여기도 좋아요!**

### 테마동물원 쥬쥬

고양시를 대표하는 테마동물원으로 쥬레이터의 설명과 함께 다양한 동물들과 직접 교감할 수 있는 체험프로그램이 인기다. 연중무휴로 야간에도 운영하고 있어 언제든 부담 없이 찾을 수 있으며 소셜커머스를 활용하면 보다 저렴하게 티켓 구입이 가능하다.

📍 경기 고양시 덕양구 원당로458번길 7-42
☎ 031-962-4500   www.themezoozoo.or.kr
🕐 하절기 10:00~21:00(월요일 10:00~19:00) 동절기 10:00~20:00(월요일 10:00~18:00)
₩ 성인 19,500원 어린이 15,000원(24개월 미만 무료)

### 배다골테마파크

배가 닿는 마을이라고 하여 배다골로 불리던 성사천 일대에 조성된 테마공원이다. 옛 생활모습을 재현한 민속박물관을 시작으로 수백 마리의 비단잉어들이 노니는 잉어마을, 동물친구들과 교감하는 동물원, 수영장 등 다양한 놀이시설이 아기자기하게 들어서 있다.

📍 경기 고양시 덕양구 배다골길 131  ☎ 031-970-6330
🌐 www.baedagol.com  🕐 10:00~18:00  ₩ 성인 11,000원 청소년 및 어린이 9,000원(24개월 이하 무료, 고양·파주·김포시민 20% 할인)

### 송스키친

퓨전이탈리안레스토랑으로 인기를 끌고 있는 송스키친의 삼송점으로, 서삼릉으로 들어서는 길목에 자리해 찾아가기 쉽다. 가족단위 손님들을 위한 좌식 테이블도 있으며 빈티지한 외관과 감각적인 인테리어, 그리고 깔끔한 음식이 특징이다.

📍 경기 고양시 덕양구 서삼릉길 334  ☎ 031-966-1713
🕐 11:30~22:00(브레이크타임 15:00~16:00)
₩ 치즈해물떡볶이 21,000원

경기
부천

만화 속 주인공들과 놀아요
# 한국만화박물관

만화나 애니메이션은 어른, 아이 할 것 없이 누구나 좋아한다. '아기공룡 둘리'를 보며 자란 엄마 아빠와 '뽀로로'를 친구 삼아 커가는 아이들 사이엔 말하지 않아도 이미 공감대가 형성돼 있다. 부천에 자리한 한국만화박물관은 이처럼 세대를 뛰어넘어 사랑받는 만화를 주제로 꾸며진 박물관으로, 아이는 물론 엄마 아빠도 어린 시절을 추억해볼 수 있어 더욱 특별한 여행지다.

찾아가는 길
서울지하철 7호선 삼산체육관역 5번 출구에서 바로

아이가 좋아하는 만화를 보여주려 TV채널을 돌리다 〈아기공룡 둘리〉가 나오는 것을 보고 나도 모르게 리모컨을 멈췄다. 빙하에 갇힌 아기공룡 둘리가 오랜 시간을 뛰어넘어 현대의 서울 한복판에 떨어지면서 펼쳐지는 좌충우돌 모험담을 그린 이 작품은 나의 어린 시절을 대표하는 만화 중 하나다. 어느덧 시간이 흘러 마냥 얄미운 어른으로만 느껴졌던 고길동의 나이가 되어버렸지만, 혓바닥을 쏙 내민 둘리의 뾰로통한 얼굴만 보아도 다시 그 시절이 오롯이 되살아난다. 잠시 아련한 표정이 되어버린 엄마가 의아했는지 아이가 묻는다.

"이거 엄마가 좋아하는 만화야?"
"그럼, 엄마가 너만 할 때 둘리를 얼마나 좋아했는데!"
"정말? 그때 둘리는 몇 살이었는데?"

그러고 보니 둘리를 보고 자란 소녀는 어느새 한 아이의 엄마가 되었는데, TV 속 둘리는 수십 년째 그 모습 그대로 친구들과 장난을 치고 깔깔거린다. 어른이 되어도 만화에 대한 특별한 애정을 품게 되는 건 아마도 이처럼 변치 않는 시절에 대한 그리움 때문이 아닐까.

마침 즐겨보던 웹툰 관련 전시가 열린다는 소식에 부천에 있는 한국만화박물관을 찾았다. 전시회에 간다고 하니 꿈쩍도 않던 아이가 만화박물관이라는 말에 얼른 따라나선다. 입구부터 친근한 만화캐릭터들이 반겨주니 아이는 마치 친구라도 만난 것처럼 손을 맞잡고 얼굴을 비비적거린다. 전시장에서는 내 나이를 훌쩍 앞서는 '고바우'와 '고인돌'부터 친근한 얼굴의 '머털이'와 '까치'까지 그야말로 한국 만화

가볍게 떠나는 한나절 여행

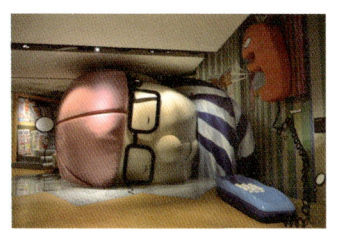

의 역사를 통째로 만나볼 수 있다. 아이는 그 속에서 익숙한 얼굴의 둘리를 발견하고는 엄마가 좋아하는 만화라며 소란스레 알은척을 한다. 실재하지도 않는 초록색 공룡 한 마리 덕분에 아이와 나 사이에 각별한 공감대가 형성된 것이다.

   전시장을 둘러보고 나오니 박물관 한편에 자리한 만화상영관에서 아이가 좋아하는 뽀로로 영화가 상영되고 있었다. 평소 어린이영화를 극장에서 보는 건 돈 아깝다고 생각했던 엄마지만, 언젠가 아이도 내 나이가 되었을 때 뽀로로를 추억하며 이 시간들을 그리워할 것이라 생각하니 티켓 가격이 아깝지 않았다. 뽀로롱 숲이 아닌 게임 속으로 빨려들어간 뽀로로와 친구들의 이야기를 그린 영화를 보며 오랜만에 아이의 눈높이에서 실컷 웃고 또 감동했다. 문득 어린 시절 엄마 손을 잡고 처음으로 극장에 가서 보았던 영화 〈우뢰매〉가 떠올라 가슴 한 편이 뭉클해졌다.

## 부천
### 한나절코스

최근 부천에 다양한 박물관과 테마공원이 문을 열었다. 대중교통으로 찾아가기 쉬울 뿐 아니라 아이들이 좋아할 만한 테마가 많아 가족 나들이에 알맞다. 특히 만화축제가 열리는 7월에는 다양한 체험행사도 마련돼 여름방학을 이용해 찾기 좋다.

### 1. 한국만화박물관

우리나라 만화의 역사를 한자리에서 살펴볼 수 있다. 콘텐츠로서의 만화뿐 아니라 창작자로서의 만화가에 대한 이해를 돕는 갖가지 체험존도 있어 아이들이 흥미롭게 관람할 수 있다. 국내에서 출판된 만화 단행본들을 읽거나 국내외 애니메이션 영상자료를 감상할 수 있는 열람실은 물론 다양한 동화책을 읽을 수 있는 공간도 있다.

📍 경기 부천시 원미구 길주로 1
☎ 032-310-3090
🔗 www.komacon.kr/museum
🕐 10:00~18:00(월요일 및 설날·추석 연휴 휴관)
₩ 입장권 5,000원 가족권(성인 2+어린이2) 15,000원

### 2. 김치테마파크

대한민국 김치명인 제1호인 김순자 명인과 함께 다양한 종류의 김치를 직접 만들어보는 체험을 할 수 있다. 주로 단체관람객들이 이용하지만 주말에는 아이들과 함께 참여할 수 있는 가족체험형 김치 만들기 프로그램을 운영하고 있어 색다른 추억을 쌓을 수 있다. 부천한옥마을 내에 위치해 아기자기한 전통공방과 고즈넉한 전통찻집도 함께 둘러보며 쉬어가기 좋다.

📍 경기 부천시 원미구 길주로 1
☎ 070-4251-1212
🔗 blog.naver.com/kimchik1
₩ 김치 만들기 프로그램 10,000원(사전예약)

### 3. 아인스월드

전 세계 25개국 68개의 유명 건축물들을 1/25 크기로 축소해 전시해놓은 미니어처 테마파크다. 책이나 TV에서만 접한 세계의 다양한 건축물들을 한자리에서 볼 수 있어 작은 지구촌으로도 불린다. 마치 세계여행을 떠나온 것처럼 갖가지 풍경을 경험할 수 있어 아이들에게도 색다른 여행지가 된다. 밤이면 각 건축물마다 조명을 밝혀 아름다운 야경을 즐길 수도 있다.

📍 경기 부천시 원미구 도약로 1
☎ 032-320-6000
🔗 www.aiinsworld.com
🕐 10:00~18:00
　 12월~2월 10:00 ~17:00
₩ 성인 10,000원 청소년 및 어린이 8,000원(36개월 미만 무료)

❶ 한국만화박물관  ❷ 김치테마파크  ❸ 아인스월드

 엄마의 여행팁

- 한국만화박물관 내에는 4D상영관과 만화영화상영관이 있어요. 미리 상영작과 시간표를 확인해두세요.
- 한국만화박물관 내에 자리한 만화도서관은 11세 이상 어린이 누구나 이용이 가능하며, 영상열람실은 당일 선착순 방문 예약제로 운영되고 있어요. 아이가 보고 싶어 하는 영상물이 있다면 관람 전에 미리 예약해두길 추천해요. 연령제한 없이 누구나 이용할 수 있는 아동열람실과 오픈라이브러리도 운영되고 있으니 시간 여유를 두고 천천히 둘러보세요.
- 한국만화박물관에서는 관람객들을 위한 다양한 체험프로그램도 운영하고 있으니 1층 체험마당에 꼭 들러보세요.
- 한국만화박물관 건너편 만화비즈니스센터 지하 1층에는 관람객들을 위한 식당이, 박물관 1층에는 각종 음료와 샌드위치, 분식 등을 판매하는 카페가 있으니 식사나 간식을 이곳에서 해결하면 시간을 절약할 수 있어요.

## 여기도 좋아요!

### 부천로보파크

부천 로봇산업연구단지 내에 자리한 국내 최초의 로봇 상설전시장으로 다양한 로봇과 관련 기술의 발전상을 한자리에서 살펴볼 수 있다. 블록을 이용한 로봇 만들기와 로봇스쿨 등 다양한 체험프로그램도 운영하고 있다.

📍 경기 부천시 원미구 평천로 655 401동
☎ 032-621-2090   🌐 www.robopark.org
🕐 10:00~18:00(월요일 휴관)   ₩ 성인 5,000원 청소년 4,000원 어린이 3,000원(4세 미만 무료)

### 부천자연생태공원

자연생태박물관과 식물원, 수목원 등이 한데 어우러진 생태공원으로 짙푸른 녹음 사이를 거닐며 여유롭게 쉬어가기 좋다. 자연생태박물관 뒤편에는 작은 동물원도 있으며 다양한 농기구가 전시된 농경유물전시관도 아이들과 함께 둘러보기 좋다.

📍 경기 부천시 원미구 길주로 660
☎ 032-625-2786   🌐 ecopark.bucheon.go.kr
🕐 09:30~18:00(수목원·동물원 09:30~21:00) 11월~2월 09:30~17:00(수목원·동물원 09:30~19:00)
₩ 성인 1,500원 청소년 1,000원 어린이 700원

### 고강선사유적공원

청동기시대의 주거지와 석곽묘 등이 대거 발굴된 고강동 선사유적지에 조성된 공원으로 한반도 중부지방의 과거 생활상을 상상해볼 수 있는 공간이다. 특히 봄이면 공원 전체가 알록달록한 철쭉으로 물들어 이때 찾으면 아름다운 봄의 절정을 감상할 수 있다.

📍 경기 부천시 오정구 고강동 산 93-1

경기
파주

영어마을에서 즐기는 특별한 크리스마스
# 경기영어마을

HERE! 엄마들 사이에서 영어교육은 늘 뜨거운 감자일 수밖에 없다. 효과적인 영어 교육의 시기와 방법에 대해 전문가들도 여전히 갑론을박을 벌이고 있으니 엄마들은 더욱 고민스럽다. 하지만 어릴 때부터 영어를 사용하는 환경에 자연스레 노출시키는 것이 아이가 외국인을 만났을 때 자신감을 가지고 대화할 수 있도록 한다는 데는 큰 이견이 없는 듯하다. 경기영어마을 파주캠프는 여행하듯 편안하고 가볍게 영어를 체험하기에 더없이 좋은 공간이다.

찾아가는 길
서울지하철 2·6호선 합정역 1번 출구에서 2200번 버스를 타고 영어마을 정류장에서 하차 유치원에서 운영하는 영어수업 외에 특별한 사교육을 시켜본 적은 없지만, 몇 번의 해외여행을 함께하며 아이는 자연스레 영어라는 언어의 효용에 대해 깨달은 모양이다. 자신과 다른 색깔의 피부와 눈동자, 머리카락을 가진 사람들도 영어로 "헬로" 한마디면 서로 말이 통한다는 걸 직접 경험했기 때문이다.

첫 여행길에서 외국인을 만났을 땐 엄마 뒤로 쏙 숨어버렸던 녀석이 지금은 일단 "헬로" 인사를 던지고 제 영어이름인 '카이(Kai)'를 무작정 반복한다. 아는 영어단어도 몇 개 없고 문장은 아예 만들 생각도 못하지만, 그래도 자신감 하나 만큼은 누구에게도 뒤처지지 않는다.

경기영어마을에서 크리스마스를 맞아 특별한 파티를 준비한다는 소식에 아이와 함께 가까운 파주캠프로 향했다. 마치 공항 출입국사무소처럼 꾸며진 입구에선 여권 확인과 함께 간단한 영어인터뷰가 진행된다. 영어마을 내에서만 사용하는 모의여권이기는 하지만 제법 그럴싸한 모양 때문인지 아이는 비행기를 타러 가는 거냐며 잔뜩 기대하는 눈치다. 푸근한 인상의 여직원은 몇 살이냐고 물었음에도 제 이름만 답하는 아이를 환한 미소로 맞아주었다.

마을로 들어서니 마치 영국의 어느 거리처럼 앙증맞은 삼각지붕들이 이어진다. 아이는 비행기를 타지 않았음에도 낯선 이국의 거리에 들어선 것이 어리둥절한지 잠시 걸음을 망설인다. 하지만 젊은 외국인 남녀가 다가오자 얼른 달려가 기계적으로 "헬로" 인사를 건네는 모습에 엄마 아빠는 웃음을 터트리고 말았다.

가볍게 떠나는 한나절 여행

크리스마스 파티는 영어마을 가운데에 자리한 시청 건물에서 이뤄지고 있었다. 이곳에서 근무하는 영어교사인 듯한 젊은이들이 앙증맞은 빨강 망토와 산타 모자를 쓰고서 아이들과 함께 게임도 하고 영어 카드도 만들고 작은 부직포주머니에 갖가지 그림도 그려넣는다. 아이는 〈겨울왕국〉에 등장했던 울라프 그림을 골라 주머니에 그려넣고는 꽤 만족한 표정이다. 축구화를 넣기에 딱 맞는 사이즈라며 당장 내일 유치원에 들고 가서 자랑할 거란다. 정성스레 꾸민 크리스마스카드엔 삐뚤빼뚤 겨우 'Merry Christmas'를 적었다. 선생님이 쓴 글씨를 가까스로 따라 그린 것이지만 엄마 아빠 눈에는 마냥 기특하다.

홀쩍 큰 키에 까만 피부가 인상적인 외국인이 다가와 우리 가족의 사진을 찍어주겠다며 이끈다. 덕분에 엄마 아빠도 빨강 망토를 입고 특별한 크리스마스의 추억을 남겼다. 마치 태평양을 훌쩍 날아 미국의 어느 작은 마을에서 크리스마스 파티를 함께 즐긴 느낌이다.

## 파주
### 한나절코스

파주는 경기영어마을과 헤이리예술마을을 비롯해 안보여행지인 오두산 통일전망대 등 다양한 볼거리가 가까운 거리에 밀집해 있다. 프리미엄아울렛도 자리해 쇼핑도 함께 즐길 수 있다.

### 1. 경기영어마을

마치 외국에 온 것처럼 이국적인 분위기 속에서 체험 위주의 영어프로그램을 경험할 수 있다. 아기자기한 풍경을 배경으로 색다른 기념사진도 남길 수 있고, 해외여행에서처럼 자연스럽게 외국인들과 소통할 수 있다는 점도 큰 매력이다. 주말에는 개인 여행자들을 위한 다양한 일일프로그램을 운영한다.

- 경기 파주시 탄현면 얼음실로 40
- ☎ 031-956-2000
- english-village.gg.go.kr
- 09:00~18:00
- ₩ 입장권 주중 3,000원 주말 5,000원(36개월 미만 무료) 뮤지컬관람권 10,000원 일일체험 이용권 8,000원

### 2. 헤이리예술마을

음악과 미술, 영화, 건축, 문학 등 다양한 분야에서 활동하는 예술가들이 모여 사는 마을로 각각의 개성을 드러낸 실험적인 공간들을 만나볼 수 있다. 갖가지 테마의 박물관은 물론 아이들이 좋아하는 체험놀이터와 맛있는 레스토랑, 여유로운 북카페 등이 밀집해 있어 가족나들이 장소로 그만이다. 워낙 규모가 방대하기 때문에 하루에 모두 돌아보려 욕심내기보다는 취향에 맞는 장소를 골라 느긋하게 돌아보기를 추천한다.

- 경기도 파주시 탄현면 법흥리
- ☎ 031-946-8551
- heyri.net

### 3. 오두산 통일전망대

오두산은 한강과 임진강이 만나는 자리에 위치한 야트막한 산이지만 예부터 서울과 개성을 지키는 군사적 요충지로서 중요한 의미를 지녔다. 이곳의 통일전망대에선 망원경을 이용해 바로 앞 황해도 개풍군 주민들의 생활모습을 살펴볼 수 있을 만큼 북한과 가깝다. 통일과 관련된 전시자료도 있어 아이들에게 평화적 통일에 대해 생각을 해볼 수 있는 기회가 된다.

- 경기 파주시 탄현면 필승로 369
- ☎ 031-945-3171
- www.jmd.co.kr
- 09:00~17:00
  11월~2월 09:00~16:30(월요일 휴관)
- ₩ 성인 3,000원 청소년 1,600원 어린이 1,000원

❶ 파주 경기영어마을    ❷ 헤이리예술마을    ❸ 오두산 통일전망대

 엄마의 여행팁

- 경기영어마을은 입장하는 순간부터 영어 사용이 자연스러운 곳이에요. 영어를 공부한 아이들이라면 간단한 대화를 미리 숙지시켜주고 실제로 사용해볼 수 있도록 하세요.
- 경기영어마을은 연중무휴이지만 월요일과 화요일은 일일체험프로그램을 운영하지 않아요.
- 경기영어마을은 어린이날이나 할로윈, 크리스마스 등 시즌에 따라 다양한 프로그램을 운영해요. 미리 홈페이지를 통해 관련 정보를 확인해 참여하면 색다른 추억을 만들 수 있답니다.
- 경기영어마을에서는 연령별로 다양한 영어활동프로그램은 물론 온가족이 함께 참여할 수 있는 베이킹체험도 운영하고 있어요. 모두 영어로 진행되는 프로그램들이니 아이들과 함께 특별한 경험을 만들어보세요. 개인 일일체험은 당일 체험권 구입 후 참여가 가능합니다.
- 헤이리예술마을에는 다양한 테마의 박물관과 미술관이 있어요. 홈페이지와 소셜미디어를 활용하면 보다 저렴한 가격의 입장권을 구입할 수 있으니 미리 동선을 정리해두길 추천해요.
- 헤이리예술마을의 박물관과 미술관들은 대개 월요일과 화요일에 휴관하니 미리 체크하세요.

## 여기도 좋아요!

### 프로방스

프로방스의 아기자기한 감성을 모티프로 꾸며진 이곳은 프렌치레스토랑과 베이커리, 다양한 숍들이 밀집해 색다른 풍경을 즐길 수 있다. 색색의 건물들을 구경하는 재미도 남다르고 저녁이면 화려한 조명을 덧입어 이국적인 분위기를 마음껏 즐길 수 있다.

📍 경기 파주시 탄현면 새오리로 77 ☎ 1644-8044
🌐 www.provence.co.kr
🕘 09:00~23:00 공휴일 09:00~22:00

### 파주프리미엄아울렛

오두산 통일전망대 근처에 위치해 가볍게 쇼핑을 즐기기 좋다. 유명 브랜드의 제품들을 보다 저렴한 가격에 판매하고 있으며 상품군도 다양하고 편의시설도 잘 갖춰져 있다. 특히 유아동 전문 브랜드가 다수 입점해 있어 합리적인 쇼핑을 즐길 수 있다.

📍 경기 파주시 탄현면 필승로 200 ☎ 1644-4001
🌐 www.premiumoutlets.co.kr/paju
🕘 월요일~목요일 10:30~20:30 금요일~일요일 및 공휴일 10:30~21:00(설날·추석 당일 휴무)

### 영집궁시박물관

우리나라 최초의 활 화살 전문 박물관으로 오랜 전통을 이어받은 장인인 궁시장이 직접 운영하고 있어 역사적 가치 또한 높다. 조상 대대로 사용해온 다양한 종류의 활과 화살을 한자리에서 만나볼 수 있는 것은 물론 활을 직접 만들어보거나 활쏘기 체험도 가능하다.

📍 경기 파주시 탄현면 국원말길 168
☎ 031-944-6800 🌐 www.arrow.or.kr
🕘 10:00~18:00 10월~3월 10:00~17:00(월요일 휴관)
₩ 성인 3,000원 청소년 2,500원 어린이 2,000원

경기
용인

텔레비전이 예술이 되다
# 백남준아트센터

HERE! 단순한 지식보다는 자유로운 상상력과 창의력이 더욱 중요해진 요즘, 온가족이 함께 미술관을 찾거나 다양한 장르의 예술작품을 감상하는 것도 아이들의 감성을 자극하는 데 큰 도움이 된다. 특히 우리나라를 대표하는 예술가 중 한 명인 백남준은 아이들에게도 익숙한 텔레비전이란 소재를 이용해 현대사회의 갖가지 문제점들을 꼬집는 독특한 작품세계를 자랑한다. 때문에 작품을 관람한 후 아이들과 함께 나눌 수 있는 이야기도 무척 풍성하다.

찾아가는 길
서울지하철 분당선 기흥역 4번 출구에서 신갈고등학교 방면으로 걸어서 15분

비디오 영상과 조각을 자유자재로 결합시키며 기존의 예술규범을 단번에 무너뜨린 백남준은 '비디오아트'란 새로운 장르를 탄생시키며 세계 예술계에 굵직한 족적을 남겼다. 스스로 유목민을 자처하며 삶의 마지막 순간까지 새로운 실험과 도전을 멈추지 않았던 그는 지난 2006년 세상을 떠났음에도 여전히 미래적 예술가이자 창의적인 선구자로 평가되고 있다. 경기도 용인에 자리한 백남준아트센터는 이 같은 백남준의 예술세계와 사유를 담아낸 공간으로, 그의 대표작은 물론 젊은 예술가들에게로 이어지는 비디오아트의 새로운 면모를 만나 볼 수 있다.

개인적인 호기심에서 찾은 미술관이었지만 그림도 아닌 비디오아트란 낯선 예술을 아이가 이해할 수 있을까, 내심 걱정이 많았다. 하지만 전시관에 들어서자마자 아이는 오히려 흥미롭다는 반응이다.

"뭐야, 그림이 아니라 텔레비전이네? 우리 텔레비전 보러 온 거야?"

별다른 거부감 없이 비디오아트를 받아들이는 아이를 보니 과연 백남준이 왜 미래적 예술가인지 알겠다. 어쩌면 그가 작품을 통해 표현하고자 했던 메시지는 우리보다 너 강력한 미디어의 자극과 영향력 속에서 자라게 될 아이들에게 정말 필요한 것인지도 모르겠다. 마치 텔레비전을 보듯 자연스럽게 작품을 감상하는 아이에게 텔레비전 속 세상은 진짜일지 가짜일지 물어보았다.

"당연히 가짜지! 다 이 아저씨가 만들어낸 거잖아."

리플렛에 실린 백남준의 사진을 가리키며 아이가 답한다.

"맞아, 그러니까 텔레비전 속 세상이 모두 옳은 것은 아니야. 네가 스스로 진짜와 가짜를 구분해야 하는 거야."

아이는 잠시 고개를 갸우뚱거리더니 이내 알았다는 듯 활짝 웃는다.

"그러니까 텔레비전 많이 보지 말고 생각을 많이 하라는 거지?"

엄마의 뜻을 찰떡같이 알아듣는 아이가 기특해 나도 피식 웃고 말았다.

## 용인
## 한나절코스

### 1. 지앤아트스페이스

백남준아트센터 건너편에 자리한 복합문화공간으로 다양한 장르의 전시가 이뤄지는 갤러리를 비롯해 일상의 공간을 아름답게 꾸며주는 리빙숍과 플라워숍 등이 한데 어우러져 있다. 특히 어린이들을 대상으로 하는 창작스튜디오를 운영하고 있어 색다른 예술체험이 가능하다. 모던한 감성의 레스토랑과 카페도 자리해 여유롭게 점심을 즐기거나 갖가지 모양의 토기와 토우로 꾸며진 아름다운 정원에서 산책을 즐기기에도 좋다.

📍 경기 용인시 기흥구 백남준로 7
☎ 031-286-8500
🔗 www.zienart.com
🕙 10:00~19:00

### 2. 백남준아트센터

세계적인 비디오아티스트 백남준의 예술과 철학을 고스란히 담아낸 공간으로 다양한 주제의 기획전은 물론 수준 높은 세미나와 워크숍, 대중강좌 등으로 시민들에게 좋은 반응을 얻고 있다. 그의 작품 2천여 점을 소장하고 있으며 젊은 예술가들의 작품도 꾸준히 전시되고 있다.

📍 경기 용인시 기흥구 백남준로 10
☎ 031-201-8500
🔗 www.njpartcenter.kr
🕙 10:00~18:00
  7월~8월 10:00~19:00(월요일, 1월 1일 및 설날·추석 당일 휴관)
₩ 성인 4,000원
  청소년 2,000원(7세 이하 무료, 경기도민 25% 할인)

### 3. 경기도어린이박물관

경기도에서 운영하는 체험식 어린이박물관으로 단순히 눈으로만 전시물을 감상하는 데서 그치지 않고 직접 손으로 만지고 오감으로 느끼며 교감할 수 있도록 꾸며져 있다. 우리의 몸이 어떻게 생겼는지, 자연 속에는 어떤 친구들이 함께 살아가는지 등 다양한 분야의 지식들을 재미있게 이해할 수 있도록 전시공간이 나뉘어 있다.

📍 경기 용인시 기흥구 상갈로 6
☎ 031-270-8600
🔗 www.gahoemuseum.org
🕙 10:00~18:00
  7월·8월 10:00~19:00(월요일, 1월 1일 및 설날·추석 당일 휴관)
₩ 4,000원(12개월 미만 무료, 경기도민 25% 할인)

용인은 에버랜드와 함께 가족여행지의 대명사로 통하는데 자세히 살펴보면 백남준아트센터를 비롯한 문화예술시설도 다양하게 갖추고 있다. 지하철 분당선과 에버라인을 이용하면 대중교통으로 가기에도 좋고 경기도민이라면 다양한 할인 혜택도 챙길 수 있어 알뜰하게 여행할 수 있다.

## 4 경기도박물관

국보 제256호 〈초조본대방광불화엄경주본〉을 비롯해 3,500여 점의 유물이 있으며 다양한 체험공간도 곳곳에 비치해 관람객들의 흥미를 돋운다. 지구의 탄생을 담은 자연사실을 시작으로 고고미술실과 문헌자료실, 민속생활실 등 6개의 상설전시실과 기획전시실, 야외전시장으로 구성되어 있다.

📍 경기 용인시 기흥구 상갈로 6
☎ 031-288-5300
🔗 www.musenet.or.kr
🕙 10:00~18:00
　7월~8월 10:00~19:00(월요일, 1월 1일 및 설날·추석 당일 휴관)
₩ 성인 4,000원
　청소년 2,000원(7세 이하 무료, 경기도민 25% 할인)

## 5 한국민속촌

시간을 거슬러 과거로 여행을 떠나볼 수 있는 특별한 테마공원으로 조선시대 각 지방의 마을 풍경과 가옥을 실물로 복원하여 아이들에게 색다른 볼거리를 제공한다. 철저한 고증을 통해 당대의 생활 모습을 그대로 보여주는 인물들도 적절히 배치해 마치 실제 조선시대를 구경하는 기분이다. 연일 다양한 체험프로그램을 운영하는 것은 물론 절기마다 선조들의 세시풍속을 직접 경험해볼 수 있는 프로그램도 있다.

📍 경기 용인시 기흥구 민속촌로 90
☎ 031-288-0000
🔗 www.koreanfolk.co.kr
🕙 09:30~18:00
　주말 09:30~18:30
　5월~9월 09:30~18:30
　주말 09:30~19:00
　11월~1월 09:30~17:30
　주말 09:30~18:00
₩ 성인 15,000원 청소년 12,000원
　어린이 10,000원(36개월 미만 무료)

❶ 지앤아트스페이스  → ❷ 백남준아트센터  → ❸ 경기도어린이박물관  ↓ ❹ 경기도박물관  ↓ ❺ 한국민속촌

기흥역
• 신갈고
루터대
상갈역
경기도국악당
아모레퍼시픽 미술관

엄마의 여행팁

- 지앤아트센터 어린이창작스튜디오에서는 다양한 예술교육을 진행하고 있어요. 정규반을 운영하고 있지만 시즌에 따라 일일특강도 하니 미리 홈페이지를 통해 관련 정보를 확인하세요.
- 백남준아트센터의 전시는 주제에 따라 아이들에게 다소 어려울 수도 있으니 홈페이지를 통해 미리 내용을 확인하는 게 좋아요. 주말에는 어린이들을 위한 미술교육이나 예술체험프로그램도 운영하니 미리 체크하세요.
- 경기도어린이박물관은 관람일 3개월 전부터 온라인예매가 가능하며 당일예매는 불가합니다. 주말에는 이용자가 많아서 현장예매가 어려울 수 있으니 가능한 한 미리 티켓을 구입하는 것을 추천해요.

**여기도 좋아요!**

### 호암미술관

삼성그룹의 창업주인 호암 이병철이 30여 년에 걸쳐 수집한 1,200여 점의 한국미술품을 전시한 사립미술관이다. 국보급 도자기와 서화를 만날 수 있는 것은 물론 아름다운 한국식 정원을 함께 둘러볼 수 있어 산책을 즐기기에도 좋다.

📍 경기 용인시 처인구 포곡읍 에버랜드로562번길 38
☎ 031-320-1801  🌐 www.hoammuseum.org
🕐 10:00~18:00(월요일, 1월 1일 및 설날·추석 연휴 휴관)
₩ 성인 4,000원 청소년 3,000원(당일 에버랜드 자유이용권 소지자 무료)

### 삼성화재교통박물관

증기자동차 등 역사적으로 소장가치가 높은 희귀 자동차들을 한자리에서 만나볼 수 있는 특별한 공간이다. 국내에서 보기 어려운 클래식카는 물론 포니 등 초창기 한국의 자동차들도 만나볼 수 있어 아이들이 좋아한다.

📍 경기 용인시 처인구 포곡읍 유운리 292
☎ 031-320-9900  🌐 www.stm.or.kr
🕐 10:00~18:00 11월~2월 10:00~17:00 주말 10:00~18:00(월요일, 1월 1일 및 설날·추석 연휴 휴관)
₩ 성인 6,000원 청소년 및 어린이 5,000원(24개월 미만 무료)

◇ 경기 수원 ◇

시간의 성을 걷다
# 수원화성

HERE!  유네스코가 지정한 세계문화유산이기도 한 수원화성은 당대의 과학적 지식과 기술력이 총동원된 건축물로 예술성 또한 빼어나다. 수원의 도심 한가운데 자리한 고풍스런 자태는 아이들의 호기심을 불러일으키기에 충분하고, 정조와 정약용 등 위인전을 통해 익숙한 인물들의 흔적을 직접 만나볼 수 있다는 점도 흥미롭다. 무엇보다 오랜 세월을 견뎌온 옛 성곽을 따라 걷다보면 자연스레 시간의 의미에 대해서도 돌아보게 한다.

찾아가는 길
서울지하철 1호선·분당선 수원역 4번 출구에서 11, 13번 버스를 타고 화성행궁 정류장에서 하차

　수원에 살고 있는 여동생의 집을 찾아가다 보면 장안문과 팔달문 등 수원화성의 여러 문을 지나게 된다. 수백 대의 자동차가 뒤엉킨 도심의 번잡한 풍경을 배경으로 홀로 우뚝 솟은 옛 성곽이 아이의 눈에도 신기했는지 몇 번이나 "저건 뭐야?" 질문이 이어졌다. 매번 운전에 집중하느라 대충 얼버무렸던 것이 미안해 하루는 아예 여동생과 수원화성에서 만나기로 했다. 수원에 살면서도 수원화성을 걸어보는 건 처음이라던 여동생과 함께 어느 가을날, 그렇게 시간의 성을 거닐었다.

　조선의 가장 뛰어난 임금 중 하나로 꼽히는 정조는 당대 최고의 실학자였던 정약용과 함께 자신의 철학을 고스란히 담아낸 계획도시 수원화성을 건설한다. 이전까지 우리나라의 성곽은 마을을 보호하는 읍성과 전쟁을 대비해 쌓은 산성으로 나뉘어 있었는데, 수원화성은 이 같은 기능을 하나로 통합하면서 백성들의 삶의 질을 높이는 것은 물론 건축술 또한 한 단계 발전시키는 계기를 만든다. 게다가 거중기 등의 첨단기계를 사용해 노동 부담을 줄이고 일꾼들에게는 정확히 품삯을 지불하는 등 정조는 합리적이면서도 자애로운 임금이었다.

　오랜 세월을 견디다 보니 곳곳이 허물어지고 도시가 발달하며 옛 모습을 잃어버리기도 했던 수원화성이 세계문화유산으로 등재될 수 있었던 것도 이 같은 기록에서 엿보인 정조의 인간적인 면모 덕분이라고 한다.

아이에게 이런 이야기를 들려주니 포크레인과 크레인이 없던 시절, 오로지 사람의 힘만으로 이토록 웅장한 성곽을 쌓았다는 게 도저히 믿기지 않는 표정이다. 성을 이루고 있는 제 머리통만 한 벽돌을 이리저리 가늠해보더니 옛날 사람들은 힘이 셌던 모양이라고 혼잣말이다. 정조가 자신의 아버지인 사도세자의 능을 참배하고 어머니인 혜경궁 홍씨를 모시기도 했던 화성행궁에선 그 지극한 효심을 배우라고 일러두었다. 알고 있는 조선의 임금이라곤 세종대왕밖에 없던 아이는 한나절의 수원화성 나들이를 마치고는 대단한 것이라도 발견한 양 엄마에게 감상을 전했다.

"오늘 보니까 정조도 세종대왕만큼 훌륭한 임금님이었네!"

## 수원

# 한나절코스

### 1. 화성행궁

조선시대에 지어진 행궁 중 가장 큰 규모를 자랑하는 화성행궁은 정조의 깊은 효심을 느낄 수 있는 특별한 공간이다. 아버지인 사도세자의 능을 참배하기 위해 재임기간 중 13차례나 이곳을 찾았던 정조는 어머니 혜경궁 홍씨의 회갑연 또한 화성행궁 내의 봉수당에서 거행하였다. 왕족과 대장금 의상을 직접 입어볼 수 있는 다양한 체험프로그램도 운영하고 있다.

- 경기 수원시 팔달구 정조로 825
- 031-290-3600
- www.swcf.or.kr
- 09:00~18:00(7월~9월의 화요일~일요일은 21:00까지 야간개장) 11월~2월 09:00~17:00
- 성인 1,500원 청소년 1,000원 어린이 700원(만 6세 미만 무료)

### 2. 수원화성

조선 성곽건축의 꽃으로 불리는 수원화성은 22대 임금인 정조가 정치적 구심지로서 조성한 계획도시다. 4대문을 이루는 팔달문과 화서문, 빼어난 전망을 자랑하는 정자인 방화수류정과 적의 동향을 살필 수 있도록 설계된 군사시설인 서북공심돈은 보물로도 지정돼 있다. 아이와 함께 산책 삼아 걷기에도 좋고 다양한 체험프로그램도 참여할 수 있어 여유롭게 시간을 두고 여행하길 추천한다.

- 경기도 수원시 장안구 연무동 190
- 031-290-3600
- www.swcf.or.kr
- 09:00~18:00 11월~2월 09:00~17:00
- 성인 1,000원 청소년 700원 어린이 500원(만 6세 미만 무료)

수원은 수원화성을 중심으로 다양한 볼거리들이 밀집해 있어 이곳만 돌아보아도 한나절이 부족하다. 맑은 날 아이와 함께 옛 성곽을 천천히 걸어보는 기분도 특별하고 용 모양 얼굴의 화성열차를 타고 다양한 문화유적들을 돌아보는 것도 좋다. 또 정조와 정약용 등 역사 속 인물들을 자연스럽게 이해할 수 있는 기회가 되기도 한다.

## 아름다운 행궁길

화성행궁의 왼편에서 시작되는 아름다운 행궁길은 팔달문에 이르는 약 400m의 골목을 일컫는 말로, 아기자기한 벽화가 곳곳에 그려져 있어 아이와 함께 천천히 걸어보기 좋다. 특히 지역 예술가들이 운영하는 30여 개의 개성 넘치는 공방과 조용한 카페, 소박한 식당들이 이어져 색다른 공예 체험을 즐기거나 잠시 걸음을 쉬어가기에도 그만이다.

📍 경기 수원시 팔달구 북수동

## 수원통닭골목

가마솥에서 갓 튀겨낸 고소한 프라이드치킨으로 유명한 수원통닭골목은 여행자들이 꼭 한 번씩 들러 갈 만큼 인기가 좋다. 좁은 골목을 따라 치킨 전문점들이 밀집해 있는 이곳은 들어서는 순간부터 먹음직스런 기름 냄새가 입맛을 자극한다. 일반적인 프랜차이즈와 비교해 양도 푸짐하고 정겨운 시장 분위기 때문에 아이와 함께 들르기에도 좋다.

📍 경기 수원시 팔달구 정조로800번길 21(진미통닭)

### 엄마의 여행팁

- 수원화성은 전체 길이가 5.4km에 달하기 때문에 아이의 컨디션에 따라 주요 시설만 둘러보기를 추천해요. 팔달산에서 연무대 사이를 1일 12회 운행하는 화성열차(운행시간 10:00~17:50, 이용요금 성인 1,500원 청소년 1,100원 어린이 700원)를 이용하면 편리하게 관람할 수 있답니다.
- 수원화성과 화성행궁, 수원화성박물관 등을 모두 돌아볼 예정이라면 통합관람권을 구입하는 것이 좋아요. 수원화성과 화성행궁은 한복을 착용했을 경우 무료입장 혜택이 있어요.
- 화성행궁에서는 오전 11시에 무예24기 시범공연이 펼쳐집니다. 하절기 토요일 오후 2시에는 궁중무용 등 다양한 행사도 열리니 미리 일정을 체크하세요.

**여기도 좋아요!**

## 수원화성박물관

수원화성의 아름다움과 역사적 의의는 물론 건축기술의 우수성 등을 다방면에서 살펴볼 수 있는 박물관이다. 수원화성 축성과 신도시 수원을 건설하는 과정을 이해할 수 있는 화성축성실과 정조의 화성행차 당시의 문화적 기록을 만나볼 수 있는 화성문화실이 상설로 운영된다. 더불어 화성을 둘러싼 다양한 역사적 인물과 사건을 통해 화성이란 공간을 재조명할 수 있는 기획전시도 꾸준히 하고 있다.

📍 경기 수원시 팔달구 창룡대로 21 ☎ 031-228-4205
🔗 hsmuseum.suwon.go.kr ⏰ 09:00~18:00(첫째 주 월요일 휴관)
₩ 성인 2,000원 청소년 1,000원(12세 이하 무료) 통합관람권 성인 3,500원 청소년 2,000원 어린이 800원

> 인천

### 책 읽기 좋은 마을
# 배다리헌책방골목

**HERE!** 인터넷으로 클릭 몇 번이면 새 책이 집 앞까지 배달되는 시대에 살고 있지만, 우리 아이들에게도 묵직한 책의 향기와 낡은 책장을 넘기며 세상과 만나는 따스한 감촉을 알려주고 싶다. 아이에게라면 무엇이든 가장 좋은 것을 사주고 싶은 게 엄마 마음이지만, 책만큼은 많은 사람들의 손을 거칠수록 더 넓은 세상을 품는 게 아닐까? 오래된 헌책방과 커다란 양철로봇이 기다리는 인천의 배다리는 이런 세상을 만나기 더없이 좋은 장소다.

찾아가는 길
서울지하철 1호선 동인천역 4번 출구에서 창영초등학교 방면으로 걸어서 5분

'배다리'라는 지명은 인천 외에 다른 지역에서도 만날 수 있다. 과거 배가 닿았던 동네를 가리킬 때 사용한 이름이기 때문인데, 인천에선 배다리를 중심으로 꽤 큰 규모의 시장도 열리고 젊은 지성들이 모여들던 헌책방도 밀집돼 있어 그 상징성이 남다르다. 1950년대를 전후로 40여 개가 넘는 헌책방들로 북적였다는 골목은 현재 5개의 서점만이 남아 겨우 명맥을 유지하고 있다. 대부분 반세기가 넘는 오랜 역사에 대를 이어 책방을 지키고 있지만 인터넷서점과 편리함을 좇는 독자들 때문에 하루하루가 위기다. 그래도 책방마다 동화책이나 그림책이 꽤 여러 권 있어 아이는 책 고르는 재미에 빠졌다. 초등학생 이상의 자녀와 함께 온다면 각종 참고서들도 대량 갖추고 있으니 더욱 알뜰하게 헌책을 구입할 수 있지 않을까 싶다.

헌책방골목 맞은편에는 5~6개의 문구도매점들이 자리하고 있는데, 간단한 문구류는 물론 크고 작은 장난감까지 다양한 품목을 저렴하게 판매하고 있어 아이들과 함께 들러보기 좋다. 요즘 색종이로 무언가를 만드는 데 재미를 붙인 아이는 반짝거리는 색종이 한 상자를 사들고는 함박웃음을 짓는다.

배다리 여행을 시작하기에 더없이 좋은 출발점은 배다리안내소다. 마을지도는 물론 배다리에서 열리는 크고 작은 문화행사도 알려주고 따뜻한 차를 마시며 잠시 쉬어갈 수도 있는 공간이다. 찻값은 500원이라고 적혀 있지만 일종의 기부금 형태로 자유롭게 운영된다. 안내소 한편에는 지역에서 활동하는 예술가들의 작품을 전시해두었는데,

네모난 성냥갑에 각종 책표지를 그려넣은 게 재밌어서 보고 있으니 과거 배다리에 성냥공장터가 있었다는 어르신들의 이야기에서 아이디어를 얻은 작품이라고 설명해준다.

재개발로 사라질 위기에 처했던 배다리가 안타까워 아예 눌러앉아 버렸다는 이곳 주인은 마을에 생기를 불어넣고 여행자들을 불러 모으는 데 큰 역할을 담당하고 있다. 그는 '나비 날다'란 이름의 작은 헌책방을 운영하고 있는데, 배다리의 역사와 가치를 더 많은 사람들에게 알리고 싶어 책방 일부 공간을 여행자들에게 공개하고 있다.

안내소 안쪽으로 들어서니 헌책방을 겸한 카페와 가을 햇살을 이불 삼아 늦잠을 즐기던 고양이가 반갑게 맞아준다. 일제강점기에 지어졌다는 이층집은 손때 묻은 나무기둥과 오래된 가구들, 낡은 헌책들이 한데 어우러져 정겨운 세월의 향기가 묻어난다. 아이가 그림책 하나를 골라 바닥에 앉으니 그 곁을 고양이가 다가와 비비적거리는 모습이 보기만 해도 흐뭇하다.

　한참 장난을 주고받으며 놀던 고양이가 냐-옹, 졸린 듯 긴 울음을 남기고 어둑한 구석으로 사라지자 우리는 마을 곳곳에 자리한 전시공간들을 둘러보기로 했다. 아벨서점 옆 건물 2층에는 인천 최초의 사진갤러리인 사진공간 배다리가 반겨준다. 과거 마을 어르신들이 마작을 두던 공간을 이용한 것이어서 더욱 독특한 분위기를 자아낸다. 옛 인천양조장 건물을 그대로 활용한 스페이스빔은 입구를 지키고 선 커다란 깡통로봇 때문에 아이가 제일 좋아했던 공간이기도 하다. 엄마가 내부 전시를 모두 돌아보고 나올 때까지 아이는 로봇 주위를 뱅글뱅글 돌며 이리저리 관찰하더니 아예 손까지 잡고 사진을 찍어달라고 재촉한다. 집으로 돌아오는 지하철 안에서 아이는 큰 비밀이라도 알려주는 것처럼 귓속말을 속삭였다.

　"아까 그 로봇, 사실은 내 친구야. 다음에 오면 같이 게임하기로 약속했어."

인 천

# 한나절코스

### 1 용화반점

한적한 골목길에 자리한 낮은 식당이지만 식사시간이면 길게 줄을 설 만큼 소문난 맛집이다. 1972년에 처음 문을 열었다는 이곳의 대표 메뉴는 짬뽕인데, 면도 찰지고 아이 입맛에도 맵지 않을 만큼 담백하면서도 속이 개운해지는 국물 맛이 인상적이다. 홍합을 듬뿍 올린 저렴한 짬뽕 한 그릇을 통해 배다리의 동네 인심을 느껴보자.

📍 인천 중구 참외전로14번길 7
☎ 032-773-5970
🕐 11:30~21:00(브레이크타임 15:00~17:00, 매월 첫째·셋째 주 월요일 휴무, 둘째·넷째 주 월요일은 15:00까지)
₩ 짬뽕 5,000원 짜장면 4,000원

### 2 배다리안내소

배다리를 여행하는 이들을 위한 정보를 제공하는 공간으로 헌책방을 겸하고 있다. 헌책방 안으로 들어서면 마을 주민들에게 기증받았다는 옛 생활용품과 의류들을 전시해놓은 2층 박물관으로 연결된다. 삐걱대는 나무계단을 내려오면 '요일가게 다 괜찮아'란 이름이 붙은 독특한 공간으로 이어지는데, 이곳에선 영화를 보거나 우쿨렐레를 연주하고 뜨개질을 하는 등 요일마다 다른 가게들이 문을 연다.

📍 인천 동구 금곡로 1
🔗 cafe.naver.com/fullmoonh

인천은 지하철과 버스 등 대중교통을 이용해 언제든 떠나기 좋은 도시 중 하나다. 동인천역 근처에 자리한 배다리헌책방골목은 규모는 그리 크지 않으나 소박한 볼거리들이 곳곳에 숨어 있다. 차이나타운까지 지하철로 한 정거장이라 함께 돌아보면 하루 동안 여행을 알차게 즐길 수 있다.

## 3. 배다리 헌책방골목

인천 지역 유일의 헌책방골목으로 1960~1970년대 배움에 목말라 있던 학생들과 지식인들에게 소중한 문화공간이었다. 시대가 변하면서 지금은 헌책방 규모도 작아지고 일부 서점에선 자구책으로 새 책을 함께 팔기도 하지만, 여전히 오랜 시간의 무게를 견뎌낸 헌책들을 만날 수 있어 고마운 장소다. 한때 재개발 위기에 처하기도 했지만 지역의 젊은이들이 헌책방 살리기에 나서면서 조금씩 활기를 되찾고 있다.

📍 인천 동구 금곡로 5-1(아벨서점)

## 4. 사진공간 배다리

배다리헌책방골목에 새롭게 문을 연 사진전문 갤러리로 전시장 규모는 소박하지만 국내 유명 사진작가들의 작품은 물론 의미 있는 신진작가들의 전시를 만날 수 있다. 인천에서 활동하는 기자와 사진작가들이 참여하는 글쓰기 강좌와 사진아카데미 등 지역 주민들을 위한 다양한 주제의 교육프로그램도 운영하고 있어 좋은 반응을 얻고 있다.

📍 인천 동구 금곡로 7
☎ 070-4142-0897
🌐 www.uram54.com
🕐 13:00~18:30(목요일 휴관)
₩ 무료

## 5. 스페이스빔

막걸리를 빚던 옛 양조장을 전시공간으로 활용하고 있는 이곳은 배다리를 대표하는 문화예술공간이자 지역주민들과 소통하는 사랑방 역할을 담당하고 있다. 배다리의 역사와 주민들의 삶을 주제로 한 다양한 전시가 눈길을 끌고, 설이나 추석 같은 명절엔 모두 함께 어울릴 수 있는 전통놀이도 이뤄진다. 양조장이란 공간의 정체성을 잊지 않기 위해 전통주학교도 운영하고 있다.

📍 인천 동구 서해대로513번길 15
☎ 032-422-8630
🌐 www.spacebeam.net
🕐 10:00~18:00
₩ 무료

❶ 용화반점　❷ 배다리안내소　❸ 헌책방골목　❹ 사진공간 배다리　❺ 스페이스빔

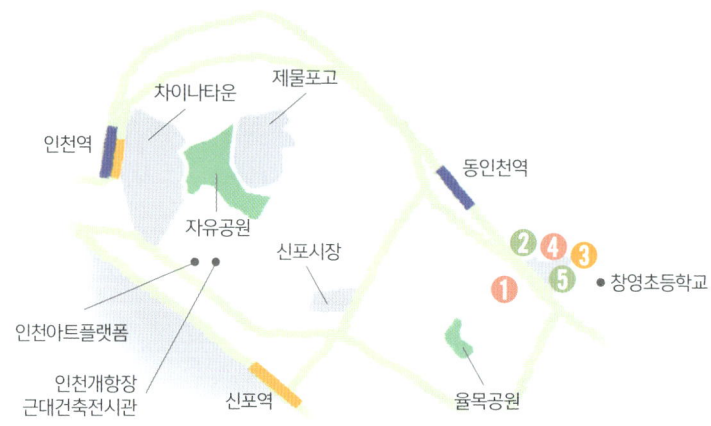

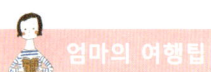
엄마의 여행팁

- 헌책방에서 책을 구입하거나 아이들이 좋아하는 문구점을 이용하려면 현금을 미리 준비하는 게 좋아요.
- 배다리안내소는 기부금으로 운영되고 있어요. 아이들이 스스로 기부의 즐거움을 느낄 수 있도록 그 의미와 가치를 경험하게 해주세요.
- 사진공간 배다리와 스페이스빔은 수시로 전시 일정이 바뀌니 홈페이지에서 관련 정보를 확인하세요.

**여기도 좋아요!**

### 차이나타운

100년이 넘는 세월 동안 화교 고유의 문화와 풍습을 이어오고 있는 지역으로 짜장면의 원조로 꼽히는 공화춘을 시작으로 수십 개의 중국요리집들이 밀집해 있다. 거리엔 만두와 꼬치 등 중국식 먹거리들이 가득해 색다른 분위기를 즐기기 좋다.

📍 인천 중구 차이나타운로59번길 12
☎ 032-760-7537　🔗 www.ichinatown.or.kr

### 인천아트플랫폼

일제강점기에 지어진 건축물들을 그대로 활용한 복합문화공간으로 다양한 분야의 예술가들이 활동하는 창작스튜디오와 공방, 전시장과 공연장 등이 자리하고 있다. 각종 드라마와 CF에도 자주 등장했을 만큼 이국적인 거리 분위기도 인상적이다.

📍 인천 중구 제물량로218번길 3　☎ 032-760-1000
🔗 www.inartplatform.kr　⏰ 09:00~18:00(월요일 휴관)
₩ 무료

### 인천개항장 근대건축전시관

일제강점기 일본제18은행으로 사용되었던 건물을 그대로 활용한 전시공간으로, 개항 당시 인천항 주변에 세워진 다양한 근대건축물들을 한자리에서 만나볼 수 있다. 근처 차이나타운과 달리 일본인들이 다수 거주했던 조계지 풍경을 담은 사진자료도 눈길을 끈다.

📍 인천 중구 신포로23번길 77　☎ 032-760-7549
🔗 www.icjgss.or.kr/architecture　⏰ 09:00~18:00
₩ 성인 500원 청소년 300원 어린이 200원

경기
연천

원시인과 함께 떠나는 구석기 여행
# 전곡선사유적지

HERE! 구석기를 이해한다는 것은 아이가 상상할 수 있는 시간의 폭이 그만큼 넓어진다는 것을 의미한다. 또 아이들이 당연하게 생각했던 아늑한 집과 어두운 밤에도 불을 밝혀주는 전기, 생활 곳곳에서 사용되는 철이 없던 시절의 이야기는 현재의 삶을 소중하고 고맙게 느끼는 계기가 된다. 매년 5월 경기도 연천에서 열리는 구석기축제는 책과 만화에서만 보았던 구석기의 삶을 직접 체험해볼 수 있어 더욱 특별하다.

찾아가는 길
서울지하철 1호선 동두천역에서 39, 39-1, 39-2, 39-4, 39-5, 53, 53-1, 53-5번 버스를 타고 한탄강역으로 이동한 후 순환버스(축제기간 운행) 이용

만화 〈짱구는 못 말려〉의 열렬한 시청자인 아이는 어느 날인가 짱구네 가족이 시간을 뛰어넘어 구석기시대를 탐험하는 에피소드를 보고는 이런저런 질문을 쏟아냈다. 함께 박물관에 가면 으레 구석기시대의 돌도끼가 한두 개쯤 전시돼 있었는데 그동안 아이의 관심이나 눈길을 끌지는 못했던 모양이다. 마침 근처에 구석기 관련 유적지가 있어 아이의 궁금증도 해결해줄 겸 데려갔지만, 용도를 알 수 없는 돌무더기와 가죽옷을 입은 인형이 전시된 것이 전부라 금세 흥미를 잃었다. 그러다 우연히 연천에서 열리는 구석기축제 소식을 들었다.

매년 어린이날을 전후해 열리는 연천구석기축제는 책이나 만화를 통해 상상하기만 했던 구석기시대의 생활을 직접 체험해볼 수 있어 아이들에게 색다른 추억을 만들어준다. 축제장에서 가장 먼저 눈에 띄는 것은 구석기시대의 원시인 분장을 한 일명 '전곡리안'들이다. 이 일대가 '전곡'선사유적지이기 때문에 붙여진 이름인데 부스스한 머리와 거무튀튀한 피부, 동물 가죽을 대충 걸친 그들의 한쪽 손에는 박물관에서 보았던 주먹도끼가 들려 있다.

축제장 안에는 이 같은 원시인들이 곳곳을 누비며 아이들과 사진을 찍어주거나 장난을 주고받는다. 재미있는 건 언어가 존재하기 이전의 원시인들이기 때문에 "어버버" 뜻을 알 수 없는 말만 되풀이한다는 것. 인형이 아닌 실제 원시인들이 돌아다니는 것을 보고 살짝 긴장한 표정이었던 아이도 장난기 가득한 원시인들에게 금세 마음을 열고 함께 뛰어 놀았다. 이들에게 40만 년 전 호모에렉투스의 창던지기 방

법도 배워보고 주먹도끼를 직접 만들어보는 체험도 해본다. 체험마당 한편에선 원시인들이 그러했듯 나무꼬치에 생돼지고기를 끼워 직화로 구워먹는 구석기 바비큐도 맛볼 수 있다. 원시인들과 함께 둘러앉아 바비큐를 굽던 아빠도 이색적인 분위기에 즐거운 표정이다. 아예 나무 그늘 하나를 골라 돗자리를 펴고 준비해온 도시락도 먹으며 느긋하게 구석기의 삶을 누렸다.

원시인들과 신나게 뛰어놀던 아이가 헐레벌떡 달려오더니 급하게 엄마의 손을 이끈다. 엄마가 좋아하는 것을 발견했다기에 뭔가 싶어 따라갔더니 한 원시인 청년이 맷돌에 원두를 갈아서 만든 '맷돌커피'를 판매하고 있다. 아이는 얼른 커피를 맛보라며 엄마를 재촉한다.

"구석기 커피 맛은 어때? 원시인들도 커피를 마셨다니 커피는 정말 오래된 음식이다, 그치?"

구석기축제이기에 가능한 황당한 맷돌커피와 그보다 더 황당한 아이의 질문에 한참 웃고 말았다. 물론 구석기 커피의 맛은 훌륭했다.

## 연천
# 한나절코스

### 전곡선사박물관

전곡선사유적지에서 발굴된 다양한 구석기 유물들을 실제로 만나볼 수 있는 공간이다. 아이들의 눈높이에서 인류의 진화와 구석기시대 문화를 체계적으로 이해할 수 있도록 전시공간을 배치했으며, 선사시대를 보다 가깝게 느낄 수 있는 다양한 체험프로그램도 마련되어 있다. 특히 아이들이 평소 체험하기 어려운 고고학과 발굴수업을 직접 경험하면서 과거 유적의 중요성도 이해할 수 있다.

- 경기 연천군 전곡읍 평화로443번길 2
- ☎ 031-830-5600
- www.jgpm.or.kr
- 10:00~18:00 7월~8월 10:00~19:00(월요일, 1월 1일 및 설날·추석 당일 휴관)
- ₩ 성인 4,000원 청소년 및 어린이 2,000원(7세 이하 무료)

연천은 서울 근교에 자리하고 있음에도 많이 알려지지 않은 여행지 중 하나다. 그만큼 깨끗한 자연환경 속에서 쾌적한 여행을 즐기기에 좋고, 특히 전곡선사유적지는 주변에 한탄강이 지나고 있어 풍부한 볼거리를 자랑한다. 구석기축제가 열리는 5월에 맞춰서 방문하면 더욱 특별하게 즐길 수 있다.

## 전곡선사유적지

지난 1978년 아슐리안형 주먹도끼가 발견되며 세계적인 주목을 받았던 전곡선사유적지는 이후 8,500여 점에 이르는 대규모 유물들이 출토되어 동아시아 구석기문화를 이해하는 데 주요한 공간으로 평가되고 있다. 실제로 전 세계 모든 고고학 교과서에 전곡리의 지명이 빠지지 않고 실려 있으며, 이곳에서 유적지가 발견된 후 다수의 고고학 이론들이 뒤집히고 수정되었을 만큼 역사적 의의가 크다.

📍 경기 연천군 전곡읍 양연로 1510
☎ 031-832-2570
♣ www.goosukgi.org
🕘 09:00~18:00
   11월~2월 09:00~17:00(월요일 및 1월 1일 휴관)
₩ 성인 1,000원 청소년 500원(6세 이하 및 연천군민 무료)

## 한탄강 어린이교통랜드

한탄강 관광지 내에 자리한 어린이교통랜드는 아이들의 눈높이에서 교통안전 이론을 체험함으로써 교통사고의 위험성을 미리 예방하고 교통안전 수칙을 지키는 것이 얼마나 중요한지 깨닫게 한다. 실내교육장과 함께 야외에 안전거리체험장, 안전운전체험장 등이 자리하고 있어 보다 체계적이고 실질적인 교육체험이 가능하다. 체험프로그램은 예약제로 운영되고 있으니 미리 홈페이지를 통해 신청해야 한다.

📍 경기 연천군 전곡읍 선사로 14-71
☎ 031-833-0514
♣ www.hantanctl.or.kr
🕘 평일 10:00~17:00
₩ 무료

❶ 전곡선사박물관   ❷ 전곡선사유적지   ❸ 한탄강 어린이교통랜드

**엄마의 여행팁**

- 연천구석기축제의 자세한 일정이나 체험프로그램은 공식홈페이지(festival.goosukgi.org)를 통해 미리 확인하세요. 구석기축제 기간에 맞춰 방문하기 어렵다면 선사체험마을의 체험프로그램에 참여하기를 추천해요.
- 구석기축제 기간 동안 선사유적지 내에 돗자리와 음식물 반입이 허용되므로 미리 도시락과 간식을 준비해주세요. 구석기 바비큐 등 각종 먹거리와 체험프로그램 참여를 위해선 현금도 준비하세요.
- 전곡선사박물관에서는 어린이와 가족들이 함께 참여할 수 있는 고고학 발굴체험프로그램을 운영하고 있어요. 실제 유적지에서 지표조사를 해볼 수 있는 소중한 기회이니 미리 홈페이지에서 관련 정보를 확인하세요.
- 한탄강 어린이교통랜드는 주말에 운영하지 않고 체험프로그램도 홈페이지를 통한 온라인 예약제로 운영하고 있으니 미리 일정을 체크하세요.

**여기도 좋아요!**

### 망향비빔국수 본점

지금은 수도권뿐 아니라 전국 곳곳에서 만나볼 수 있는 프랜차이즈로 성장했지만 그 시작은 연천의 어느 군부대 앞에 자리한 비빔국수집이었다. 지금도 그 자리를 그대로 지키고 있는 망향비빔국수 본점은 입소를 앞둔 신병과 그의 가족들, 면회객과 일반 여행자들이 뒤섞여 늘 문전성시를 이룬다. 매콤한 비빔국수가 대표 메뉴이지만 아이들을 위한 소면 메뉴도 준비돼 있다.

📍 경기 연천군 청산면 궁평로 5  ☎ 031-835-3575
🕙 10:00~20:30  ₩ 비빔국수 5,000원

### 석장리미술관

작은 버드골로 불리는 연천군 석장리의 깊은 산골에 예술가들이 모여 조성한 문화공간으로 해마다 민통선 예술제가 펼쳐진다. 자연 그대로의 풍광을 간직하려 노력한 흔적이 곳곳에서 느껴지며 소박한 카페에서 쉬어가며 예술가의 정취도 마음껏 느낄 수 있다.

📍 경기 연천군 백학면 백왕로225번길 240  ☎ 031-835-2859  🔗 www.sj-gallery.com
🕙 금요일~일요일 10:00~18:00  ₩ 성인 5,000원 어린이 3,000원(카페와 펜션 이용 시 무료)

## PART 2

아이들과 마주 앉아 밥 한 끼 여유롭게 먹기 힘든 일상의 끝자락, 더 많이 놀아주지 못한 미안함에 혹은 주말이라는 의무감에 하루 여행을 계획하는 엄마 아빠들을 위해 아이들과 함께 가면 좋을 여행지들을 골라보았다. 삭막한 빌딩숲을 벗어나 초록빛 자연에서 마음껏 뛰어놀고 귀여운 동물친구들과 교감하거나 어여쁜 꽃 한 송이에 감동하다 보면 어느새 아이들의 감성도 한 뼘 자라 있을 것이다.

알차게
돌아보는

하루 여행

◇ 경기 남양주 ◇

고양이 '능내'가 기다리는 간이역
# 능내역

HERE!

어릴 때부터 기차 여행을 즐겼던 엄마의 기질을 이어받은 것인지 아이는 블록을 이용해 기찻길을 만들거나 장난감 기차를 움직이며 노는 것을 유난히 좋아한다. 여행가방에도 장난감 기차부터 챙겨 넣는 아이인 터라 기찻길에서 마음껏 뛰어놀 수 있는 남양주의 능내역은 즐거운 놀이터가 되어준다. 낡은 흑백사진이 가득 걸린 기차역도 정겹고 북한강의 물줄기를 따라 이어지는 주변 풍광도 아름답다.

찾아가는 길
경의중앙선 팔당역 1번 출구에서 8-8, 167, 2000-1, 2000-4번 버스를 타고 능내1리 정류장에서 하차

중앙선에 속한 기차역으로 팔당역과 양수역 사이에 자리해 수많은 이용객들이 드나들었던 능내역은 지난 2008년 더 이상 기차가 달리지 않는 폐역이 되었다. 그렇게 사람들의 기억에서 잊힐 뻔했던 능내역은 이곳을 오고 갔던 이들의 추억을 간직하자는 취지에서 여행자들을 위한 특별한 휴식공간으로 다시 태어났다.

능내역에 들어서자 낡은 흑백사진들이 반갑게 맞아준다. 단정한 교복에 양 갈래 머리까지 한 수줍은 여고생부터 모자를 삐딱하게 쓰고 제법 멋을 부린 대학생 친구들, 어느 부부의 손때 묻은 결혼사진까지 한 장 한 장 특별한 사연을 품은 사진들이 자꾸만 눈길을 멈추게 한다. 눈 내린 대합실 풍경을 떠올리게 하는 오래된 난로와 정겨운 '아이스케키' 상자도 보는 이의 마음을 흐뭇하게 한다. 이제는 기적 소리가 멈춰버린 플랫폼으로 나서니 알록달록 색깔을 칠한 나무의자가 동화 같은 풍경을 빚어낸다. 아이는 제 키에 꼭 맞는 의자가 마음에 들었는지 이곳저곳 구경을 하는 틈틈이 앙증맞은 의자를 찾아와 쉬어간다.

옛 기찻길 일부가 끊어진 자리엔 실제 기차를 활용한 카페가 자리하고 있다. 엄마가 열차카페에서 시원한 커피 한잔의 여유를 즐기는 사이, 능내역의 마스코트인 길고양이 '능내'가 아이와 금세 친구가 되어 이리저리 잡고 잡히며 신나게 놀아준다. 아이는 카페에서 파는 쿠키를 능내에게 나눠주고 싶어 했지만 "사료를 많이 먹고 있으니 음식을 주지 말아주세요"라고 적힌 안내글을 읽어줬더니 입술을 삐죽이며 아쉬운 표정이다. 그 마음을 눈치 챘는지 능내는 슬쩍 아이의 발끝을

알차게 돌아보는 하루 여행

간질이며 장난을 친다. 까르르 웃음이 터진 아이와 낡은 기찻길을 함께 걷는 고양이의 뒷모습이 또 하나의 풍경이 되어 능내역의 오랜 시간 위에 쌓였다.

# 남양주 하루코스

## 1 남양주역사박물관

팔당역 바로 옆에 자리한 남양주역사박물관은 선사시대부터 현대에 이르기까지 남양주 내에서 발견된 다양한 유물들을 전시하고 있다. 전시장 곳곳에 민속기구들을 직접 만져볼 수 있도록 배치해 소소한 체험거리가 된다.

- 경기 남양주시 와부읍 팔당로 121
- 031-576-0558
- www.nyjmuseum.go.kr
- 09:00~18:00(월요일 및 1월 1일 휴관)
- 성인 1,000원 청소년 800원 어린이 600원(만 6세 이하 무료, 남양주시민 50% 할인)

## 2 능내연꽃마을

한강을 끼고 자리한 오붓한 마을인 능내리는 여름이면 청초한 빛깔의 탐스런 연꽃들이 마을 한가득 피어 아름다움을 더한다. 원래 능내리는 상수원 지역이라 마땅히 농사를 짓기가 어려웠는데, 주민들이 머리를 맞댄 끝에 정화 작용이 뛰어난 연을 심어 지금의 풍경을 만들어냈다고 한다. 뜨거운 햇살을 피할 수 있는 머루터널과 연못을 감상할 수 있는 데크도 곳곳에 설치돼 있어 아이와 함께 가볍게 걸어보기 좋다.

- 경기 남양주시 조안면 능내리

## 3 능내역

1950년대에 처음 문을 열어 반백 년의 오랜 세월 동안 수많은 사람들이 오가며 추억을 쌓았던 기차역이다. 선로가 이설되면서 폐역이 되었지만 여전히 소박한 간이역 풍경과 일부 철길을 보존하고 있어 색다른 여행지가 된다. 대합실을 가득 채운 흑백사진들은 이곳을 오가던 이들이 추억 삼아 촬영한 것들로 하나하나 구경하는 재미가 쏠쏠하다. 입구엔 느린 우체통이 자리하고 있어 미래의 자신에게 편지를 띄워볼 수도 있다.

- 경기 남양주시 조안면 다산로 566-5

남양주는 경의중앙선을 이용하면 서울이나 수도권에서도 부담 없이 갈 수 있는 여행지 중 하나다. 정겨운 시골 간이역인 능내역을 비롯해 다산유적지와 유기농테마파크 등 아이들과 함께 들러볼 만한 여행지들이 곳곳에 숨어 있어 알찬 여행을 즐길 수 있다. 한강을 바라보며 여유롭게 쉬어갈 수 있는 맛집과 카페도 다양하다.

## 4 다산유적지 실학박물관

매년 10월이면 '다산문화제'가 열릴 만큼 다산은 남양주를 대표하는 인물로 꼽힌다. 다산유적지는 그의 생가인 여유당과 묘가 자리하고 있어 정약용의 흔적을 만나볼 수 있는 귀중한 공간이다. 유적지 내에는 실학박물관도 자리하고 있는데, 실용적이고 선진적인 학문이었던 실학의 형성과 전개 과정을 한자리에서 살펴볼 수 있다. 특히 전시 내용을 기반으로 한 퀴즈를 맞히면 발급해주는 '미래실학자 증명서'에 아이가 무척 만족스러워 했다.

- 경기 남양주시 조안면 다산로 747번길 16
- ☎ 031-579-6000
- www.silhakmuseum.or.kr
- 10:00~18:00 7월~8월 10:00~19:00(월요일, 1월 1일 및 설날·추석 당일 휴관)
- ₩ 성인 4,000원 청소년 및 어린이 2,000원(7세 이하 무료, 경기도민 25% 할인)

미래실학자 증명서

## 5 저녁바람이부드럽게

다산유적지 건너편에 자리한 한식당으로 소박한 한옥과 정갈한 앞마당이 들어서는 순간부터 마음을 편안하게 만들어준다. 이곳의 대표 메뉴는 '열수한상'이라 하여 한강의 옛 이름을 붙인 정식인데, 강진에서 직접 공수해온 유기농 쌀로 밥을 짓고 근처 농장에서 바로 따온 싱싱한 쌈채소 등으로 상을 차린다. 만두피를 사용하지 않는 대신 각종 채소를 넣고 빚은 만두소를 밀가루에 굴려 만드는 평안도식 굴림만두도 별미다.

- 경기 남양주시 조안면 다산로 732
- ☎ 031-576-0815
- www.62nongcafe.com
- 11:30~22:00
- ₩ 열수한상 15,000원

❶ 남양주역사박물관  ❷ 능내연꽃마을  ❸ 능내역

❹ 다산유적지 실학박물관  ❺ 저녁바람이부드럽게

- 남양주역사박물관에서는 아이들과 함께 합죽선부채나 손팽이, 탈과 12지신상 등 다양한 모양의 지우개를 만드는 체험프로그램을 상설로 운영하고 있어요.
- 다산유적지 내에 자리한 실학박물관에서는 어린이와 가족들이 함께 참여할 수 있는 다양한 체험 프로그램을 운영하고 있어요. 자연과 천체 등 과학적 지식을 쌓을 수 있는 내용들이 많으니 미리 홈페이지에서 정보를 확인하세요.

**여기도 좋아요!**

### 남양주유기농테마파크

유기농에 대한 뜨거운 관심을 반영한 친환경 테마파크로 남양주의 오랜 유기농업의 역사를 만나볼 수 있다. 박물관 관람과 다양한 먹거리체험이 가능하며 테마파크 내에 코코몽팜랜드가 자리해 아이들의 즐거운 놀이터가 되어준다.

📍 경기 남양주시 조안면 북한강로 881 ☎ 031-560-1471
🌐 www.organicmuseum.or.kr ⏰ 09:00~18:00 주말 및 공휴일 09:00~19:00(첫째 주 월요일, 1월 1일 및 설날·추석 당일 휴관) ₩ 성인 2,000원 청소년 1,500원 어린이 1,000원(6세 이하 무료, 남양주시민 50% 할인) 코코몽팜랜드 초등학생 이상 4,000원 유아 8,000원(24개월 미만 무료, 남양주시민 25% 할인)

📍 경기 남양주시 조안면 북한강로 121
☎ 031-576-8090
🌐 www.godangcoffee.com
⏰ 11:00~22:00(추석·설날 당일 휴무)

### 고당

남양주에서 손꼽히는 한옥카페 중 하나로 고즈넉한 툇마루에서 즐기는 커피 한잔의 여유가 즐겁다. 산지별 커피는 물론 간단한 떡과 베이글 등을 맛볼 수 있으며 최근 유기농 한식당을 오픈해 식사를 즐기기에도 좋다.

경기
양주

아이를 닮은 화가, 아이를 닮은 미술관
# 장욱진미술관

달콤한 꽃향기와 가슴 설레는 봄기운에 어디든 떠나고 싶을 때, 서울에서 그리 멀지 않은 거리의 경기도 양주가 훌륭한 목적지가 되어줄 것이다. 아름다운 예술작품들 속에서 마음껏 뛰어놀 수 있는 공원과 아이들처럼 순수한 작품들을 만날 수 있는 미술관, 상쾌한 피톤치드향이 가득한 수목원, 밤하늘의 별자리를 가늠해볼 수 있는 낭만적인 천문대까지 하루가 부족할 정도다.

찾아가는 길
서울지하철 3호선 구파발역 2번 출구에서 360번 버스를 타고 장흥농협 앞 정류장에서 15-1번 버스 환승 후 장욱진미술관 정류장에서 하차

박수근과 이중섭, 김환기 등과 함께 우리나라 근현대미술을 이끌었던 화가 장욱진은 가족이나 아이, 나무, 새 등 소박하고 친근한 소재들을 주로 그렸다. 전쟁과 가난 등으로 현실에 대해 비판적으로 바라볼 수밖에 없었던 동시대의 작가들과 비교해보면 그는 늘 따뜻한 시선으로 일상을 바라보고, 아이들의 그림처럼 단순한 형태와 동화적인 색감이 어우러진 작품들을 남겼다. 때문에 누구나 가볍고 편안한 마음으로 접근할 수 있는 작가이다. 아이들과 함께라면 더욱 추천할 만한 화가다.

일명 '장흥유원지'로 통하는 경기도 양주 장흥면에 새롭게 들어선 장욱진미술관은 순수한 이상적 내면세계를 추구했던 그의 정신을 고스란히 담아낸 공간이다. 그의 호랑이 그림인 〈호작도〉에서 아이디어를 얻은 기하학적 형태의 건물은 2014년 '김수근 건축상'을 수상한 것은 물론 같은 해 영국 BBC가 선정한 '세계의 위대한 8대 신설미술관'에 꼽히기도 했다. 드넓은 잔디밭 위에 소박하게 자리 잡은 미술관으로 들어서면 다양한 주제에 따라 그의 작품들을 만날 수 있다.

아이와 함께 미술관을 처음 찾았을 때 전시 주제가 '선물'이었다. 가족들의 생일이나 특별한 기념일마다 그림을 그려 선물하곤 했다는 그는 아내와 자녀는 물론 손자 손녀에게도 사랑스런 그림 선물을 남겼다. 유명 화가의 그림 선물이라고 해서 거창할 것도 없다. 받는 이에 따라 때론 애정이 듬뿍 느껴지게 때론 장난스럽게 그린 작품들이 보는 이들의 입가에도 절로 미소가 번지게 만든다.

 전시관 마지막엔 화가처럼 가족에게 그림 편지를 써보는 체험이 이뤄지고 있었는데 엄마 아빠에게 그림 편지를 선물하겠다며 펜을 잡은 아이의 표정이 제법 진지하다. 아이와 함께 미술관에 가면 늘 긴장할 수밖에 없었던 엄마 아빠도 오랜만에 느긋하게 작품들을 감상했다. 생전 가족들을 아끼고 아이들을 사랑했던 화가의 영향 때문인지 비교적 어린이 관람객들에게 너그러운 분위기 덕분이다.

## 양주

# 하루코스

### 1. 가나아트파크

단순히 보고 즐기는 미술에서 그치지 않고 오감으로 느끼고 체험하는 예술 놀이터를 지향한다. 미술관에 전시된 대부분이 다양한 방향에서 관찰 가능한 입체조형 작품들이고 일부는 직접 만져보고 촉감을 느껴볼 수 있다. 혹여 미술에 흥미를 느끼지 못하는 아이들이라면 독특한 텍스타일 놀이터인 '에어포켓'에서 신나게 뛰어놀거나 직접 카메라를 만들어 찍어볼 수 있는 사진체험전에 참여해보는 것도 좋다.

- 📍 경기 양주시 장흥면 권율로 117
- ☎ 031-877-0500
- 🌐 www.artpark.co.kr
- 🕙 10:00~18:00
  주말 10:00~19:00(월요일 휴관)
- ₩ 8,000원(24개월 미만 무료, 양주 및 의정부시민 7,000원)

에어포켓에서 놀아요!

땅따먹기 해요!

### 2. 피자성효인방

장흥에서 무려 30년 가까이 피자와 스파게티를 팔고 있는 곳으로 우리 입맛에 딱 맞는 추억의 피자를 맛볼 수 있다. 쑥을 넣어 만든 도우에 한국식 불고기를 올리고 가장자리엔 치즈 대신 으깬 고구마나 완두를 채운 피자는 물론, 매콤한 쌀떡볶이를 오븐 스파게티처럼 치즈를 듬뿍 올려 구워내거나 돈가스 위에 피자치즈를 올리는 등 당시로서는 이색적인 메뉴들도 직접 개발했다.

- 📍 경기 양주시 장흥면 권율로 83-5
- ☎ 031-855-5220
- 🕙 10:30~21:00
  (1·3·4번째 월요일 휴무)
- ₩ 쑥피자 22,000~32,000원

양주시 장흥면 일대는 오래 전부터 유원지로 개발되어 많은 여행자들이 찾는 곳이다. 일부 노후화된 건물이 눈에 띄지만 아이들과 함께 들르기 좋은 미술관과 아트파크, 수목원, 천문대, 놀이공원 등이 밀집해 있어 하루 여행을 즐기기에는 부담 없는 지역이다. 주차장 등 편의시설도 잘 갖춰져 있다.

## 3 장욱진미술관

장욱진의 대표작들을 소개하는 것은 물론 그의 예술정신을 이어받은 신진작가들도 꾸준히 발굴하고 있다. 생전 아이들처럼 순수한 작품세계를 추구했던 화가의 미술관답게 어린이들을 위한 다양한 예술체험과 지역 주민들을 위한 문화예술 강좌도 있다. 1층에 자리한 카페에선 드넓은 잔디밭을 바라보며 잠시 쉬어가기에도 좋다.

📍 경기 양주시 장흥면 권율로 211
☎ 031-8082-4245
🌐 changucchin.yangju.go.kr
🕐 10:00~18:00(월요일, 1월 1일 및 설날·추석 연휴 휴관)
₩ 성인 5,000원 청소년 및 어린이 1,000원(7세 이하 무료, 양주시민 50% 할인)

## 4 장흥자생수목원

개명산 자락에 위치하여 본래의 산림 모양이나 식생을 훼손하지 않고 산림욕을 즐길 수 있도록 조성됐다. 인위적으로 꾸며진 대형 수목원에 비하면 산책로도 불규칙하고 편의시설도 부족하지만 그만큼 나뭇잎은 푸르고 자연스레 핀 야생화도 만날 수 있다. 하늘을 뒤덮을 만큼 쭉쭉 뻗은 잣나무 숲은 들어서는 순간 청량한 공기를 느낄 수 있다.

📍 경기 양주시 장흥면 권율로 309번길 167-35
☎ 031-826-0933
🌐 www.장흥자생수목원.kr
🕐 09:00~19:00
　10월~3월 09:00~17:30
₩ 성인 6,000원 청소년 및 어린이 5,000원(4세 미만 무료, 양주시민 30% 할인)

## 5 송암스페이스센터

우주에 대한 정보를 얻을 수 있는 플라네타리움을 거쳐 케이블카를 타고 천문대로 올라가면 쏟아질 듯 수많은 별들이 반겨준다. 관측에 앞서 전문가들이 아이들의 눈높이에 맞춰 이날 볼 수 있는 별자리를 설명해주고 망원경을 통해 실제 밤하늘을 볼 수 있다.

📍 경기 양주시 장흥면 권율로 185번길 103
☎ 031-894-6000
🌐 www.starsvalley.com
🕐 11:00~21:00
　토요일 11:00~21:30(4월~12월 개장, 월요일 휴관)
₩ 성인 28,000원
　청소년 25,000원
　어린이 22,000원(스타이용권 기준, 4세 미만 무료, 양주시민 30% 할인)

❶ 가나아트파크  → ❷ 피자성효인방  → ❸ 장욱진미술관 
↓
❹ 장흥자생수목원 
↓
❺ 송암스페이스센터

장흥폭포
❹
❺ 권율장군묘  ❸  장흥조각공원
❶
❷ 정암민속박물관

엄마의 여행팁

- 가나아트파크에서는 어린이들을 대상으로 하는 다양한 체험프로그램과 공연을 마련하고 있으니 미리 홈페이지에서 관련 정보를 확인하세요.
- 장욱진미술관에서는 어린이들을 대상으로 하는 다양한 예술체험프로그램을 운영하고 있어요. 미리 홈페이지에서 관련 정보를 확인해 신청해두면 보다 알찬 관람을 할 수 있어요.
- 장욱진미술관 관람자들은 근처 장흥조각공원 이용이 무료예요. 돗자리와 간식도 반입 가능하니 미리 챙겨가세요.
- 장흥자생수목원은 일반적인 개인 수목원들과 달리 숲이 자연 그대로 우거져 있어 한여름에는 모기기피제 등을 미리 준비해 뿌려주길 추천해요.

**여기도 좋아요!**

### 장흥조각공원

장욱진미술관과 마주 보고 자리한 조각공원으로 개성 있는 조각품들이 전시돼 있어 산책하듯 둘러보기 좋다. 공원 바로 옆으로 석현천이 흘러 한여름에는 가벼운 물놀이를 즐기는 시민들도 많고 겨울엔 눈썰매장도 개장한다.

📍 경기 양주시 장흥면 석현리 394  ☎ 031-829-8644
🕐 10:00~18:00(월요일 휴관)  ₩ 성인 2,000원 청소년 1,000원 어린이 500원(7세 이하 무료, 장욱진미술관 관람 시 무료)

### 권율장군묘

임진왜란 3대첩의 하나인 행주대첩을 승리로 이끌었던 권율 장군이 묻힌 곳으로 일대를 지나는 도로명에도 그의 이름을 사용할 만큼 후손들의 존경을 받고 있다. 위대한 인물의 묘역이지만 시민들이 언제든 찾을 수 있도록 개방하고 있어 부담 없이 들르기 좋다.

📍 경기 양주시 장흥면 권율로 223  ☎ 031-8082-4114

### 송추가마골

송추 지역을 대표하는 소갈비 전문점으로 점심에는 진한 국물의 갈비탕이 인기 메뉴다. 식당도 널찍하고 달짝지근한 양념과 부드러운 육질, 정갈한 밑반찬 때문에 아이들과 함께 식사를 즐기기 좋다.

📍 경기 양주시 장흥면 호국로 525  ☎ 031-826-3311
🌐 www.gamagoll.com  🕐 09:00~22:00
₩ 가마골 갈비 36,000원 갈비탕 10,000원

인천
강화

아이와 함께 정겨운 섬 나들이
# 교동도 대룡시장

HERE! 언젠가 인기 예능프로그램에 등장해 화제를 모았던 강화도 서쪽의 나지막한 섬, 교동도. 맑은 날에는 개성의 송악산까지 눈에 들어올 만큼 북한과 가까이에 자리한 이 섬은 시간마저 느긋하게 흐르는 탓에 분주한 도시의 생활 속에서 잊고 지내던 넉넉한 인심과 정겨운 미소를 만날 수 있다. 섬사람들의 오랜 염원이던 교동대교가 놓인 이후엔 아이와 함께 하루쯤 부담 없이 떠나볼 만하다.

찾아가는 길
강화버스터미널에서 18번 버스를 타고 50~60분

교동도에서 가장 번화한 대룡시장은 웬만한 시골장터보다 작은 규모다. 500m 남짓한 골목길 두 개가 이어진 것이 전부인 터라 삼거리 길목에선 "이게 다야?" 허무한 물음을 던지는 여행자들이 부지기수다. 하지만 조금만 걸음을 늦추고 낡은 간판과 허물어진 슬레이트 지붕, 먼지 쌓인 벽시계, 백발성성한 약방 할아버지의 이야기에 눈과 귀를 열면 교동도가 지나온 오랜 시간들이 고스란히 드러난다.

교동이발관은 KBS 2TV〈1박 2일〉에서 은지원의 삭발 장면을 촬영했던 곳으로 대룡시장의 랜드마크처럼 여겨진다. 그도 그럴 것이 반듯하게 손으로 적은 철제 간판과 마치 영화 세트장을 그대로 옮겨 놓은 듯한 이발관 내부가 60년대의 시골 풍경 그대로다. 반들반들하게 잘 닦여진 면도칼은 오랜 세월의 내공을 드러내는 듯하다.

이발관 건너편엔 동산약방이 자리하고 있다. 약국이 아닌 약방이란 간판이 어쩐지 더 정겹다. 아이와 비타민드링크라도 사 먹을 생각에 안으로 들어섰더니, 손때 묻은 나무진열장엔 붉은색 플라스틱통에 담긴 에탄올과 추억의 명반(백반) 등이 두둑하게 채워져 있다. 아이에게 몇 살인지, 어디서 왔는지를 묻던 할아버지는 환한 미소와 함께 딸기 맛 비타민을 한 줌 서비스로 내어준다.

시장을 둘러보다 달콤한 군고구마 냄새에 이끌려 찾아간 곳은 교동다방. 여행자들을 위해 소소한 먹을거리 삼아 군고구마를 팔고 있다는 마담 아주머니는 달짝지근한 다방커피를 타는 솜씨도 일품이다.

알차게 돌아보는 하루 여행

아이는 갓 구워낸 군고구마의 노란 속살에 반해 한참을 다방 소파에서 일어날 생각을 않는다. 손님이 우리뿐이었던 터라 마담 아주머니에게 교동도에 얽힌 다양한 삶의 이야기들을 엿듣는다. 어느 날인가 텅 빈 옥상에서 인기척이 느껴져 올라갔더니 북한에서 탈출해온 청년 하나가 숨어 지내고 있었다는 믿기지 않는 이야기에 아이도 눈을 동그랗게 뜨고 집중한다.

마치 시골 할머니 집에 놀러온 것처럼 편안하고 느긋한 분위기 때문인지 어느 새 아이의 눈꺼풀이 스르르 감긴다. 얼른 소파 몇 개를 붙여 아이가 잠시라도 단잠을 즐길 수 있도록 자리를 봐주는 마담 아주머니의 마음 씀씀이가 고맙다. '어린이 출입금지'를 내세운 도시의 화려한 레스토랑에선 느낄 수 없는 코 끝 찡한 감동이었다.

## 강화
# 하루코스

### 1 대룡시장

대부분의 상점들이 수십 년째 제자리를 지키고 있을 만큼 교동도의 역사를 오롯이 대표하는 시장이다. 아담한 규모라 겉모습만 구경한다면 금세 돌아볼 만한 곳이지만 이발관에서 머리를 깎거나 약방에서 드링크를 구입하는 등 직접 동네 어르신들과 부대끼며 여행하면 보다 많은 이야기들을 경험할 수 있다. 대부분 여행자들에게 친절하고 특히 아이들을 보면 무척 반가워한다.

📍 인천 강화군 교동면 대룡리 508-2(동산약방)

### 2 해성식당

전라도 출신 안주인의 음식솜씨가 남달라 지역 주민들이 즐겨 찾는 식당이다. 북한에서 탈출한 청년이 발각되었을 때도 경찰이 이 식당의 음식을 일부러 주문해 먹었다는 이야기도 있다. 밑반찬도 정갈하고 칼칼하게 끓여낸 육개장이 인기 메뉴다. 아이가 매운 음식을 싫어한다면 소머리국밥을 주문하자. 담백하고 국물 맛이 깊다.

📍 인천 강화군 교동면 대룡안길 54번길 23
☎ 032-932-4111
⊙ 11:00~19:30
₩ 육개장 7,000원

### 3 교동초등학교

대룡시장 골목 끝자락과 마주한 교동초등학교는 1906년에 개교했다고 하니 그 역사만 무려 100년이 넘는다. 멀끔하게 단장한 모습이라 그냥 지나치기 쉽지만 운동장 한편엔 기억조차 희미했던 '이승복' 동상과 '효자 정재수' 동상이 자리하고 있어 오랜 세월의 깊이를 느끼게 한다. 그 옆에는 개교 100주년을 기념하는 비석도 세워져 있다. 널찍한 운동장은 아이가 마음껏 뛰어놀 수 있어 더없이 좋은 놀이터가 되어준다.

📍 인천 강화군 교동면 대룡안길 29
☎ 032-932-4022

불과 2~3km의 바다를 끼고 황해도 연백군을 마주하고 있는 교동도는 해군의 엄격한 출입통제가 이뤄지고 있어 일몰 후 30분 이내에 섬을 빠져나와야 한다. 하지만 교동대교만 건너면 자연 그대로의 아름다운 섬 풍경과 소박한 삶의 모습들이 펼쳐져 그런 수고로움쯤은 오히려 고맙게 느껴질 정도다.

### 4 교동향교

교동향교의 역사는 고려 인종 때까지 거슬러 올라간다. 중국에서 공자와 같은 유학자들의 위패를 모셔올 때 처음으로 배를 댔던 곳이 이곳 교동도였고, 지금의 화개산 북쪽에 문묘를 세웠던 것을 조선 중기에 현재의 위치로 옮겼다. 다른 지역의 향교들과 비교하면 아담한 규모지만 건축물 하나하나 소박하고 단정한 짜임새가 돋보인다. 향교 우측에는 요즘 보기 드문 재래식 화장실이 설치돼 있는데, 얼마 전 뒷간을 소재로 한 전래동화를 읽었던 아이는 직접 오줌도 눠보며 재밌어 했다.

📍 인천 강화군 교동면 읍내리 630-5
☎ 032-932-6931

### 5 강화고인돌

교동도를 나오는 길에 강화도를 대표하는 문화유적인 고인돌을 함께 둘러보면 더욱 알찬 여행이 된다. 청동기시대의 대표적인 무덤 형태인 고인돌은 전 세계에서 발견되고 있지만 그 절반에 가까운 수가 우리나라에서 발견돼 유네스코 세계유산으로도 지정돼 있다. 특히 강화도 고인돌은 뛰어난 조형미 덕분에 우리나라 고인돌을 대표하는 이미지로 교과서에도 실릴 만큼 자주 사용된다.

📍 인천 강화군 하점면 부근리 317

### 6 강화역사박물관

어린 아이들에겐 고인돌이 무엇인지 알려주기가 쉽지 않은데, 바로 옆에 자리한 강화역사박물관에 들어서면 이 같은 고인돌의 제작 과정과 역할을 디오라마로 제작해 보다 쉽게 이해할 수 있도록 돕는다. 박물관의 대표 유물들을 직접 보고 각각의 스탬프를 찍어오는 활동지를 배포해 마치 미션을 수행하듯 재미있게 관람할 수 있도록 했다.

📍 인천 강화군 하점면 강화대로 994-19
☎ 032-934-7887
🌐 museum.ganghwa.go.kr
🕘 09:00~18:00(월요일, 1월 1일 및 설날·추석 당일 휴관)
₩ 성인 3,000원
청소년 및 어린이 2,000원(6세 이하, 강화군민 무료)

❶ 대룡시장   ❷ 해성식당   ❸ 교동초등학교

❹ 교동향교   ❺ 강화고인돌   ❻ 강화역사박물관

- 교동도는 군사적으로 중요한 지역이라 섬을 출입할 때 신분증 확인이 필요하니 꼭 챙겨두세요.
- 대룡시장은 일반적인 재래시장보다도 작은 규모라 가능하면 현금을 사용하길 추천해요.
- 강화역사박물관 관람자는 옥토끼우주센터 입장권 할인혜택(10%)을 받을 수 있어요.

**여기도 좋아요!**

### 강화풍물시장

강화도를 대표하는 풍물시장으로 강화터미널 바로 옆에 자리해 접근성이 뛰어나다. 매월 2일, 7일에 대규모 오일장이 서며 관광객들을 위한 상설시장도 운영하고 있다. 강화도의 다양한 특산물은 물론 2층 식당가에선 갖가지 향토음식도 맛볼 수 있다.

📍 인천 강화군 강화읍 중앙로 17-9  ☎ 032-934-1318
🌐 www.gangpoong.com  🕘 08:00~20:00

### 심은미술관

폐교를 활용한 미술관 및 캠핑장으로 이 학교의 1회 졸업생이자 서예가로 활동 중인 심은 전정우 선생이 운영하고 있다. 옛 학교를 활용한 전시공간은 정겨운 서예작품과 도자기 등으로 채워져 있고 널찍한 운동장에선 색다른 캠핑을 즐길 수 있다.

📍 인천 강화군 하점면 강화서로 915-1
☎ 032-933-0964  🕘 10:00~17:00 (월요일, 목요일 휴관)  ₩ 무료

### 옥토끼우주센터

강화도를 대표하는 테마파크로 우주의 다양한 모습과 신비를 경험할 수 있는 전시와 체험이 함께 이뤄진다. 전시관 외에도 드넓은 잔디밭과 여름에는 실외수영장이, 겨울에는 눈썰매장이 운영돼 온가족이 즐거운 추억을 쌓을 수 있다.

📍 인천 강화군 불은면 강화동로 403  ☎ 032-937-6917
🌐 www.oktokki.com  🕘 09:30~18:00 주말 및 공휴일 09:30~19:00 토요일 야간 불빛축제 18:00~22:00
₩ 성인 13,000원 청소년 15,000원 어린이 13,000원 유아 8,000원 성수기(7월 23일~8월 28일/12월 24일~1월 23일) 성인 14,000원 청소년 16,000원 어린이 14,000원 유아 9,000원(24개월 미만 무료)

> 경기
> 양평

### 소나기 내리는 동화마을
# 황순원문학촌 소나기마을

**HERE!** 교과서에 실린 문학작품을 읽다가 몰래 가슴이 두근거리고 설레는 기분을 느꼈던 것은 황순원의 단편 〈소나기〉가 유일하지 않나 싶다. 한여름 소나기처럼 갑작스레 서로에게 물들었다 꿈처럼 사라져버린 소년 소녀의 이야기가 읽을수록 애틋하고 곱씹을수록 마음 아팠다. 양평에 자리한 황순원문학촌은 엄마에겐 아련한 첫사랑처럼 남은 소설 속 공간이자 아이에겐 마음껏 뛰어놀 수 있는 이야기 놀이터가 되어준다.

찾아가는 길
중앙선 양수역 1번 출구에서 8-4번 버스를 타고 소나기마을 정류장 하차 소설가 황순원의 고향은 평안남도 대동군, 이제는 가볼 수조차 없는 북녘 땅이다. 우리나라 대부분의 문학관이 작가의 고향이나 생가에 건립되는 것과 달리 황순원의 문학적 고향이 경기도 양평이 된 것은 그의 대표작 〈소나기〉에 등장했던 한 줄의 글귀 때문이다.

"어른들의 말이, 내일 소녀네가 양평읍으로 이사 간다는 것이었다."

알다시피 소녀는 그렇게 양평읍으로 이사를 떠나고 얼마 지나지 않아 소년과의 애틋한 추억이 담긴 옷을 함께 넣어달라는 마지막 말을 남기고 죽음을 맞는다. 소녀의 옷자락에 남은 지난여름의 희미한 흔적처럼 '양평읍'이라는 단어 하나 덕분에 지금의 황순원문학촌이 만들어지게 된 것이다.

아이와 함께 동네 도서관에 들렀다 〈소나기〉를 어린이들이 읽기 쉽도록 동화책으로 다시 펴낸 것을 보고 괜히 마음이 뭉클했다. 사춘기 소녀 시절, 콩닥거리는 마음으로 한 줄 한 줄 읽어내려가다 결국 눈물이 터져버렸던 풋풋한 기억이 떠올랐기 때문이다.

"이건 엄마가 읽고 싶은 책이야?"

아이가 빌리려는 책들 틈에 《소나기》 동화책을 슬쩍 끼워 넣었더니 궁금해서 묻는다. 아직은 남자아이들과 어울리는 것을 더 좋아하는 녀석이니 〈소나기〉의 감성을 이해할 리 없다. 그래서 혼자 동화책을 읽고 대충 밀어두었는데 하루는 아이가 그 책을 들고 와 읽어달라고 조른다. 함께 《소나기》 동화책을 읽고 난 아이의 눈빛이 조금 젖어 있었다고 느낀 건 엄마의 착각이었을까?

알차게 돌아보는 하루 여행

그날 이후 아이와는 서너 번 황순원문학촌을 찾았다. 소년 소녀가 비를 피했던 '수숫단 오솔길'과 소년이 들꽃을 꺾어 소녀에게 건네주었던 '들꽃마을', 소녀를 등에 업고 도랑을 건너던 '너와 나만의 길' 등 〈소나기〉 속에 등장했던 다양한 공간들이 이어져 마치 작품 속으로 들어온 것처럼 생생한 기분이 드는 곳이다.

특히 아이가 좋아하는 소나기광장에선 매 정시마다 마법처럼 소나기가 쏟아진다. 처음엔 수숫단 속으로 재빨리 몸을 피하더니 언젠가부터 옷이 홀딱 젖을 때까지 이리 뛰고 저리 뛰며 놀기 바쁘다. 저렇게 천진난만한 녀석도 언젠가 까까머리 소년으로 자라겠지 생각하니 엄마가 된 소녀는 또 한 번 마음이 뭉클하다.

## 양평
# 하루코스

### 허가네막국수

양수역 앞에 자리한 막국수 전문점으로 남한강으로 흘러들어가는 물줄기를 바라보며 즐기는 소박한 맛이 매력적이다. 직접 메밀면을 뽑아서 만드는 매콤한 비빔막국수와 시원한 물막국수가 인기며 아이들에겐 메밀을 넣어 피를 빚은 찐만두도 별미다. 가격도 저렴한 편이라 부담 없이 한 끼를 채울 수 있다.

📍 경기 양평군 양서면 목왕로 38
☎ 031-774-1375
⏱ 10:00~21:00
₩ 막국수 7,000원 찐만두 5,000원

고소한 찐만두

### 두물머리

양수리를 대표하는 풍경 중 하나로 영화나 드라마에 자주 등장하는 촬영명소이기도 하다. 두물머리는 금강산에서 흘러 내려오는 북한강과 강원도 금대봉 기슭의 검룡소에서 발원한 남한강의 두 물줄기가 하나로 합쳐지는 곳이라는 의미다. 이곳을 지키고 선 느티나무는 수령 400년을 넘긴 것으로 그 웅장한 줄기와 고요히 흐르는 강물, 한 척의 나룻배가 어우러진 풍경이 무척 아름답다.

📍 경기 양평군 양서면 양수리
☎ 031-770-2068

중앙선이 연결되어 언제든 가볍게 떠날 수 있는 경기도 양평은 인기 있는 근교 여행지 중 하나다. 짙은 녹음과 문학적 정취를 함께 느낄 수 있는 황순원문학촌과 서정적인 풍경을 자랑하는 두물머리, 남한강 물줄기를 따라 향긋한 들꽃을 만날 수 있는 수목원 등 다양한 볼거리가 가득하다.

## 3 황순원문학촌 소나기마을

황순원의 대표작인 〈소나기〉를 테마로 꾸민 공간으로 작품 속에 등장하는 수숫단과 원두막 등 다양한 공간들을 그대로 재현해두었다. 입구에 자리한 문학관에선 한국 근현대사의 비극과 인간의 순수성을 담백한 문장으로 그려냈던 그의 작품세계를 한자리에서 살펴볼 수 있다. 그 옆에는 작가의 묘역이 마련돼 끝내 고향으로 돌아가지 못한 개인적 아픔과 분단의 현실을 고스란히 느낄 수 있다.

📍 경기 양평군 서종면 소나기마을길 24
☎ 031-773-2299
🌐 www.소나기마을.kr
🕘 09:30~18:00 11월~2월 09:30~17:00(월요일, 1월 1일 및 설날·추석 당일 휴관)
₩ 성인 2,000원 청소년 1,500원 어린이 1,000원(6세 이하 무료)

## 4 들꽃수목원

남한강 바로 옆에 자리한 아기자기한 매력의 수목원으로 이름 그대로 다양한 종류의 들꽃들을 만날 수 있다. 더불어 독특한 향기로 일상에서도 유용하게 사용되는 허브정원과 우아한 아름다움을 뽐내는 연꽃연못이 걷는 즐거움을 더한다. 자연 그대로의 풍광을 간직한 떠드렁섬은 정겨운 이름만큼이나 짙은 녹음과 시원하게 펼쳐진 남한강의 풍경을 즐길 수 있어 놓치면 안 될 볼거리다.

📍 경기 양평군 양평읍 수목원길 16
☎ 031-772-1800
🌐 www.nemunimo.co.kr
🕘 09:30~18:00 11월~3월 09:30~17:00
₩ 성인 8,000원 청소년 6,000원 어린이 5,000원 (36개월 미만 무료)

❶ 허가네막국수  
❷ 두물머리  
❸ 황순원문학촌 소나기마을  
❹ 들꽃수목원

유명산자연휴양림  
북한강  
중미산자연휴양림  
양수역  
더그림  
국수역  
아신역  
오빈역  
남한강  
용문산자연휴양림

### 엄마의 여행팁

- 황순원문학촌에서는 주말마다 구연동화교실이나 〈소나기〉를 그림동화로 그려보는 등 다양한 문학교육프로그램을 운영하고 있어요. 홈페이지를 통해 관련 정보를 확인해두면 보다 알찬 관람을 즐길 수 있답니다.
- 황순원문학촌에서는 하절기 11:00~17:00 사이 매 정각마다 광장에서 소나기가 쏟아져요. 〈소나기〉의 감성을 그대로 느낄 수 있는 특별한 경험이니 꼭 시간을 맞춰보세요.
- 들꽃수목원에서는 아이들을 위한 다양한 체험프로그램을 운영하고 있어요. 다육식물의 모종을 심어보거나 토피어리 만들기 등 자연을 그대로 느낄 수 있는 체험이 이뤄지니 참고하세요.

**여기도 좋아요!**

### 중미산자연휴양림

양평을 대표하는 아름다운 중미산 자락에 위치한 자연휴양림으로 소나무와 잣나무, 신갈나무 등 다양한 종류의 나무들이 우뚝 솟아 있어 산림욕을 즐기기에 그만이다. 숲속의 집과 캠핑장도 마련돼 있어 하루 쉬어가기에도 좋다.

📍 경기 양평군 옥천면 신복리 산201-2 ☎ 031-771-7166
🕘 일일개장 09:00~18:00 숙박시설 15:00~익일12:00
₩ 성인 1,000원 청소년 600원 어린이 300원

### 더그림

웨딩촬영 명소로 꼽힐 만큼 이국적인 건물과 아름다운 정원으로 입소문이 난 카페로 입장료에 음료 가격이 포함돼 있어 편안하게 쉬어가기 좋다. 드넓은 잔디밭 때문에 아이들과 함께 뛰어놀기에도 그만이다.

📍 경기 양평군 옥천면 사나사길 175
☎ 070-4257-2210 🌐 www.thegreem.com
🕘 10:00~19:00 여름 10:00~20:00 겨울 10:00~18:00(수요일 휴무) ₩ 성인 7,000원 어린이 5,000원

강원
춘천

경춘선 타고 〈봄봄〉 속으로
# 실레 이야기길

HERE!
경춘선을 따라 달리다 보면 독특한 이름의 기차역을 하나 마주하게 된다. 우리나라에서 유일하게 사람 이름을 딴 김유정역. 학창시절 누구나 한번쯤 읽어봤음직한 단편소설 〈봄봄〉과 〈동백꽃〉의 작가 김유정이 바로 이곳에서 나고 자랐기 때문에 붙여진 이름이다. 김유정역에서 내리면 좁다란 논두렁 길을 따라 정겨운 시골이야기가 펼쳐지고, 아이와 함께 추억이 가득한 옛 기찻길을 신나게 달려볼 수도 있다.

찾아가는 길
경춘선 김유정역 1번 출구에서 김유정문학촌 방면으로 걸어서 5분

춘천 실레마을에서 태어난 작가 김유정은 자신의 고향을 배경으로 한 소설들을 다수 남겼는데 그 대표적인 작품이 바로 〈봄봄〉과 〈동백꽃〉이다. 학창시절 교과서에도 수록되었던 이 작품들은 1930년대 시골마을의 정겨운 풍경과 김유정 특유의 해학적인 표현 등이 어우러져 지금껏 기억이 선명한 단편들이다. 작가의 고향인 실레마을에 조성된 김유정문학촌은 작품 속 농촌 풍경을 그대로 재현해 소설에 대한 특별한 이해가 없더라도 아이와 함께 부담 없이 돌아볼 만하다.

문학촌에 들어서면 가장 먼저 닭싸움을 붙이는 〈동백꽃〉의 여주인공 점순을 만날 수 있다. 아이에게 소설 속 이야기를 슬쩍 들려주었더니 점순에게로 다가가 "그래도 닭을 괴롭히는 건 나쁜 거야" 하며 제법 따끔하게 혼을 낸다. 전시관으로 들어서니 어른의 키를 훌쩍 넘는 커다란 책 한 권이 반겨준다. 〈봄봄〉의 첫 장을 재현한 것인데 아이의 눈에는 꽤 신기했던 모양이다. 책 주변을 왔다 갔다 하며 읽어달라고 조른다.

기념관 건너편 생가에는 외양간과 디딜방아가 자리해 아이의 호기심을 자극한다. 연못과 정자 주변으로는 붓꽃과 꿀풀꽃, 금낭화, 매발톱 등 도시에서는 보기 어려운 야생화들이 빼꼼 얼굴을 내밀어 그야말로 자연학습장이 되어준다.

실레마을은 굵직굵직한 산들에 둘러싸인 모양이 떡시루 같다고 하여 이름 붙은 작은 시골이다. 그는 자신의 고향을 가리켜 "집이라야 대개 쓰러질 듯한 헌 초가요, 그나마도 오십 호밖에 못 되는 말하자면 아주 빈약한 촌락"이라고 표현했는데, 100여 년이 지난 지금의 모습도 그리 다르지 않다. 김유정역이 들어서면서 입구에 몇몇 식당들이 간판을 내걸긴 했지만 문학촌을 기점으로 10분 정도만 걸어 들어가도 온통 논밭에 흙길뿐이다.

실레 이야기길은 김유정의 작품 속 배경이 되었던 마을 공간들을 이은 도보길로 '점순이가 나를 꼬시던 동백숲길', '응칠이가 송이 따먹던 송림길', '장인 입에서 할아버지 소리 나오던 데릴사위길' 등 이름부터 재미나다. 문학촌을 기점으로 금병산 자락을 돌아나오는 16개 코스로 나뉘어 있는데, 갈림길마다 표지판이 잘 설치돼 있어 길을 찾기도 수월하고 대부분 평탄한 길이라 가볍게 산책 삼아 걷기 좋다. 아이에게 직접 표지판을 찾도록 하면 마치 탐험가가 된 것처럼 신나게 길을 걷는다. 실레길을 모두 걷는 데는 1시간에서 1시간 30분 정도 소요되지만 아이의 체력에 따라 끊어서 걷는 것도 가능하다.

## 춘천
# 하루코스

### 김유정문학촌

춘천을 대표하는 작가인 김유정의 생애와 문학세계를 한눈에 살펴볼 수 있는 공간으로, 1930년대 우리 농촌의 다양한 풍경과 이야기들을 담아냈던 만큼 문학촌 역시 오붓한 한옥으로 지어졌다. 걸쭉한 우리 언어를 자유자재로 활용했던 작가였지만 실제로는 아픈 몸으로 병마와 싸우면서 세상을 떠나는 마지막 순간까지 펜을 놓지 않았을 만큼 치열한 생을 살았다는 사실에 절로 숙연해지는 공간이기도 하다.

📍 강원 춘천시 신동면 실레길 25
☎ 033-261-4650
🌐 www.kimyoujeong.org
🕘 하절기 09:00~18:00 동절기 09:30~17:00(월요일, 1월 1일 및 설날·추석 당일 휴관)
₩ 무료

### 유정마을

지역주민이 직접 운영하는 향토음식점으로 식재료 대부분을 직접 농사지은 것들로 사용한다. 춘천하면 자연스레 떠오르는 닭갈비와 막국수가 이 집의 대표 메뉴인데, 양배추와 깻잎을 듬뿍 넣은 닭갈비는 양념이 강하지 않아 아이가 먹기에도 적당하다. 담백한 메밀면에 시원한 육수를 곁들인 막국수도 아이 입맛에 딱이다. 앞마당에는 널찍한 잔디밭과 아이들이 타고 놀 수 있는 시소와 해먹 등이 설치돼 있어 잠시 쉬어가기에도 좋다.

📍 강원 춘천시 신동면 실레길 33
☎ 033-262-0361
🕘 11:00~21:00
₩ 막국수 6,000원

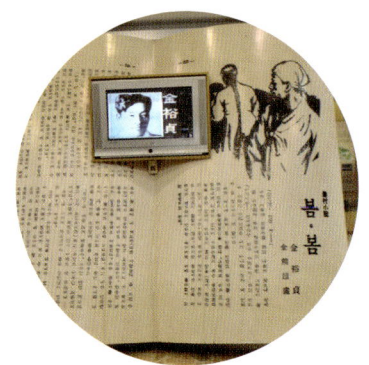

춘천은 언제든 부담 없이 떠나기 좋은 근교 여행지 중 하나로, 특히 우리나라 유일의 2층 객차를 운영하고 있는 itx-청춘열차를 이용하면 아이들에게도 색다른 추억을 만들어줄 수 있다. 김유정역에서 내리면 춘천을 대표하는 작가인 김유정의 문학촌과 함께 레일바이크도 있어 다양한 볼거리와 즐길거리를 챙길 수 있다.

## 실레 이야기길

김유정은 자신의 고향인 실레마을에서 살아가는 평범한 이웃들의 이야기를 수많은 작품으로 남겼기 때문에 마을 전체가 작품의 무대라고 해도 과언이 아니다. 〈동백꽃〉을 비롯해 그의 대표작들을 차례로 만나볼 수 있는 실레 이야기길은 부담 없는 거리와 특유의 문학적 정취 때문에 멀리서도 일부러 찾아오는 사람들이 있을 만큼 인기가 좋은 도보코스다. 완주 욕심보다는 정다운 시골길을 걷는 기분으로 가볍게 걸어보길 추천한다.

📍 강원 춘천시 신동면 실레길

## 강촌레일파크

이제는 기차가 멈춰버린 옛 경춘선의 철로를 레일바이크로 달릴 수 있는 강촌레일파크는 아이들이 더 좋아하는 즐길거리다. 특히 김유정역에서 강촌역까지의 코스는 북한강을 옆에 끼고 싱그러운 강바람을 맞으며 달릴 수 있어 가장 인기가 좋다. 이 코스는 대부분 내리막길이라 엄마 아빠도 체력적으로 부담이 적고, 강줄기를 따라 다양한 풍경이 펼쳐져 구경하는 재미도 쏠쏠하다.

📍 강원 춘천시 신동면 김유정로 1383
☎ 033-245-1000
🌐 www.railpark.co.kr
⏰ 하절기 09:00~18:00 (매시 정각 10회 운행)
　　동절기 09:00~17:00 (매시 정각 9회 운행)
₩ 2인승 25,000원 4인승 35,000원

❶ 김유정문학촌　❷ 유정마을　❸ 실레 이야기길　❹ 강촌레일파크 김유정역

- 대중교통을 이용할 경우 우리나라 유일의 2층 객차인 itx-청춘열차를 이용하길 추천해요. 코레일 홈페이지나 앱을 통해 미리 예약해두면 편안하게 이용할 수 있어요.
- 김유정문학촌에서는 실레마을의 다양한 전통행사를 재현하는 축제나 잔치를 정기적으로 마련하고 있어요. 미리 홈페이지를 통해 관련 일정을 체크해두세요.
- 실레 이야기길은 일부 인적이 드문 산길이 있으니 사람이 많은 주말에 걷기를 추천해요.
- 실레 이야기길을 걷는 동안 만나는 개인 작물을 채취하거나 손대지 않도록 유의하세요.
- 강촌레일파크는 주말 이용객들이 많아서 홈페이지나 모바일을 통해 미리 예약하기를 추천하며 출발 20분 전까지 김유정역에 도착해야 해요.

## 여기도 좋아요!

### 춘천인형극박물관

국내외의 다양한 인형 200여 점과 인형극 관련 자료들을 전시한 박물관으로 바로 옆에 인형극장이 자리해 공연도 함께 즐길 수 있다. 줄인형과 그림자를 활용한 인형극 등 아이들이 좋아하는 인형들과 색다른 추억을 만들 수 있다.

- 강원 춘천시 영서로 3017 ☎ 033-242-8466
- www.ccpt.or.kr
- 10:00~18:00(월요일 휴관)
- ₩ 2,000원(3세 미만 무료)

### 춘천애니메이션박물관

우리나라는 물론 세계 각국의 애니메이션 관련 자료들을 살펴볼 수 있는 공간으로 아이들이 좋아하는 다양한 캐릭터가 한자리에 모여 흥미를 돋운다. 바로 옆에 토이로봇관이 있어 함께 둘러보면 더욱 알찬 볼거리를 챙길 수 있다.

- 강원 춘천시 서면 박사로 854 ☎ 033-245-6470
- www.animationmuseum.com
- 10:00~18:00 여름방학 기간 10:00~19:00
- ₩ 성인 5,000원 청소년 및 어린이 4,000원(24개월 미만 무료) 통합관람권 성인 9,600원 청소년 및 어린이 8,000원

경기
포천

곤돌라 타고 베네치아로 떠나볼까?
# 허브아일랜드

HERE!

예부터 진통과 진정, 방부와 살충 등 다양한 용도로 활용되었던 허브는 최근 음식에 맛과 향을 더하고 스트레스에 지친 몸과 마음을 편안하게 만들어주는 등 현대인의 삶에서 빼놓을 수 없는 존재가 되었다. 이런 허브를 테마로 꾸민 허브아일랜드는 허브의 효과를 체험하는 것은 물론, 이탈리아의 베네치아를 그대로 옮겨놓은 이국적인 풍경과 볼거리로 하루를 알차게 즐길 수 있다.

찾아가는 길
서울지하철 1·2호선 시청역 3번 출구 또는 2·8호선 잠실역 4번 출구에서 전용 셔틀버스 이용 ※매주 토요일·일요일·공휴일 시청역 09:30 15:00 잠실역 10:00 15:40 운행(사전예약제) 성인 왕복 13,000원 청소년 및 어린이 왕복 10,000원(48개월 이하 무료, 왕복권에 한해 허브아일랜드 입장료 포함)

기저귀와 물티슈, 보디로션 등 아이의 피부에 직접 닿는 것이라면 꼼꼼히 그 성분을 따져보는 습관은 요즘 엄마들에게 당연한 일상이다. 오염된 자연환경과 갖가지 화학제품의 영향 탓인지 실제로 주변의 또래 아이들 대부분 아토피와 민감성 피부로 어려움을 겪고 있다. 나 역시 예민한 아이 피부 때문에 수많은 화학성분과 약품을 대체할 무언가를 찾다 보니 자연스레 허브로 관심이 이어졌다.

오랜 세월 인류의 경험을 통해 검증된 허브의 효과는 실제로 아이의 기침이나 코막힘 등 생활 속의 가벼운 증상들을 호전시키는 데 큰 도움이 되었다. 300여 종이 넘는 허브를 직접 재배하고 다양한 허브 제품들을 판매하는 것은 물론 아이와 함께 천연비누도 만들어볼 수 있다는 허브아일랜드에 관심을 두게 된 것도 그 때문이다.

포천의 깨끗하고 아름다운 자연을 배경으로 자리한 허브아일랜드는 국내 최대 규모의 허브식물원은 물론, 기원전부터 이어져 내려온 허브의 역사를 만나볼 수 있는 허브박물관과 이곳에서 직접 재배한 허브들로 화장품과 비누 등을 만들어볼 수 있는 체험관 등 그야말로 허브를 소재로 한 종합테마파크라 하겠다. 허브아일랜드를 둘러싸고 있는 허브둘레길에선 대표적인 약용식물인 페퍼민트와 피톤치드가 가득한 잣나무, 스트레스를 완화시켜주는 산초나무, 면역력을 강화시켜주는 노간주나무 등을 따라 걸어볼 수 있다. 허브를 넣은 돼지갈비와 짜장면, 마늘빵 등 먹거리 하나에도 허브를 빼놓지 않았다.

　허브아일랜드에서 또 하나 눈길을 끄는 것은 물의 도시 베네치아에서 아이디어를 얻은 '베네치아마을'이다. 각양각색의 가면들을 직접 쓰고 기념사진을 찍을 수 있는 이곳에선 작은 수로를 따라 미니 곤돌라도 운행돼 색다른 추억을 남길 수 있다. 주말에는 메인 광장에서 화려한 밸리댄스 공연도 펼쳐져 이국의 분위기를 마음껏 즐길 수 있다. 해가 저물면 베네치아마을에 아름다운 조명이 켜지고 낮과는 또 다른 낭만이 느껴진다. 1970~1980년대 사진관과 한약방 등 옛 거리풍경을 재현해 놓은 '추억의 거리'는 아이들과 함께 구슬치기도 하고 딱지도 쳐볼 수 있는 정겨운 공간이다.

### 포천
# 하루코스

## 국립수목원

광릉숲 일대에 조성된 국립수목원으로 국내외의 다양한 산림자원을 연구하고 보존하는 역할을 담당하고 있다. 아이들이 마음껏 뛰어놀 수 있는 어린이정원과 아름다운 숲길을 걸어볼 수 있는 숲생태관찰로, 산림의 종류와 용도를 이해할 수 있는 산림박물관 등이 자리하고 있다. 유모차를 이용할 수 있는 데크구간과 수유실 등 편의시설도 잘 갖춰져 있어 가족이 함께 둘러보기 좋다.

- 경기 포천시 소흘읍 광릉수목원로 415
- 031-540-2000
- www.kna.go.kr
- 09:00~18:00 11월~3월 09:00~17:00 (일요일, 월요일, 1월 1일 및 설날·추석 연휴 휴원)
- 성인 1,000원 청소년 700원 어린이 500원 (만 7세 미만 무료)

## 포천이동갈비촌

포천하면 자연스레 떠오르는 먹거리인 이동갈비는 이동면 일대에서 인기를 끌었던 한우갈비에서 유래했다. 근처 국망봉을 찾았던 등산객들에 의해 전국적으로 입소문을 타게 된 이곳은 지금도 여러 개의 식당들이 성업하며 이동갈비촌을 형성하고 있다. 갖은 양념에 하루 동안 재운 후 참숯에서 구워내는 이동갈비는 부드러운 맛 때문에 아이들도 좋아한다.

- 경기 포천시 이동면 화동로 2087 (원조이동김미자할머니갈비)
- 09:30~21:30
- 양념갈비 29,000원

황금빛 억새가 아름다운 명성산과 고즈넉한 풍경의 산정호수 등 때 묻지 않은 자연환경을 자랑하는 포천은 최근 다양한 박물관과 아트파크, 수목원 등이 들어서며 새로운 근교 여행지로 각광받고 있다. 이동갈비 등 오랜 역사의 먹거리도 풍성해 아이들과 하루 여행지로 그만이다.

## 3 포천아트밸리

1960년대 채석장으로 사용되다 버려진 땅에 새롭게 문을 연 포천아트밸리는 국내에서 손꼽히는 도시재생 모델로 주목받고 있다. 화강암을 채석하기 위해 팠던 웅덩이에 샘물이 고이면서 만들어진 아름다운 호수와 공원 곳곳에 자리한 개성 넘치는 예술작품들, 젊은 예술가들의 창작을 지원하는 스튜디오 등 자연과 사람, 예술이 어우러진 독특한 풍경이 눈길을 끈다. 주말에는 다양한 공연과 전시도 열린다.

📍 경기 포천시 신북면 아트밸리로 234
☎ 031-538-3483
🌐 www.artvalley.or.kr
🕘 09:00~22:00 11월~2월 09:00~21:00(월요일 18:00 입장마감)
₩ 성인 5,000원 청소년 3,000원 어린이 1,500원 (미취학 아동 무료)

## 4 허브아일랜드

동화 속 마을처럼 아기자기한 풍경 속에서 허브의 다양한 효능을 경험해볼 수 있는 테마공원이다. 드넓은 정원 곳곳에서 갖가지 허브들이 자라고 있어 들어서는 순간부터 상쾌한 허브향을 느낄 수 있으며, 허브를 이용한 돈가스와 비빔밥 등의 음식도 맛볼 수 있다. 평일에도 밤늦은 시간까지 화려한 조명의 야경을 즐길 수 있으며 한겨울에도 불빛축제가 이어져 색다른 볼거리가 된다.

📍 경기 포천시 신북면 청신로947번길 35
☎ 031-535-6494
🌐 www.herbisland.co.kr
🕘 평일 및 일요일 10:00~22:00
　　토요일 및 공휴일 10:00~23:00
₩ 성인 6,000원 어린이 4,000원(36개월 이하 무료)

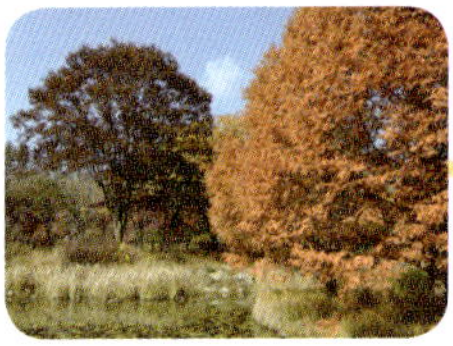

❶ 광릉수목원 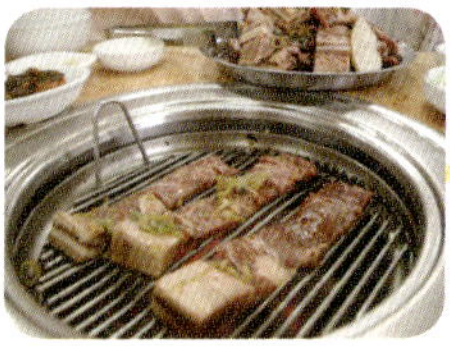 → ❷ 이동갈비촌 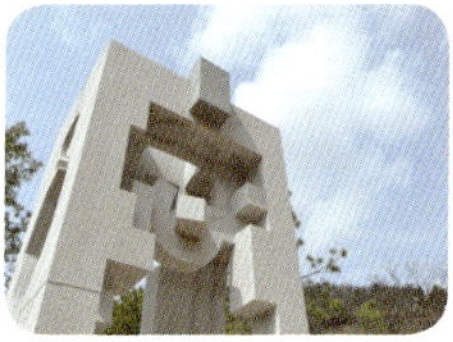 → ❸ 포천아트밸리 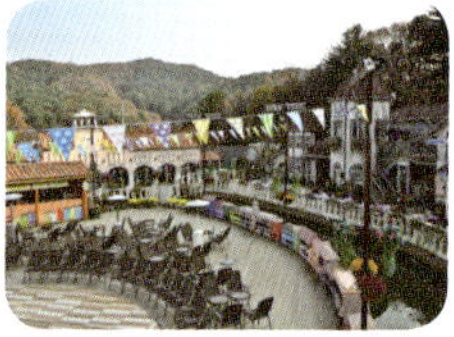 → ❹ 허브아일랜드

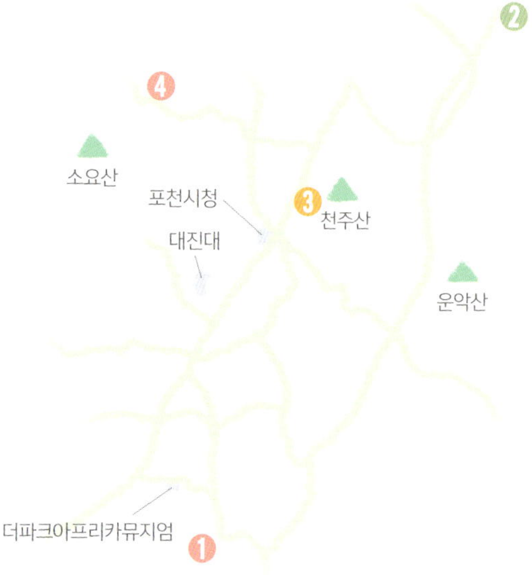

- 광릉수목원은 사전예약제로 운영되고 있으니 반드시 홈페이지를 통해 미리 방문 날짜의 입장권을 예매하세요.
- 허브아일랜드에서는 서울에서 출발하는 전용 셔틀버스를 운행하고 있어요. 대중교통으로 여행할 예정이라면 미리 홈페이지를 통해 왕복권을 구매하세요.
- 허브아일랜드에서는 가족단위의 다양한 체험프로그램을 운영하고 있어요. 허브를 이용한 천연비누와 천연화장품, 허브베개 등 일상생활에서 유용한 제품들을 직접 만들어볼 수 있으니 참여해 보길 추천해요.

**여기도 좋아요!**

### 더파크아프리카뮤지엄

아프리카의 아름다운 자연과 그 속에서 살아가는 사람들의 생활과 문화를 한자리에서 경험해볼 수 있는 공간이다. 실제 아프리카에서 공수해온 다양한 생활용품은 물론 아프리카인들이 선보이는 전통공연도 마련돼 색다른 볼거리가 된다.

📍 경기 포천시 소흘읍 광릉수목원로 967
☎ 031-543-3600  🔗 www.theparkam.com
🕘 09:00~18:00 12월~2월 10:00~17:30(월요일 휴관)
₩ 성인 7,000원 청소년 및 어린이 5,000원(36개월 미만 무료)

### 비둘기낭폭포

드라마 〈선덕여왕〉과 〈추노〉 등에 등장해 눈길을 끌었던 비둘기낭 폭포는 용암대지에 흘러든 물줄기가 신비로운 에메랄드빛을 띠고 주변으로 주상절리가 이어지며 깊은 계곡을 이룬다. 천연기념물로 지정돼 전망대에서 바라보는 것만 가능하다.

📍 경기 포천시 영북면 대회산리 415-2

강원
횡성

우리만 알고 싶은 비밀의 숲
# 미술관 자작나무숲

HERE! 마당 한 평 갖기 힘든 대도시의 작은 미술관들과 달리 도심을 조금만 벗어나면 드넓은 잔디밭에 녹음이 우거진 멋스런 산책로까지 갖춘 미술관들이 관람객들의 마음을 여유롭게 만든다. 강원도 횡성의 인적 드문 산자락에 자리한 미술관 자작나무숲은 아예 숲 하나를 통째로 숨겨두었다. 전시장에 걸린 작품보다 더 아름다운 미술관 풍경 때문에 아이조차 "우리만 알고 싶은 곳"이라고 욕심냈던 공간이다.

찾아가는 길
동서울터미널에서 횡성시외버스터미널행 버스를 타고 2시간

미술관 자작나무숲의 주인은 횡성에서 태어나고 자란 농부이자 사진작가로도 활동 중이다. 그는 아버지에게 물려받은 선산에 자작나무 1만 2000여 그루를 직접 심었다. 그중 1만여 그루는 생육 상태가 좋지 않아 폐기처분될 위기에 처한 어린 묘목들을 데려다 심은 것이다. 결국 절반이 뿌리를 내리지 못하고 쓰러졌지만 고집스런 농부와 횡성의 우직한 땅, 따뜻한 햇살과 깨끗한 빗줄기가 연약한 생명들을 일으켜 세웠다.

그렇게 울창한 자작나무숲이 만들어지고도 8년이 지나서야 겨우 자신의 사진작품을 걸 수 있는 작은 미술관을 지을 수 있었다. 그래서인지 이곳에선 미술관보다 자작나무숲이 주인공처럼 느껴진다.

"엄마, 여기 미술관 맞아?"

삭막한 콘크리트 빌딩이 우뚝 솟은 도시의 미술관들에 익숙한 아이는 들어서는 입구부터 온통 나무와 꽃들뿐인 이곳이 낯설고 의아한 모양이다. 하지만 마음껏 뛰어놀 수 있는 드넓은 잔디밭에 금세 마음을 빼앗겨 엄마 손도 뿌리치고는 폴짝거리며 놀기 바쁘다. 덕분에 엄마도 함께 동심으로 돌아가 장난을 치고 서로 잡고 잡히며 한참 뛰어놀았다.

유명 사립미술관보다도 훨씬 비싼 입장료 때문에 입술을 삐죽이던 아빠도 카페에서 만난 여주인의 살가운 설명에 곧 마음을 풀었다. 누구에게나 열린 공간을 만들고 싶었지만 너무 많은 사람들의 발길과 손길에 어렵게 뿌리내린 나무와 야생화들이 상처입고 죽어가는 걸 보

알차게 돌아보는 하루 여행

면서 오랜 고민 끝에 입장료를 대폭 올릴 수밖에 없었단다.

부담스런 입장료 때문인지 늘 숲이 감당할 수 있을 만큼의 사람들만 찾아오고, 관람객들 또한 수천 그루의 나무를 홀로 심고 가꾼 숲지기의 노력과 애정을 존중해 걸음 하나 손길 하나 조심스럽다. 아이에게도 그와 같은 분위기가 고스란히 전해졌는지 한나절 신나게 뛰어놀고 나오는 길에 목소리를 낮추며 엄마에게 다짐한다.

"여기는 우리끼리만 알고 있자. 엄마도 여기 왔던 거 친구들한테 자랑하면 안 돼!"

## 횡성
# 하루코스

  미술관 자작나무숲

 박현자네더덕

횡성군의 깊은 산골에 자리한 미술관으로 오솔길을 따라 이어진 입구부터 상쾌한 숲 향기를 맡을 수 있다. 아름다운 숲에 둘러싸인 미술관이라 봄이면 진분홍빛 철쭉이 여름에는 짙푸른 나뭇잎이 가을이면 붉은 단풍이 겨울에는 하얀 설경이 반겨준다. 자작나무를 소재로 한 상설전시를 비롯해 시즌마다 국내의 유명 작가와 신진작가들을 소개하고 있다. 미술관 한편에 카페도 자리하고 있어 입장권만 있으면 커피 한잔의 여유도 즐길 수 있다.

📍 강원 횡성군 우천면 한우로두곡5길 186
☎ 033-342-6833
🌐 www.jjsoup.com
🕙 10:00~일몰시
　12월~4월 11:00~일몰시(수요일 휴관 12월~4월 화요일~목요일 휴관)
₩ 성인 20,000원 청소년 및 어린이 10,000원(음료 1잔 포함)

횡성읍내에 자리한 더덕구이 전문점으로 횡성의 맑고 깨끗한 자연에서 자란 더덕을 이용한 밥과 구이, 불고기 등을 낸다. 더덕 특유의 알싸한 향이 살아 있는 장아찌도 색다른 밑반찬으로 입맛을 돋운다. 다양한 더덕요리를 맛볼 수 있는 정식 메뉴도 있어서 아이와 함께 식사를 하기에도 좋다.

📍 강원 횡성군 횡성읍 횡성로 59
☎ 033-344-1116
🌐 www.durdukfood.co.kr
🕙 10:30~20:00
₩ 더덕정식 12,000원

강원도 횡성은 깨끗하고 아름다운 자연과 그 속에서 자란 건강한 먹거리를 즐길 수 있어 몸과 마음을 힐링하기에 좋은 공간이다. 울창한 숲 한가운데 자리한 미술관 자작나무숲과 자연산 더덕으로 차려낸 정갈한 밥상을 즐긴 후 근처 원주에 있는 박경리문학공원과 원주한지테마파크까지 돌아보면 알찬 여행이 된다.

 ## 박경리문학공원

우리 문단을 대표하는 작가 중 한 명인 박경리의 옛집을 활용한 문학공원이다. 그는 이곳 집필실에서 대하소설 《토지》의 마지막 원고를 완성했다. 단정한 텃밭과 정원의 나무들 역시 그가 손수 가꾸고 다듬은 것들로 작가의 숨결이 고스란히 느껴지는 공간이다. 문학공원이지만 아이들과 마당에서 뛰어놀 수도 있고 북카페에서 책도 함께 읽을 수 있다.

📍 강원 원주시 토지길 1
☎ 033-762-6843
🔗 www.tojipark.com
⊙ 10:00~17:00(넷째 주 월요일, 1월 1일 및 설날·추석 연휴 휴관)
₩ 무료

 ## 원주한지테마파크

조선시대에 손꼽히던 한지 생산지였던 원주의 한지문화를 되살리고자 마련된 전시공간으로 현대적으로 재해석된 한지 작품들을 만나볼 수 있다. 한지의 역사와 원주 한지의 특징 등을 각종 자료와 영상으로 살펴볼 수 있으며 다양한 기법의 한지공예도 체험할 수 있다. 직접 한지를 뜨는 색다른 체험도 가능하다.

📍 강원 원주시 한지공원길 151
☎ 033-734-4739
🔗 www.hanjipark.com
⊙ 09:00~18:00(월요일, 1월 1일 및 설날·추석 당일 휴관)
₩ 성인 2,000원 청소년 및 어린이 1,000원(7세 미만 무료)

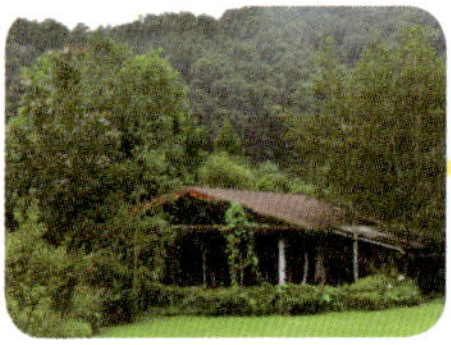

❶ 미술관 자작나무숲 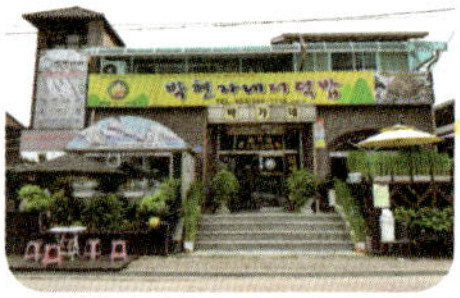  ❷ 박현자네더덕 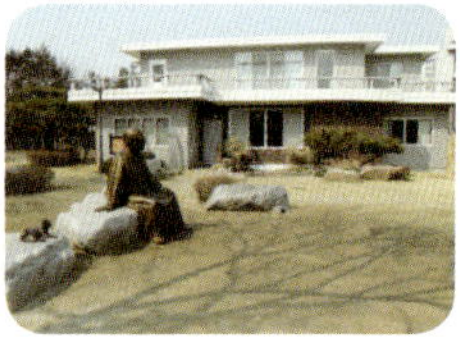  ❸ 박경리문학공원

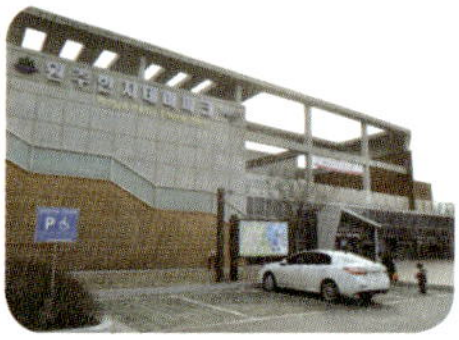

❹ 원주한지테마파크

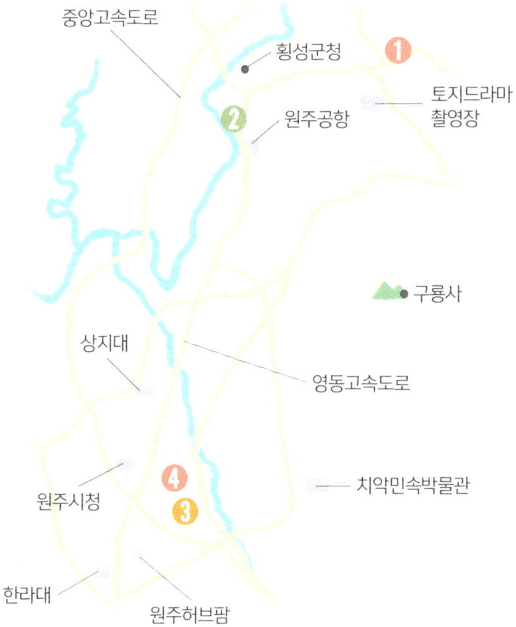

- 한여름에 미술관 자작나무숲을 찾는다면 긴 소매의 티셔츠와 바지, 모기기피제 등을 미리 준비하세요.
- 원주한지테마파크에서는 한지를 활용한 다양한 만들기 체험프로그램을 운영하고 있어요. 관람 전에 미리 체험 가능한 프로그램을 확인해두세요.

**여기도 좋아요!**

### 원주허브팜

강릉원주대학교 건너편에 자리한 식물원으로 허브향이 가득한 정원을 산책하고 향긋한 허브족욕도 즐길 수 있다. 앵무새에게 직접 먹이를 줄 수 있는 앵무새집도 자리해 아이들에게 색다른 추억이 된다.

📍 강원 원주시 마장2길 37  ☎ 033-762-3113
🌐 www.wonjuherb.com  🕐 10:00~일몰시(월요일 및 1월~3월 휴관)  ₩ 성인 7,000원 청소년 6,000원 어린이 5,000원(11월~12월 성인 5,000원 청소년 4,000원 어린이 3,000원) 앵무새집 1인 5,000원

### 구룡사

원주를 대표하는 산인 치악산 자락에 위치한 오붓한 사찰로 땅 모양이 아홉 바다의 용이 구름을 풀어놓은 형상이라고 하여 구룡사라 전한다. 울창한 금강송 숲길을 지나고 맑은 계곡을 끼고 있어 산책하듯 올라보기 좋다.

📍 강원 원주시 소초면 구룡사로 500  ☎ 033-732-4800
🌐 www.guryongsa.or.kr  ₩ 성인 2,500원 청소년 800원 어린이 500원(7세 미만 무료)

### 원주레일바이크

간현유원지로 유명한 원주 간현리 일대에 조성된 레일바이크로 더 이상 기차가 다니지 않는 옛 기찻길을 이용해 레일바이크와 풍경열차를 즐길 수 있다. 성인 여자 혼자서도 운행 가능할 만큼 체력적 부담도 적어서 아이와 함께 탑승하기 좋다.

📍 강원 원주시 지정면 간현로 163
☎ 033-733-6600  🌐 www.wjrailpark.com
🕐 하절기 09:00 11:00 13:00 15:00 17:00 동절기 10:00 12:00 14:00 16:00
₩ 2인승 25,000원 4인승 35,000원

강원
평창

푸른 초원에서 만나는 귀여운 양떼
# 대관령양떼목장

**HERE!**

순진한 눈매와 보송보송한 솜털, "메에~" 하는 울음소리마저 귀여운 양은 아이들에게 무척이나 친근한 동물이다. 강원도 평창에 자리한 대관령양떼목장은 드넓은 초원을 배경으로 그림처럼 서 있는 나무집과 하얀 양떼가 쉬어가는 목가적인 풍경으로 유명하다. 무엇보다 어린 양들에게 직접 건초 먹이도 줄 수 있어서 아이들에겐 자연과 교감할 수 있는 특별한 놀이터가 되어준다.

찾아가는 길
동서울터미널에서 횡계버스터미널행 버스를 타고 2시간 30분

강원도가 고향이라 대관령을 넘는 일이 내게는 꽤 익숙한데, 서울 한복판에서 태어난 아이는 끝없이 이어진 산자락과 간간히 보이는 탁 트인 초원이 꽤 놀라운 모양이다. 옹알이가 몇 개의 단어로 바뀌고 제 의사표현이 가능해지면서 외갓집을 갈 때마다 유난히 말이 많아졌다.
"우와, 산이 정말 많다!"
"엄마, 여기는 사람이 안 살아요?"
"산꼭대기에 바람개비가 있어요!"
차창 밖 낯선 풍경에 갖가지 질문과 감탄을 쏟아내는 아이 때문에 핸들을 꺾어 대관령양떼목장으로 향했다.

한국의 알프스로 불리는 대관령양떼목장은 우리나라 최초의 관광형 양목장으로 잘 알려져 있다. 넓은 초원에서 한가롭게 풀을 뜯는 양떼와 영화 〈화성으로 간 사나이〉의 세트장으로 사용되었던 나무집이 마치 알프스의 어느 자락인 듯 이국적인 분위기를 자아낸다. 녹음이 짙어지는 봄과 여름도 아름답지만 양털처럼 하얗게 눈이 쌓인 겨울의 설경도 신비롭다. 특히 4~6월에 방문하면 겨우내 잔뜩 부풀어 오른 양털을 깎는 색다른 모습도 만날 수 있다.
목장을 돌아보는 데 넉넉잡아 한 시간이면 충분하고 대부분 부드러운 흙길이라 아이가 마음껏 뛰어 놀기에도 좋다. 바로 옆으로 백두대간의 줄기인 선자령이 뻗어 있어 산책로를 걷다 보면 시원한 산바람이 가슴 깊숙이 불어든다. 아이도 빌딩숲의 바람과 다르다는 걸 느꼈는지 몇 번이나 걸음을 멈추고 입을 크게 벌려 바람을 한껏 들이킨다.

산책을 마치고 나오는 길에는 귀여운 양들에게 건초를 주는 특별한 경험도 가능하다. 엄마 몫의 건초까지 빼앗아 양에게 주던 아이는 보드라운 헛바닥이 손가락 끝에 닿자 까르르 웃음을 터트린다.

이날 이후 동화책에 양이 등장하거나 거리에서 양 모양의 인형을 발견할 때마다 아이는 헛바닥의 감촉을 되살리며 양친구를 다시 만날 날을 손꼽아 기다린다. 덕분에 아이와 함께 대관령을 넘는 고단한 여정이 즐거운 설렘으로 바뀌었다.

## 평창
# 하루코스

### 1. 대관령양떼목장

우리나라 유일의 관광목장으로 시작한 대관령양떼목장은 부드러운 능선을 따라 푸른 초지가 펼쳐지고 그 위에 하얀 양떼가 평화롭게 풀을 뜯는 모습이 목가적인 분위기를 풍긴다. 대관령의 때 묻지 않은 자연을 한눈에 담을 수 있는 산책로와 양들에게 먹이를 줄 수 있는 축사, 영화에 등장했던 이국적인 나무집과 아름다운 나뭇가지에 매달린 그네까지 도시에선 만날 수 없는 볼거리가 가득하다.

📍 강원 평창군 대관령면 대관령마루길 483-32
☎ 033-335-1966
🌐 www.yangtte.co.kr
🕘 09:00~17:00
　3월·10월 09:00~17:30
　4월·9월 09:00~18:00
　5월·8월 09:00~18:30
₩ 성인 4,000원
　청소년 및 어린이 3,500원(5세 이하 무료)

### 2. 황태회관

횡계리에 자리한 황태전문식당으로 지역주민과 관광객 모두 즐겨 찾는다. 예부터 매서운 겨울철 눈보라 속에서 말린 대관령의 황태는 맛과 향이 뛰어나기로 유명해 지금도 수십 개의 덕장이 운영 중이다. 이곳 식당에선 대관령 황태로 끓인 시원한 황태해장국과 맛깔스런 양념구이가 인기다.

📍 강원 평창군 대관령면 눈마을길 19
☎ 033-335-5795
🕘 08:00~22:00
₩ 황태구이 12,000원
　황태해장국 7,000원

강원도 평창은 동계올림픽을 앞두고 있을 만큼 겨울여행지로 명성이 높지만 사계절 언제 찾아가든 짙푸른 자연과 그 속에서 살아가는 정겨운 사람들을 만날 수 있다. 특히 가을이면 이효석의 단편 〈메밀꽃 필 무렵〉에 등장하는 시적이고 낭만적인 풍경을 직접 눈에 담을 수 있다.

### 3 월정사

오대산 깊숙한 자락에 위치한 사찰로 일주문부터 시작되는 1km의 전나무숲길이 압권이다. 적게는 수십 년에서 많게는 수백 년의 세월을 견뎌낸 전나무의 웅장한 줄기가 보는 이들로 하여금 절로 감탄을 자아낸다. 월정사는 어린 조카인 단종의 목숨을 빼앗은 세조가 불교에 귀의하고 수시로 찾아와 몸과 마음의 병을 치유했던 곳으로도 유명하다.

📍 강원 평창군 진부면 오대산로 374-8
☎ 033-339-6800
🌐 www.woljeongsa.org
₩ 성인 3,000원 청소년 1,500원 어린이 500원(7세 미만 무료)

### 4 이효석문학관

우리나라를 대표하는 단편소설인 〈메밀꽃 필 무렵〉의 작가 이효석의 문학세계를 돌아볼 수 있는 공간이다. 지금도 매년 가을 메밀꽃 필 무렵이 다가오면 대규모 축제가 마련된다. 근처에 그의 생가도 있어 함께 둘러보면 색다른 문학기행이 된다.

📍 강원 평창군 봉평면 효석문학길 73-25
☎ 033-330-2700
🌐 www.hyoseok.org
🕘 09:00~17:30
  5월~9월 09:00~18:30(월요일, 1월 1일 및 설날·추석 연휴 휴관)
₩ 성인 2,000원 청소년 1,500원 어린이 1,000원(만6세 이하 무료)

### 5 봉평오일장

이효석의 단편 〈메밀꽃 필 무렵〉에서 주인공 허생원이 꿈처럼 아름다운 인연을 맺은 곳이자 운명적으로 아들과 재회하는 공간으로 등장하는 봉평장은 매월 2일, 7일에 열리는 인근에서 가장 큰 규모의 오일장이다. 지금도 충주집터와 물레방앗간 등이 자리해 소설의 분위기를 물씬 느낄 수 있을 뿐 아니라 메밀국수와 메밀전병 등 메밀을 이용한 음식들이 다양해 관광객들의 발길이 끊이지 않는다.

📍 강원 평창군 봉평면 동이장터길 14-1

❶ 대관령양떼목장　❷ 황태회관　❸ 월정사

오대산국립공원
삼양대관령목장
대관령박물관
대관령자연휴양림
메밀꽃필무렵
무이 예술관
용평리조트
영동고속도로

❹ 이효석문학관　❺ 봉평오일장

엄마의 여행팁

◉ 대관령양떼목장을 방문하려면 편한 신발과 마실 물 등을 미리 준비하고 한여름에는 선크림과 모자도 챙기세요.

# 여기도 좋아요!

### 무이 예술관
봉평의 작은 폐교를 활용한 예술공간으로 회화와 조각, 도예 등 다양한 분야의 작가들이 모여 개성 넘치는 작품들을 전시하고 있다. 봉평메밀축제 기간에는 장터와 이효석문화관, 무이 예술관을 연결하는 셔틀버스도 운영된다.

📍 강원 평창군 봉평면 사리평길 233
☎ 033-335-6700  🔗 www.mooee.co.kr
🕘 09:00~18:30 11월~2월 10:00~17:00(월요일 및 1월 16일~3월 15일 휴관)  ₩ 3,000원(6세 미만 무료)

### 대관령박물관
대관령 중턱에 자리한 소박한 규모의 박물관으로 평생 수집한 고미술품을 기증받아 전시공간을 꾸렸다. 선사시대부터 근현대의 민속유물까지 1,000여 점이 전시돼 있으며 야외전시장에도 물레방아 등이 설치돼 정겨운 볼거리를 만날 수 있다.

📍 강원 강릉시 성산면 대관령옛길 1  ☎ 033-660-3830
🔗 daegwallyeongmuseum.gn.go.kr
🕘 09:00~18:00(월요일, 1월 1일 및 설날·추석 당일 휴관)
₩ 성인 1,000원 청소년 700원 어린이 400원

### 메밀꽃필무렵
이효석 생가 근처에 자리한 메밀국수 전문점으로 봉평에서 자란 메밀을 이용한 국수와 묵밥, 전병 등을 맛볼 수 있다. 매일 직접 메밀쌀을 갈아서 전을 부치기 때문에 신선하고 깊은 풍미를 느낄 수 있다.

📍 강원 평창군 봉평면 이효석길 33-13
☎ 033-335-4594  🕘 09:00~19:00
₩ 메밀막국수 7,000원 메밀묵밥 7,500원

경기
안성

### 호밀밭 너머 정겨운 목장
# 안성팜랜드

**HERE!** 끝없이 펼쳐진 초원은 특별한 볼거리나 놀거리가 없어도 아이들에게 신나는 놀이터가 되어준다. 안성팜랜드는 무려 39만 평에 이르는 푸른 초지가 사계절 다양한 풍경으로 맞아줄 뿐 아니라, 아기 젖소와 양에게 먹이도 주고 갓 뽑은 신선한 우유로 치즈도 만들어 먹는 등 시골 목장에 놀러온 것처럼 색다른 체험을 할 수 있다. 목장길을 따라 달리는 트랙터마차의 덜컹임도 잊을 수 없는 추억이 된다.

**찾아가는 길**
서울남부터미널 혹은 동서울터미널에서 안성터미널행 버스를 타고 1시간(경유지인 공도터미널 하차, 주말 및 공휴일에는 공도터미널에서 팜랜드행 셔틀버스 운행)

사실 경기도 안성의 축산업 역사는 꽤 오래되었다. 1960년대 독일과의 협력으로 젖소를 사육하는 낙농시범목장이 처음 설치되었고, 1970년대 들어서는 독일의 선진 낙농기술을 교육하고 송아지를 분양하는 등 국내 낙농업 기반을 조성하는 데 앞장섰다. 이후 우리나라 고유 품종인 한우를 개발하고 보존하는 것은 물론 국내 최초의 유기축산목장으로 지금껏 운영되고 있다. 지난 2012년에는 드넓은 초원에서 동물친구들과 함께 교감할 수 있는 체험목장으로 새롭게 변신했다.

안성팜랜드에 들어서면 가장 먼저 눈길을 끄는 것이 하늘과 맞닿은 드넓은 초원이다. 끝없이 펼쳐진 광활한 초지에선 말과 소, 양들이 먹을 수 있는 싱싱한 목초와 다양한 사료작물들이 자란다. 특히 봄이면 짙푸른 호밀이 초원을 뒤덮고 한편에 샛노란 유채가 흐드러져 선명한 색의 대비를 이룬다. 산책로를 따라 이들을 천천히 돌아볼 수도 있고 덜컹이는 트랙터마차나 자전거를 타고 그 사이를 달려볼 수도 있다.

목장으로 내려오면 다양한 가축들에게 먹이를 줄 수 있는 가축체험장과 새모이체험장, 한가로이 풀을 뜯는 소 방목장과 산양들의 놀이터를 만날 수 있다. 또 도그쇼 공연장에선 영리한 양치기개로 불리는 보더콜리의 놀라운 묘기도 감상할 수 있다.

특히 아이는 아기 젖소에게 우유를 주는 체험을 무척 흥미로워했는데, 매일 자신이 마시는 우유가 엄마 젖소에게서 나오는 것이라고 하자 "그럼 내가 아기 젖소의 우유를 뺏어 먹는 거야?"라며 미안한 표정을 지었다. 아이에게 우유를 많이 먹으라고만 했지 그 우유가 어디에

서 오는 것인지 알려준 적이 없었던 터라 아이의 미안함이 당황스러우면서도 인간이 아닌 동물의 입장에서 먼저 생각하는 그 마음이 기특하다. 결국 아이는 다시 목장길을 따라 초원에서 쉬고 있는 엄마 젖소들을 찾아가더니 맛있는 우유를 나눠주어서 고맙다는 인사를 전했다. "엄마도 매일 커피우유 마시니까 젖소한테 고맙다고 말해." 제법 진지한 아이의 잔소리에 내가 하나 더 배워가는 하루다.

## 안성
# 하루코스

 ### 안성팜랜드

농협에서 운영하는 체험목장으로 소와 양 등 아이들에게 친숙한 가축들도 구경하고 먹이를 주며 교감할 수 있다. 한국 최초의 젖소목장인 한독낙농시범목장으로 시작한 안성목장에 세워진 축산테마파크다. 봄에는 호밀밭축제, 여름에는 워터페스티벌, 가을에는 목동축제, 겨울에는 윈터페스티벌 등 사계절 다양한 축제와 볼거리가 이어진다.

📍 경기 안성시 공도읍 대신두길 28
☎ 031-8053-7979
🌐 www.nhasfarmland.com
🕐 10:00~18:00
₩ 성인 10,000원 청소년 및 어린이 8,000원(36개월 미만 무료)

 ### 안성맞춤박물관

일상에서 매우 잘 맞는다는 의미로 자주 사용하는 '안성맞춤'은 안성에서 제작되는 유기의 뛰어난 기술력과 예술성을 뜻하는 단어다. 안성맞춤박물관은 이 같은 안성 유기의 역사와 특징, 상세한 제작과정은 물론 제기와 반상기 등 다양한 유기를 전시한 공간이다. 더불어 농업역사실과 향토사료실이 자리해 안성의 과거와 현재, 농업과 생활문화를 함께 살펴볼 수도 있다.

📍 경기 안성시 대덕면 서동대로 4726-15
☎ 031-676-4352
🌐 www.anseong.go.kr/position/museum
🕐 09:00~18:00(월요일 휴관)
₩ 무료

서울에서 자동차로 한 시간여 거리인 경기도 안성은 짧은 이동시간에도 깨끗한 자연환경과 다양한 볼거리를 챙길 수 있어 가족 여행지로 추천할 만하다. 그림 같은 초원과 동물친구들, 갖가지 체험이 가득한 안성팜랜드를 시작으로 안성맞춤박물관, 영화 〈왕의 남자〉의 모티프가 되었던 남사당공연장까지 오감을 만족시킬 여행지들이 이어진다.

### 안성맞춤랜드

남사당공연장을 중심으로 천문과학관과 공예문화센터, 캠핑장 등이 자리한 시민공원이다. 공연장에선 매 주말마다 상설공연이 이뤄져 신명나는 풍물과 줄타기, 인형극 등을 관람할 수 있다. 우주의 신비를 생생하게 체험할 수 있는 천문과학관과 '안성맞춤'의 정신을 이어받은 공예센터, 사계절 썰매를 즐길 수 있는 썰매장 등이 있다.

- 경기 안성시 보개면 남사당로 196-31
- 031-678-2672
- asmcland.or.kr
- 남사당공연장 토요일 16:00 일요일 14:00
  상설공연 천문과학관 14:00~21:50
- 남사당공연장 성인 10,000원 청소년 5,000원 어린이 2,000원(미취학아동 무료)
  천문과학관 성인 4,000원 청소년 및 어린이 2,000원(만 4세 미만 무료)

### 서일농원

직접 담근 된장과 청국장 등 건강한 먹거리를 맛나볼 수 있는 전통식당이다. 어머니의 오랜 손맛을 담은 건강밥상에는 구수한 된장찌개와 청국장찌개는 물론 반년 동안 숙성시킨 쌈장과 싱싱한 제철 채소, 다양한 장아찌들을 담아낸다. 농원 한편에는 장이 익어가는 수천 개의 옹기들이 이색적인 풍경을 연출하고 한여름에는 소담스런 연꽃도 가득 피어 산책을 즐기기에도 좋다.

- 경기 안성시 일죽면 금일로 332-17
- 031-673-3171
- www.seoilfarm.com
- 08:30~20:30(1월 1일 및 설날·추석 연휴 휴무)

❶ 안성팜랜드　　❷ 안성맞춤박물관

❸ 안성맞춤랜드　　❹ 서일농원

한경대
안성시청
안성종합버스터미널
평택제천고속도로
중앙대안성캠퍼스

 엄마의 여행팁

◉ 안성팜랜드는 초원의 규모가 상당하니 트랙터마차를 타고 한 번 돌아본 후 걸어보길 추천해요. 트랙터마차 탑승권이 포함된 통합권 금액은 성인 13,000원, 청소년 및 어린이 10,000원이에요.

◉ 안성팜랜드는 피크닉사이트가 따로 있어 도시락 이용이 가능하며 대규모 식당가도 있어요.

◉ 안성맞춤랜드에 자리한 남사당공연장의 주말 상설공연은 홈페이지를 통한 사전예약제로 운영되니 미리 예매하세요.

◉ 안성맞춤랜드 천문과학관은 시간대별로 관측프로그램이 운영되고 있어 홈페이지를 통해 미리 예약을 해두어야 편리하게 이용할 수 있습니다.

**여기도 좋아요!**

📍 경기 안성시 죽산면 칠장로 399-18
☎ 031-673-0776
♣ www.chiljangsa.org

### 칠장사
홍명희의 역사소설《임꺽정》의 배경이 되었던 사찰이자 궁예가 유년기를 보냈던 곳으로 유명하다. 특히 어사 박문수가 이곳에서 기도를 드리고 장원급제를 했다는 이야기가 전해져 지금도 수험생 자녀를 둔 부모들이 많이 찾아온다.

### 풍산개마을
수십 마리의 풍산개들이 자연과 어우러져 뛰어노는 곳으로 늠름한 풍산개와 귀여운 강아지들을 만날 수 있어 아이들이 좋아한다. 멋스런 메타세콰이어 가로수길과 정겨운 시골 풍경도 함께 즐길 수 있다.

📍 경기 안성시 삼죽면 계곡길 89
☎ 031-672-4348

충남
태안

공룡들의 시대로 떠나는 이색 체험
# 안면도쥬라기박물관

**HERE!** 공룡은 지구상에서 이미 사라진 존재임에도 여전히 수많은 영화와 만화에 등장할 만큼 상상력과 호기심을 자극하는 동물이다. 우리들 역시 아기공룡 '둘리'를 보며 자랐고 아이들은 뽀로로의 말썽꾸러기 친구 '크롱' 덕분에 공룡이 더없이 친근하고 정겹다. 태안에 자리한 안면도쥬라기박물관은 이 같은 공룡친구들을 실제로 만나보고 영화 속 주인공처럼 공룡의 흔적을 찾아다니는 고생물학자가 되어볼 수도 있다.

찾아가는 길
서울남부터미널에서 태안터미널행 버스를 타고 2시간 20분 아기공룡 둘리의 모델이 되었던 티라노사우르스 외에는 이름을 외우는 공룡이 거의 없는 나인데 아이는 프테라노돈, 트리케라톱스, 아파토사우르스 등 낯설고 어려운 공룡 이름을 줄줄 외운다. '아이들의 대통령'으로 불리는 뽀로로보다 공룡친구 크롱을 더 좋아했고, 공룡기차를 타고 다양한 공룡들을 만나러 떠나는 내용의 애니메이션 〈아기공룡 버디〉에 빠져 종류별로 공룡 장난감을 모으기도 했다.

조금 유별난가 싶어 남자아이를 키우는 선배엄마들에게 물어보니 남자아이들 대부분이 자동차에서 로봇, 그리고 공룡으로 자연스레 관심사가 이동한다고 한다. 특히 공룡은 아이로 하여금 지구와 생물, 생태계에 대한 이해의 폭을 넓혀줄 수 있는 주제인 만큼 오히려 다양한 정보와 체험을 도와주라는 것이 선배엄마들의 조언이었다. 마침 태안으로 가족여행을 계획하던 중에 안면도쥬라기박물관은 아이를 위한 주요한 목적지가 되었다.

아름다운 자연과 다양한 먹거리 덕분에 가족 여행지로 큰 인기를 누리고 있는 안면도에 자리한 쥬라기박물관은 중생대의 다양한 공룡과 파충류, 그리고 인류의 진화 과정을 한자리에서 살펴볼 수 있다. 특히 미국에서 발견된 진품 아파토사우르스의 골격과 아르헨티나의 글렌 로커 박사가 세계 최초로 발견한 티라노사우루스의 알, 그리고 영국의 켄달 마틴 박사가 발견한 진품 스피노사우루스 골격 등 국내에서는 한 번도 선보인 적 없는 진품 공룡화석들을 만나볼 수 있어 더욱 그 의미가 크다.

알차게 돌아보는 하루 여행

야외공원에는 직접 안으로 들어가볼 수도 있는 실물모형의 공룡이 자리해 아이들이 보다 친근하고 재미있게 관람할 수 있다. 아이들을 위한 체험프로그램도 다양하게 운영되고 있는데, 고생물학자가 되어 모래더미 속에 숨은 공룡 오비랍토르의 흔적을 발굴하거나 삼엽충과 공룡알 등 다양한 진본 화석도 직접 만져볼 수 있다. 아이는 아빠와 함께 제법 진지한 표정으로 화석을 발굴하는가 하면 발굴체험 중 찾은 중생대 마다가스카르의 진본 암모나이트를 선물로 받자 마치 세상을 모두 얻은 것처럼 기뻐했다. 체험교실을 마치면 공룡이 그려진 수료증도 받을 수 있다. 지금도 아이방 한편에는 안면도쥬라기박물관에서 받은 수료증이 자랑스럽게 전시돼 있는데, 아이는 친구들이 놀러 올 때마다 이것을 보여주며 "내가 직접 공룡화석을 찾아서 받은 거야"라며 뿌듯한 표정으로 여행을 추억한다.

## 태안
# 하루코스

### 1. 천리포수목원

우리나라 최초의 민간수목원으로 '푸른 눈의 한국인' 민병갈(Carl Ferris Miller)이 오랜 세월 홀로 나무를 심고 가꾼 특별한 공간이다. 우리나라에서 가장 많은 식물종을 보유하고 있어 오랜 기간 연구 목적으로만 개방되었지만, 자연과 환경의 중요성을 일깨우기 위해 지난 2009년, 40년 동안 닫혀 있었던 비밀의 정원이 공개되었다. 아시아 최초로 '세계의 아름다운 수목원'으로 선정되었을 만큼 빼어난 풍광을 자랑해 아이들과 쉬어가기 좋다.

- 충남 태안군 소원면 천리포1길 187
- ☎ 041-672-9982
- www.chollipo.org
- 09:00~18:00
  7월 18일~8월 16일
  09:00~20:00
  11월~3월 09:00~17:00
- ₩ 성인 9,000원
  청소년 5,000원
  어린이 4,000원
  12월~3월 성인 6,000원
  청소년 4,000원
  어린이 3,000원

### 2. 화해당

태안을 대표하는 간장게장 맛집 중 하나로 다수의 방송프로그램에도 소개돼 늘 손님들로 북적인다. 태안 앞바다에서 잡아올린 싱싱한 암게만을 사용해 탱글탱글한 속살에 간장과 해송소금, 육쪽마늘만으로 맛을 낸 양념도 맛깔스럽다. 주말에는 오후 3~4시쯤 간장게장이 모두 소진되기 때문에 가능한 한 일찍 방문하는 것이 좋다.

- 충남 태안군 근흥면 근흥로 901-8
- ☎ 041-675-4443
- www.hwahaedang.com
- 09:30~20:30(2·4번째 월요일 휴무)
- ₩ 찰돌솥 간장게장 정식 28,000원

서해를 대표하는 여행지 중 하나인 충남 태안은 아이들이 좋아하는 바다는 물론, 실제 크기의 공룡을 만나볼 수 있는 쥬라기박물관과 사계절 언제 찾아도 아름다운 천리포수목원 등 볼거리가 풍성하다. 가족 여행지로 인기가 높다보니 수륙양용 ATV인 아르고와 카트체험장 등 색다른 즐길거리도 가득하다.

### 3 안면도쥬라기박물관

전 세계 공룡 관련 전시회와 발굴 현장을 직접 돌아보며 수집한 수천여 점의 화석들을 전시한 공간이다. 전시실 곳곳에 공룡에 대한 재미있는 퀴즈를 맞춰볼 수 있는 공간이 있으며 아이들의 호기심을 충족시킬 수 있는 다양한 체험프로그램도 인상적이다.

📍 충남 태안군 남면 곰섬로 37-20
☎ 041-674-5660
♣ www.anmyondojurassic.com
🕘 09:30~18:00
　11월~2월 10:00~17:30(월요일 및 설날·추석 당일 휴관)
₩ 성인 10,000원 청소년 8,000원 어린이 4,000원

### 4 아르고체험장

안면도쥬라기박물관 바로 옆에 자리한 아르고체험장으로, 아르고는 수륙양용 ATV를 일컫는다. 언뜻 오픈형 자동차처럼 생겼지만 6개의 특수바퀴가 험난한 산길을 신나게 달리다 물웅덩이를 만나면 튜브 역할을 해줘 물속에서도 이동이 가능하다. 온가족이 함께 다이내믹한 레포츠로 즐기기 좋고 아빠들도 색다른 체험이라 무척 좋아한다.

📍 충남 태안군 남면 곰섬로 37-20
☎ 010-8883-8489
🕘 10:00~18:00
₩ 4인승 40,000원

### 5 꽃지해변

우리나라에서 가장 아름다운 일몰 명소 중 하나로 꼽히는 태안의 꽃지해변은 경사가 완만하고 수온이 적당해 아이들과 함께 해수욕을 즐기기에 그만이다. 모래도 부드러운 편이라 아이들이 모래놀이를 하거나 맨발로 뛰어다녀도 걱정이 없다. 겨울에는 노을이 질 무렵에 찾으면 할미할아비바위 사이로 해가 떨어지는 절경을 감상할 수도 있다.

📍 충남 태안군 안면읍 승언리

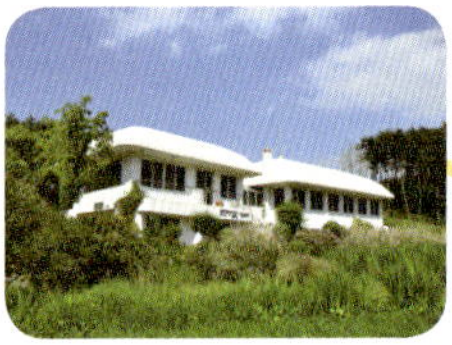

❶ 천리포수목원 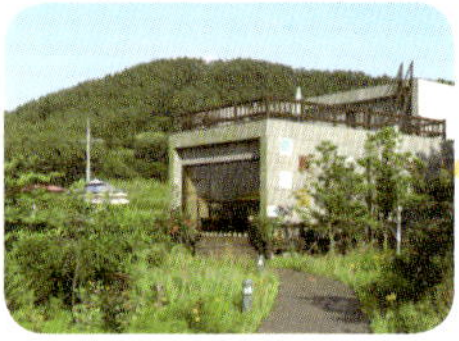 → ❷ 화해당 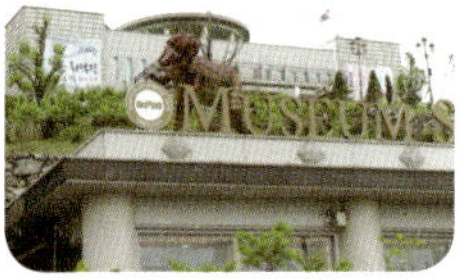 → ❸ 안면도쥬라기박물관 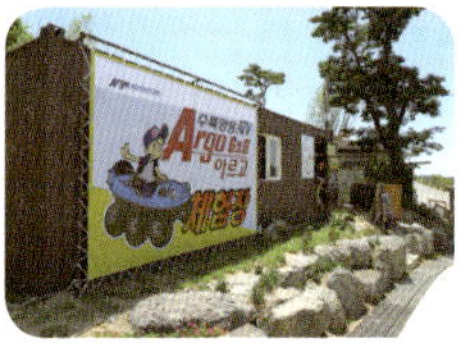
↓
❹ 아르고체험장 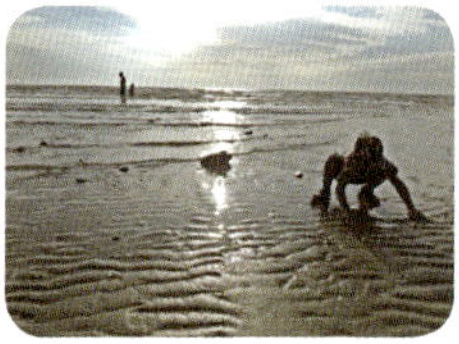
↓
❺ 꽃지해변

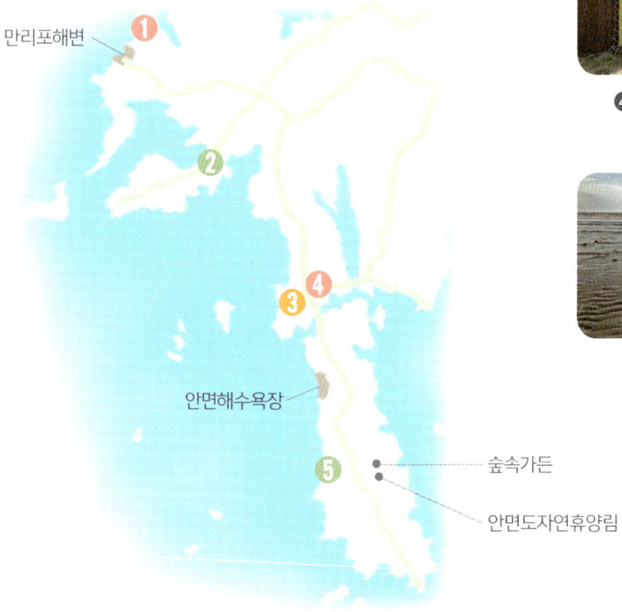

만리포해변
안면해수욕장
숲속가든
안면도자연휴양림

- 안면도쥬라기박물관 입장권과 미디어체험관 입장권을 동시에 구매하면 20%의 할인혜택을 받을 수 있어요.
- 꽃지해변을 찾을 때는 계절에 따라 선크림과 갈아입을 수영복, 수건 등을 꼭 챙기세요.

**여기도 좋아요!**

### 팜카밀레

12,000평 규모의 허브농원으로 캐모마일과 라벤더 등 다양한 종류의 허브가든에서 아름다운 풍경은 물론 상쾌한 향기까지 즐길 수 있다. 직접 키운 허브로 만든 허브빵과 식사도 맛볼 수 있어 그야말로 오감을 만족시킨다.

📍 충남 태안군 남면 우운길 56-19
☎ 041-675-3636  🌐 www.kamille.co.kr
🕘 09:00~18:00 5월~11월 09:00~18:30
₩ 성인 6,000원 어린이 3,000원 유아 2,000원 5월~11월 성인 8,000원 어린이 4,000원 유아 3,000원(만 3세 미만 무료)

### 안면도자연휴양림

국내 유일의 소나무 천연림을 만날 수 있는 곳으로 수령 100년 내외의 쭉쭉 뻗은 소나무가 울창하게 자라고 있어 들어서는 순간 공기부터 맑고 상쾌하다. 걷기 좋은 산책로와 아름다운 정원도 잘 가꿔져 있어 아이들과 함께 들르기 좋다.

📍 충남 태안군 안면읍 안면대로 3195-6
☎ 041-674-5019  🌐 www.anmyonhuyang.go.kr
🕘 09:00~18:00 11월~2월 09:00~17:00
₩ 성인 1,000원 청소년 800원 어린이 400원(미취학아동 무료)

### 숲속가든

안면도자연휴양림 근처에 자리한 게국지 전문점으로, 게국지는 게를 손질하여 겉절이와 함께 끓여내는 충남의 향토음식이다. 얼큰한 김치국물에 게 특유의 시원한 끝맛이 어우러져 여행자들이 즐겨 찾는 메뉴다.

📍 충남 태안군 안면읍 안면대로 3061  ☎ 041-673-4465
🕘 08:00~20:00  ₩ 게국지(소) 40,000원

충북
청주

### 대통령별장에서 즐기는 여유로운 산책
# 청남대

**HERE!** '남쪽에 있는 청와대'란 의미의 청남대는 대통령 전용으로 사용되었던 별장으로, 아름다운 대청호가 발아래 펼쳐지고 사방으로 월출봉과 옥새봉 등 오붓한 산자락에 둘러싸여 천하의 명당으로 꼽힌다. 역대 대통령들이 나랏일로 지친 몸과 마음을 쉬어가던 특별한 공간에서 아이와 함께 여유로운 산책을 즐겨보면 어떨까? 어쩌면 아이도 드넓은 호수와 정원을 닮은 커다란 꿈을 꾸게 될지도 모를 일이다.

찾아가는 길
동서울터미널에서 청주터미널행 버스를 타고 1시간 40분

초등학교 시절 장래희망을 발표하는 시간이면 친구들 중 서너 명은 꼭 대통령을 꼽았다. 지금 생각해보면 터무니없는 꿈이었지만 실현 가능성보다는 그 크기가 중요했던 시절이었다. 그런데 요즘은 대통령이 꿈이라는 아이를 찾아보기 힘들뿐 아니라 초등학생들의 장래희망 1순위가 아이돌스타라는 씁쓸한 신문기사도 쏟아진다. 태어날 때부터 '금수저'와 '흙수저'로 나뉘어 대학교와 고등학교뿐 아니라 초등학교와 유치원까지 학연으로 묶이는 요즘이니, 그 사이의 간극을 뛰어넘을 수 있는 건 어쩌면 아이돌스타뿐일지도 모르겠다. 언젠가 선배 하나가 초등학생 아이에게 나중에 커서 대통령이 되는 건 어떻겠냐고 묻자 아이가 얼른 고개를 가로저으며 내뱉었다는 말이 쓰라리다.

"맨날 욕먹는 직업을 왜 나보고 하래?"

대청호 자락에 호젓하게 들어앉은 청남대는 20년 동안 여섯 명의 역대 대통령이 휴가를 즐겼던 전용별장이다. 모두가 함께 누려야 할 아름다운 자연을 몇 명의 권력자가 독점했다는 점에서 그 시작은 다소 괘씸하지만, 지난 2003년 개방돼 지금은 누구나 산책과 휴식을 즐길 수 있는 공간으로 다시 태어났으니 다행스럽고 또 반갑다. 대통령의 전용별장이었던 만큼 청남대 곳곳에는 역대 대통령의 흔적들이 고스란히 남아 있는데 김영삼 대통령이 즐겨 찾았던 그늘집과 김대중 대통령이 사색을 즐겼던 초가정, 노무현 대통령이 청남대를 처음으로 개방하며 시민들과 축제를 벌였던 헬기장 등이 색다른 볼거리가 된다. 아예 대통령의 이름을 딴 13.5km의 산책로를 개발해 숲길체험프로그램도 운영한다.

　대통령들이 직접 사용하던 옷과 이불 등 베일에 둘러싸인 대통령의 일상을 엿볼 수 있는 대통령기념관과 역대 대통령들의 모습을 청동상으로 제작해 전시한 대통령광장도 관람객들에게 인기가 좋다. 특히 대통령광장 한편에는 '미래의 대통령'이란 이름이 붙은 단상이 자리해 많은 부모들이 아이들의 기념사진을 찍느라 바쁘다. 나도 슬쩍 그 무리에 끼어 아이를 단상에 세우고 사진을 찍는데 어쩐지 마음이 무겁다. 앞으로 아이가 어떤 꿈을 꾸고 어떤 꿈을 이뤄나갈지는 모를 일이지만, 그 미래에는 대통령이 누구나 꿈꾸고 또 누구에게나 존경받는 자리였으면 싶다.

## 청주
# 하루코스

### 1 청남대

전두환 대통령 때 세워진 전용별장으로 이후 여섯 명의 대통령이 휴가차 들러서 정무를 구상하거나 명상을 즐기던 공간이다. 보안상의 이유로 일반인의 접근이 어려웠지만 노무현 대통령 때 전격 개방해 시민들을 위한 휴식공간으로 다시 태어났다. 휴가 동안 대통령들이 산책을 즐기던 숲길과 휴양시설에서 입었던 옷과 신발, 식기 등이 모두 고스란히 전시돼 색다른 볼거리가 된다.

📍 충북 청주시 상당구 문의면 청남대길 646
☎ 043-220-6412
🔗 chnam.cb21.net
🕘 09:00~18:00 12월~1월 09:00~17:00(월요일, 1월 1일 및 설날·추석 당일 휴관)
₩ 성인 5,000원 청소년 4,000원 어린이 3,000원 (7세 미만 무료)

### 2 수암골

청주를 대표하는 여행지 중 하나인 수암골은 한국전쟁 직후 피난민들이 정착하면서 형성된 달동네로 골목마다 정겨운 벽화와 소박한 삶의 풍경이 반갑게 맞아준다. 청주 시내가 한눈에 들어오는 언덕에 자리해 전망대에 오르면 탁 트인 풍광을 즐길 수 있으며 곳곳에 자리잡은 젊은 예술가들의 작품도 만나볼 수 있다. 최근엔 수암골 주변으로 대형 카페와 갤러리가 들어서 볼거리를 더한다.

📍 충북 청주시 상당구 수동 1
☎ 043-200-2231

대중교통으로 여행하기에도 편리한 도시 중 하나인 충북 청주는 대통령의 별장으로 잘 알려진 청남대를 시작으로 수많은 드라마의 촬영지로 인기를 얻은 수암골, 세계에서 가장 오래된 금속활자본이자 유네스코 세계문화유산에도 등재된 《직지》의 흔적을 만날 수 있는 고인쇄박물관 등 풍성한 볼거리를 자랑한다.

### 영광이네

수암골 내에 자리한 국수전문점으로 진한 국물이 인상적인 멸치국수와 60년 전통을 자랑하는 서문국수가 대표 메뉴다. 재미있게도 빵집을 겸하고 있어 국수에 곁들이는 달달한 단팥빵과 고소한 크로켓의 궁합이 인상적이다. 영광이네란 이름은 드라마 〈영광의 재인〉의 촬영장소로 사용되면서 바뀐 이름으로 지금껏 드라마 속 풍경을 그대로 간직하고 있다. 창밖으로는 청주 시내가 한눈에 들어와 전망도 뛰어나다.

📍 충북 청주시 상당구 수암로56번길 1
☎ 043-224-2332
🕘 11:00~21:00(1월 1일 및 설날·추석 당일 휴무)
₩ 서문우동 5,500원

### 고인쇄박물관

현존하는 세계에서 가장 오래된 금속활자본이자 유네스코가 지정한 세계문화유산이기도 한 〈직지〉의 역사적, 문화적 가치를 되돌아볼 수 있는 공간이다. 1377년 청주 흥덕사에서 간행된 〈직지〉는 독일 구텐베르크의 금속활자본보다 78년이나 앞선 세계 최고의 금속활자본으로, 이곳 박물관에서는 그 제작 과정은 물론 다양한 체험프로그램을 통해 우리 민족의 뛰어난 인쇄술을 경험하도록 한다.

📍 충북 청주시 흥덕구 직지대로 713
☎ 043-201-4266
🌐 jikjiworld.cheongju.go.kr
🕘 09:00~18:00(월요일 휴관)
₩ 무료

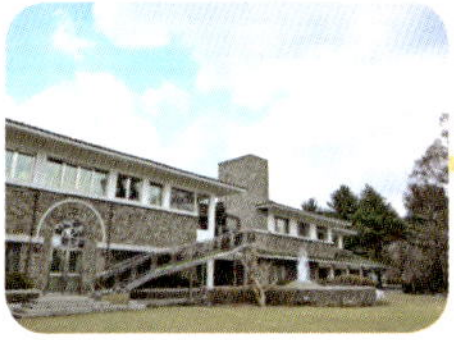

❶ 청남대 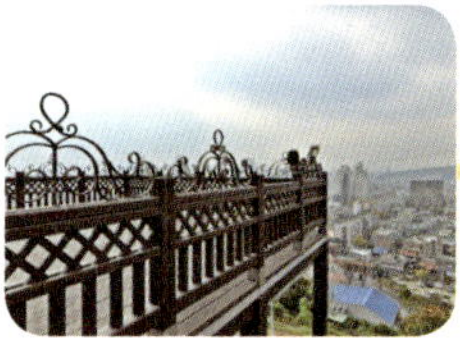　　❷ 수암골 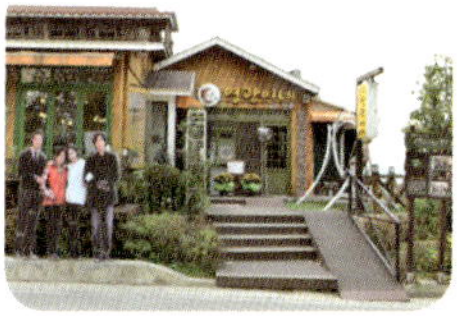　　❸ 영광이네

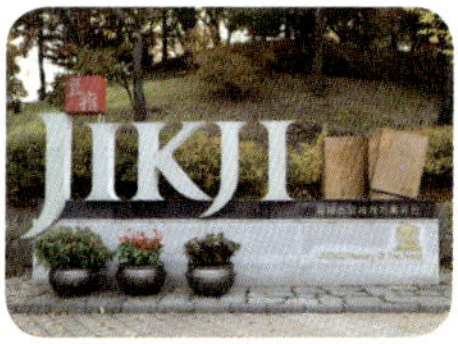

❹ 고인쇄박물관

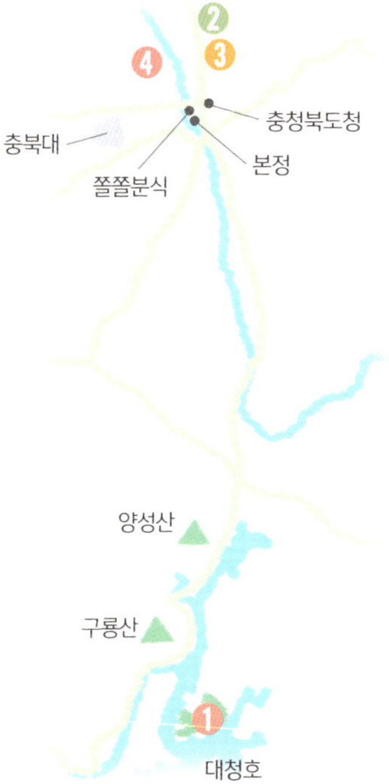

충북대　충청북도청
쫄쫄분식　본정

양성산
구룡산
대청호

- 청남대는 자동차를 이용할 경우 미리 홈페이지를 통해 예약한 경우에만 출입이 가능해요. 미리 예약하지 않은 경우 주차장 이용이 불가해 전용버스를 타고 입장할 수 있으며 왕복요금(성인 3,200원 청소년 2,600원 어린이 1,600원)을 지불해야 합니다.
- 청남대는 산책로가 길고 걷는 구간이 많아서 편한 신발과 선크림, 모자 등을 챙기는 것이 좋습니다. 아이가 어릴 경우 유모차 대여가 가능합니다.

**여기도 좋아요!**

### 본정

청주를 대표하는 초콜릿전문점으로 매장에서 직접 만드는 수제 초콜릿과 이를 활용한 다양한 케이크와 디저트류가 인기다. 카카오 본연의 깊고 진한 맛을 느낄 수 있는 초콜릿은 단맛이 적어 아이들이 먹기에도 좋고, 인삼을 넣어 깔끔한 맛이 인상적인 인삼초콜릿과 홍삼절편을 넣어 씹는 맛이 독특한 홍삼초콜릿 등 다른 곳에서 맛볼 수 없는 이색 먹거리 덕분에 어른들도 좋아한다.

📍 충북 청주시 상당구 성안로 23-1
☎ 043-252-8653  🔗 www.bonjung.com
🕘 09:30~22:30

### 쫄쫄호떡

TV프로그램에도 여러 번 소개되었을 만큼 청주의 명물로 통한다. 즉석에서 구워내는 두툼한 호떡이 대표 메뉴인데, 이름 그대로 쫄깃쫄깃한 식감과 달짝지근한 속이 입맛을 돋운다. 실내에선 떡볶이와 비빔밥 등도 팔고 있어 가볍게 배를 채우기에도 좋다.

📍 충북 청주시 상당구 상당로55번길 40-1
☎ 043-221-2208  🕘 11:00~21:00
₩ 쫄쫄호떡 1,000원

◇ 세종 ◇

### 아기 곰들과 친구가 될 수 있는 특별한 공원
# 베어트리파크

HERE!

순진한 눈매와 어린아이처럼 귀여운 몸동작 때문에 동화나 동요에도 자주 등장하는 곰은 어린이들에게 무척 친숙한 동물이다. 세종시에 자리한 베어트리파크는 이름 그대로 아름다운 자연을 배경으로 수백 마리의 반달곰들이 한가로이 노니는 동물원이자 오래된 향나무가 지키고 선 수목원이기도 하다. 이들 속에서 마음껏 뛰어놀며 곰과 소통하고 자연과 교감할 수 있는 베어트리파크엔 곰과 나무를 사랑하는 한 남자의 꿈이 담겨 있다.

찾아가는 길
용산역에서 전의역까지 기차를 타고 1시간 20분

베어트리파크를 처음 알게 된 것은 한 드라마의 인상적인 장면 때문이다. 대한민국에 황실이 존재한다는 설정으로 시작된 로맨틱 판타지 드라마〈마이 프린세스〉에서 웅장하고 화려한 궁궐로 등장했던 곳이 바로 베어트리파크의 웰컴하우스다. 또 베어트리파크 곳곳이 황실의 정원으로 모습을 종종 드러냈는데, 비록 컴퓨터그래픽이 일부 사용되기는 했으나 그 우아한 아름다움에 저곳은 어디일까 호기심이 생겼다. 그런데 우연히 이곳이 한 대기업 경영인의 개인정원이었다는 이야기를 듣게 되자 베어트리파크가 더욱 궁금해졌다.

재계의 손꼽히는 경영인 중 하나인 이재연 회장은 젊은 시절 양란 몇 촉을 구입해 키우기 시작한 것이 취미로 굳어져 아무리 바빠도 일주일에 하루는 꼭 손에 흙을 묻히며 수목을 키우고 다듬었다고 한다. 그러던 중 지인으로부터 선물 받은 반달곰 한 쌍이 너무 예뻐 아예 녀석들이 마음껏 뛰어놀 수 있는 정원을 꾸몄다. 그렇게 곰과 나무가 자연스레 어우러진 개인정원은 50년 가까운 세월이 흐르면서 40만 점의 꽃과 나무가 우거지고 반달곰 한 쌍은 어느새 수백 마리의 군락을 이뤘다. 이 아름다운 비밀의 정원은 2009년 일반인들에게 공개되어 지금은 누구나 찾을 수 있는 특별한 공원이 되었다.

베어트리파크에 들어서면 천여 마리의 색색 비단잉어들이 유영을 즐기는 오색연못이 가장 먼저 반겨준다. 연못 너머 드라마에 등장했던 이국적인 건축물인 웰컴하우스가 눈길을 잡아끌고, 그 뒤편으로는 유럽의 어느 정원을 떠올리게 하는 아름다운 수목과 꽃들이 발길을

알차게 돌아보는 하루 여행

멈추게 한다.

아이의 성화에 서둘러 찾아간 반달곰동산에선 수십 마리의 반달곰들이 관람객들이 던져주는 먹이를 받아먹으며 재롱을 부린다. 아이는 그 모습이 신기하고 귀여운지 한참을 자리를 뜨지 못한다. 아기 반달곰과 꽃사슴이 살고 있는 애완동물원을 거쳐 전망대에 오르니 10만 평 규모의 베어트리파크 전경이 한눈에 들어온다. 푸른 하늘 아래 눈에 들어오는 것이라곤 온통 초록빛 정원뿐이라 눈과 마음이 절로 맑아지는 기분이다. 초여름의 따뜻한 햇살을 받고 피어난 수련도 구경하고 향긋한 바람이 불어오는 향나무동산을 돌아 나오니 아이는 영 집으로 돌아가고 싶지 않은 눈치다. 괜히 이런저런 사진을 찍어달라며 발길을 붙잡더니 결국 핑계를 댄다는 것이 반달곰이다.

"아, 맞다! 아까 낮잠 자는 곰들한테 먹이를 못 줬는데 이제 일어났는지 가볼까, 엄마?"

## 세종
### 하루코스

국토의 균형발전을 위한 행정도시로 조성된 세종은 전국 어디에서나 2시간 내외로 접근이 가능하다. 세종시 북쪽에 자리한 베어트리파크와 시골마을인 외암리, 그리고 충무공 이순신의 숨결을 느낄 수 있는 현충사까지 하루 동안 알차게 둘러볼 수 있다.

### 1 베어트리파크

수십만 그루의 나무와 꽃, 아름다운 비단잉어와 꽃사슴, 천연기념물인 반달곰 가족이 무리를 이루며 살고 있는 공원이다. 수령 100년이 넘는 오래된 향나무와 하늘 높이 우뚝 솟은 이팝나무, 계절마다 피고 지는 수많은 야생화들이 여유로운 산책길을 만들어주고 사람처럼 두 발로 서서 먹이를 받아먹는 반달곰의 재롱에 절로 미소를 짓게 된다.

📍 세종시 전의면 신송로 217
☎ 044-866-7766
🌐 beartreepark.com
🕘 09:00~18:30
   10월~3월 09:00~18:00
₩ 성인 13,000원
   청소년 및 어린이 8,000원(만 3세 미만 무료)

### 2 외암민속마을

정겨운 시골 풍경을 고스란히 간직하고 있는 민속마을로 멋스런 고택과 소박한 초가, 손때 묻은 돌담이 한데 어우러져 마치 옛 시간을 거슬러 여행하는 기분마저 든다. 계절마다 모내기와 옥수수 따기, 고구마 캐기, 썰매타기 등 도시에서는 접하기 어려운 체험프로그램도 운영하고 있어 아이들에게 색다른 추억을 만들어줄 수 있다.

📍 충남 아산시 송악면 외암민속길 5
☎ 041-544-8290
🌐 www.oeammaul.co.kr
🕘 09:00~17:30
   동절기 9:00~17:00
₩ 성인 2,000원
   청소년 및 어린이 1,000원(7세 이하 무료)

### 3 현충사

아이들에게 가장 친근한 역사적 인물 중 한 명이 충무공 이순신이 아닐까 싶은데, 아산에 자리한 현충사는 이순신 장군을 모신 사당이자 청년 시절 충무공이 무예를 연마하던 곳이기도 하다. 이곳에 마련된 전시관에선 한산대첩 등 장군이 이끌었던 조선수군의 활약상을 살펴볼 수 있으며 현대인들에게도 큰 가르침을 남긴 《난중일기》가 전시돼 있다.

📍 충남 아산시 염치읍 백암리 100
☎ 041-539-4600
🌐 hcs.cha.go.kr
🕘 09:00~18:00
   11월~2월 09:00~17:00(월요일 휴관)
₩ 무료

❶ 세종베어트리파크    ❷ 외암민속마을    ❸ 현충사

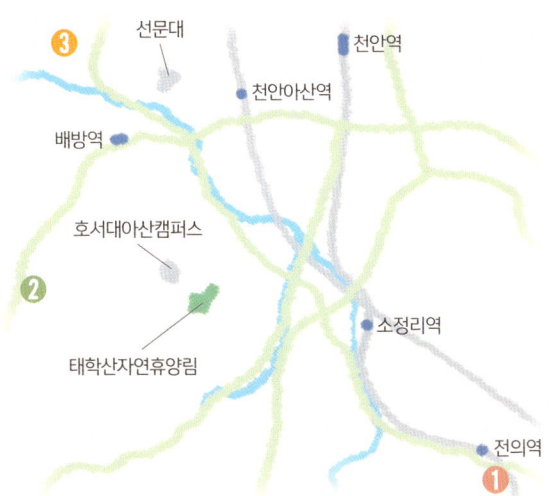

### 엄마의 여행팁

- 베어트리파크 내에는 이탈리안 레스토랑을 비롯해 돈가스와 나물비빔밥 등을 판매하는 식당과 카페가 있어요. 이유식을 제외한 도시락은 반입이 불가하니 식사는 이곳을 이용하세요.
- 베어트리파크는 규모가 상당해 걷기 편한 신발과 선크림, 모자 등을 준비하세요. 입구에서 유모차를 유료로 대여할 수 있습니다.
- 베어트리파크에서는 어린이날이나 여름방학 등 시즌에 따라 다양한 행사와 체험프로그램을 운영하고 있으니 홈페이지를 통해 관련 정보를 확인하세요.
- 외암민속마을은 일반인들을 대상으로 민박체험도 운영하고 있어요. 정겨운 시골에서 하룻밤 쉬어가는 것도 좋아요.
- 현충사에 들르기 전에 아이와 함께 충무공 이순신에 대한 동화나 만화를 함께 읽어본다면 보다 알찬 여행을 즐길 수 있어요.

## 여기도 좋아요!

### 국립세종도서관
세종시에 세워진 국립도서관으로 마치 책을 펼쳐놓은 것 같은 건물 모양부터 눈길을 끈다. 도서관 1층에 어린이자료실을 따로 운영하고 있어 아이와 함께 편하게 이용할 수 있고 동화구연 등 다양한 프로그램도 있다.

📍 세종시 다솜3로 48 ☎ 044-900-9114
🌐 sejong.nl.go.kr ⏰ 어린이자료실 09:00~18:00(2·4번째 월요일 휴관)

### 공산성
백제의 도성이 자리했던 곳으로 성벽을 따라 걷다 보면 발아래 금강의 물줄기가 펼쳐지고 아기자기한 공주 시내 풍경이 한눈에 들어온다. 하절기에는 매주 토요일과 일요일에 수문병교대식이 이뤄져 색다른 볼거리를 만날 수 있다.

📍 충남 공주시 웅진로 280 ☎ 041-840-2266
⏰ 09:00~18:00 ₩ 성인 1,200원 청소년 800원 어린이 600원

### 국립공주박물관

무령왕릉에서 출토된 왕과 왕비의 유물들이 전시된 공간으로 백제미술의 정교함과 우아함을 상징하는 국보 제128호 금동관음보살입상을 소장하고 있어 꼭 한번 들러볼 만하다. 아이들과 함께 참여할 수 있는 다양한 체험 프로그램도 운영한다.

📍 충남 공주시 관광단지길 34  ☎ 041-850-6300
🌐 gongju.museum.go.kr  🕘 09:00~18:00 주말 및 공휴일 09:00~19:00(월요일, 1월 1일 휴관)  ₩ 무료

### 송산리 고분군

백제의 왕과 왕족들이 묻힌 무덤으로 유일하게 도굴꾼들의 손을 피한 무령왕릉이 자리하고 있어 역사적 가치가 더욱 높다. 백제역사유적지구로 공산성과 함께 유네스코 세계문화유산에 등재되었다.

📍 충청남도 공주시 왕릉로 37  ☎ 041-856-0331
🕘 09:00~18:00  ₩ 성인 1,500원 청소년 1,000원 어린이 700원

◇ 경북 봉화 ◇

백호열차 타고 백두대간을 달려요
# 백두대간협곡열차 V-train

HERE!
오늘도 거실 한가득 기차 레일을 깔아놓은 아이는 입으로 칙칙폭폭, 증기 소리까지 흉내 내며 논다. 아이들이라면 누구나 좋아하는 기차를 조금 더 특별하게 만날 수 있는 방법, 바로 '아기 백호'란 귀여운 애칭을 가진 브이트레인(V-train)이다. 백두산부터 지리산까지 이어지는 한반도의 등줄기를 따라 달리며 백두대간의 아찔한 협곡과 평화로운 산골 풍경을 즐길 수 있어 색다른 기차 여행을 만끽할 수 있다.

찾아가는 길
서울역에서 오트레인(O-train)을 타고 5시간

브이트레인은 경북 봉화의 분천역을 출발해 강원도 태백의 철암역까지 달리는 관광열차로 협곡을 뜻하는 Vally에서 앞 글자를 따 이름을 붙였다. 영동선의 가장 오지에 해당하는 이 구간은 그만큼 때 묻지 않은 자연의 아름다운 풍광과 협곡 사이로 불어오는 맑고 청량한 바람을 맞을 수 있는 귀한 노선이다. 브이트레인의 기관차는 백두대간의 이미지와도 잘 어울리는 백호 무늬로 꾸며져 있고, 빈티지한 분홍색을 칠한 객차는 우리나라에서 유일하게 오픈형으로 만들어졌다. 덕분에 창문을 열고 깊은 산골의 깨끗한 공기를 마음껏 들이마실 수 있다. 브이트레인의 승무원들은 마치 사파리의 탐험가들과 같은 유니폼을 입고 있어 아이들이 무척 좋아한다.

브이트레인의 출발역인 분천역은 1950년대부터 기차가 다녔을 만큼 꽤 오랜 역사를 지니고 있다. 과거 이곳은 울창한 숲 때문에 벌목 사업이 활발해 늘 사람들로 북적였지만, 세월이 흘러 하루 평균 이용객이 10명도 채 되지 않는 작은 간이역으로 바뀌었다. 그런데 브이트레인의 등장과 함께 지금은 새로운 전성기를 맞고 있다. 아담한 역사는 산타마을로 변신해 1년 내내 크리스마스의 분위기를 즐길 수 있는 특별한 공간으로 사랑받고 있다. 브이트레인의 상징인 백호인형과 산타할아버지를 곳곳에서 만날 수 있으니 아이는 저절로 신이 난다. 엄마도 덩달아 동심으로 돌아간 느낌이다.

"이게 기차역이야?"

브이트레인의 첫 번째 정차역인 양원역에 내리자마자 아이가 가장 먼저 던진 말이다. 그도 그럴 것이 역이라고 하기엔 민망할 만큼 작은 창고 건물에 나무간판을 달아 놓은 게 전부다. 여기에는 가슴 먹먹한 사연이 숨어 있다. 지금도 버스가 들어오지 않는 이곳 마을 사람들에겐 기차가 유일한 교통수단이다. 그런데 가장 가까운 기차역인 승부역까지 10리가 넘는 거리를 걸어다니다 보니 사고도 많았다. 결국 1988년 이곳 마을이 기차가 멈추는 임시승강장으로 정해졌는데, 이때 마을 사람들이 만세를 부르며 너도 나도 괭이와 호미를 들고 나와 손수 승강장과 대합실을 만들었다.

  그 이야기를 알고 보면 참 애틋하고 뭉클한 모습이다. 브이트레인은 이곳 양원역에서 10분 정도 정차하는데 이때 마을 주민들이 펼쳐놓은 장터에서 동네 할머니들이 직접 캔 나물 등을 판매한다.

  두 번째 정차역인 승부역은 근처 주민들만 간간히 이용하는 기차역으로 철도여행자들 사이에선 손꼽히는 오지역이다. 승부역 앞마당에는 예전에 이곳에서 근무하던 역무원이 적었다는 "승부역은 하늘도 세 평이요 꽃밭도 세 평"이란 글귀가 돌에 새겨져 있다. 그만큼 분주한 세상과는 단절된 듯 고요하고 적막한 분위기가 오히려 매력이다. 겨울이면 기차역 주변으로 눈부신 설경이 펼쳐지기로 유명한데, 아이에게 그 이야기를 해주었더니 겨울에도 또 오자며 손가락을 건다.

  마지막으로 종착역인 철암역에 도착하자 이전과는 사뭇 다른 기차역 규모에 아이도 눈이 휘둥그레진다. 사실 이곳은 과거 태백 지역의 무연탄을 전국 각지로 발송하는 역할을 담당하던 꽤 큰 규모의 기차역이었다. 한때는 지나가던 강아지도 지폐를 물고 다녔다는 이야기가 전해질 만큼 화려하고 번잡했던 곳이지만 대부분의 탄광이 문을 닫으면서 지금은 낡고 헐어버린 풍경만 남았다.

빈집이 즐비한 마을을 둘러보며 아이는 사람들이 떠난 이유가 궁금한 모양이다. 석탄 대신 기름과 전기사용량이 늘면서 자연스레 광부들이 일자리를 잃었다고 설명해주니 "그럼 우리가 다시 연탄을 쓰면 사람들이 마을로 돌아올까?" 묻는다. 천진한 아이의 눈빛에 글쎄, 얼버무릴 수밖에 없었다. 텅 비어버린 마을에 사람의 온기를 되찾아줄 수 있는 방법을 고민하기보다 사진 몇 장 찍고 아쉬울 것 없이 발길을 돌렸던 내가 문득 민망해졌다.

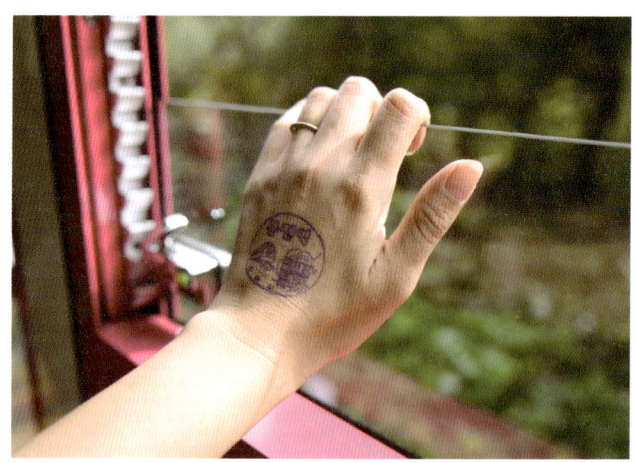

알차게 돌아보는 하루 여행

### 봉화
# 하루코스

### 1. 분천역

백두대간협곡열차의 출발역이자 종착역으로 일반 무궁화호 열차도 운행 중이다. 스위스 체르마트역과의 자매결연을 통해 이국적인 분위기의 간이역으로 변신했는데, 산타마을이란 테마를 덧입혀 한여름에도 크리스마스의 분위기를 느낄 수 있는 특별한 공간으로 사랑받고 있다. 테마열차의 인기와 함께 이용객이 늘어나면서 주변에 카페와 식당 등 편의시설이 잘 갖춰져 있어 아이와 함께 여행하기에도 좋다.

📍 경북 봉화군 소천면 분천길 49
☎ 1544-7788

### 2. 백두대간협곡열차

한반도의 등줄기인 백두대간을 끼고 달리는 특별한 테마열차로 백호 무늬의 기관차와 개방형 객차가 인상적이다. 분천역에서 출발해 양원역과 승부역을 거쳐 철암역까지 달리는데 최근 양원역 이전에 자리한 비동역이 정차역으로 추가되었다. 아찔한 협곡 사이로 시원스레 흐르는 강줄기를 따라 달리다 보면 마음까지 맑고 깨끗해지는 기분이다. 열차 내에는 간단한 스넥바가 운영되고 있으며 역무원들의 유니폼을 입고 기념사진을 찍을 수도 있다.

🔗 www.v-train.co.kr
🕐 분천역 기준 10:00 13:50 17:15 하루 3회 왕복운행
₩ 성인 8,400원 어린이 6,000원

경북 봉화의 분천역을 출발해 강원도 태백의 철암역까지 왕복 운행하는 테마열차로 오직 기차로만 달릴 수 있는 노선이라는 점에서 더욱 특별하다. 분천역과 양원역에선 봉화 지역에서 채취한 나물로 차려낸 밥상과 나물전 등 색다른 먹거리도 즐길 수 있다. 국내 유일의 개방형 열차라 창문을 열고 백두대간의 맑은 공기도 마음껏 쐴 수 있다.

### 철암탄광역사촌

철암역 주변에 자리한 옛 상가건물들을 전시관으로 그대로 활용해 마치 시간여행을 떠나는 것처럼 특별한 분위기를 느낄 수 있다. 언제라도 목숨을 잃을 수 있는 어둡고 위험한 갱도 속을 매일 들어가야 했던 광부들의 고달픈 일상과 그럼에도 따뜻한 인정과 가족에 대한 사랑이 넘쳤던 철암 사람들의 삶을 만날 수 있다. 낡은 흑백사진으로 남은 과거의 풍경도 의미 있는 볼거리다.

📍 강원 태백시 동태백로 404
☎ 033-550-2828
🕘 09:00~18:00 (둘째·넷째 주 월요일 휴관)
₩ 무료

### 삼방동 벽화마을

철암역 근처에 있는 벽화마을이다. 광산이 폐쇄되면서 젊은이 대부분이 마을을 떠나 곳곳에 빈집만 남은 삼방동 마을에 옛 추억을 떠올리게 하는 벽화가 채워졌다. 좁은 골목을 따라 걷다 보면 검은 광부의 얼굴과 함께 아기자기한 꽃그림과 물고기 그림이 발길을 멈추게 한다. 마을 언덕에 오르면 철암역 일대가 한눈에 들어온다.

📍 강원 태백시 철암동

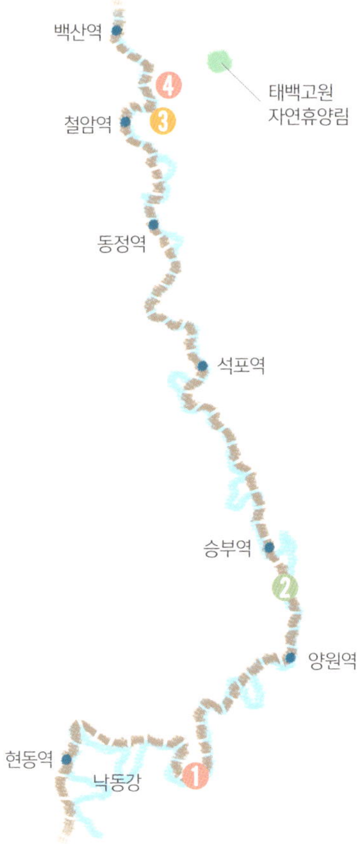

백산역

태백고원
자연휴양림

철암역

동정역

석포역

승부역

양원역

현동역
낙동강

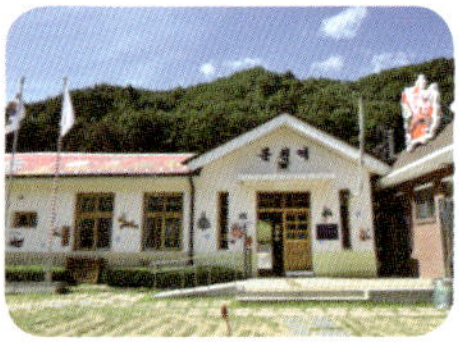

❶ 분천역

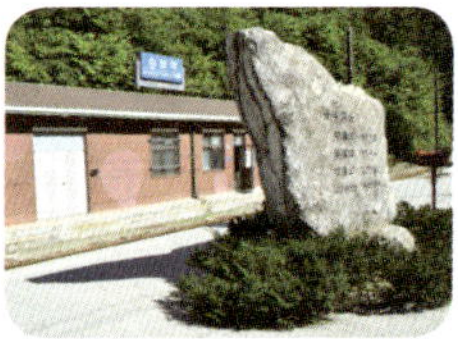

❷ 백두대간협곡열차

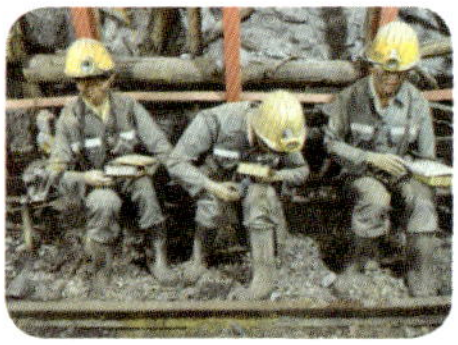

❸ 철암탄광역사촌

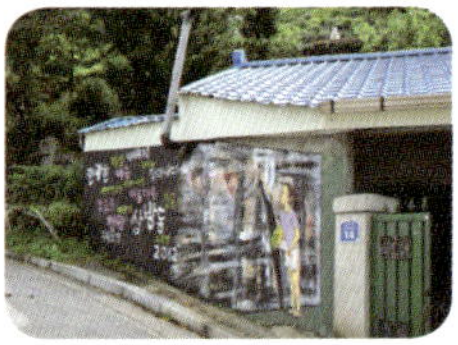

❹ 삼방동 벽화마을

- 대중교통을 이용해 백두대간협곡열차를 당일 여행으로 즐기려면 오전 8시 49분에 수원역을 출발하는 오트레인 열차를 이용하거나 여행사의 패키지상품을 활용하는 것이 시간과 비용을 절약할 수 있는 방법이에요.
- 철암역에서 카셰어링을 활용하여 태백시내로 이동해 여행을 즐기는 것도 가능해요.

**여기도 좋아요!**

### 청량사

청량산도립공원 내에 자리한 사찰로 아름다운 연화봉과 보살봉에 둘러싸여 아늑하고 평화로운 풍경을 즐길 수 있다. 본전 앞의 노송과 산자락 가운데 우뚝 솟은 탑도 멋스럽다. 국내에서 유일하게 종이로 만든 지불이 자리하고 있어 색다른 볼거리가 된다.

📍 경북 봉화군 명호면 청량산길 199-152
☎ 054-672-1446  🌐 www.cheongryangsa.org

### 청봉숯불구이

울창한 산림이 발달했던 봉화에선 솔잎으로 돼지고기를 구워서 즐겼다. 향긋하면서도 식감이 부드러워 봉화의 명물이 되었다. 봉성리에 자리한 청봉숯불구이는 이 같은 전통방식으로 돼지고기구이를 내기 때문에 담백하고 깔끔한 맛을 경험할 수 있다.

📍 경북 봉화군 봉성면 봉명로 565-1  ☎ 054-672-1116
🕐 10:30~21:00  ₩ 돼지 숯불구이 18,000원(2인분)

### 인하원

봉화의 대표적인 특산물인 송이를 이용한 요리를 내는 식당으로 관광객은 물론 주민들도 즐겨 찾는다. 향긋한 송이와 함께 돌솥에 갓 지은 밥은 구수한 맛과 향이 일품이다. 정갈한 밑반찬 덕분에 아이와 함께 식사를 하기에도 좋다.

📍 경북 봉화군 봉화읍 유록길 20  ☎ 054-672-8289
🕐 10:00~21:00  ₩ 송이돌솥밥 15,000원

◇ 강원 정선 ◇

전통시장에서 만나는 푸근한 인심
# 아리랑시장

HERE!  연간 20만 명의 관광객이 찾는다는 정선 아리랑시장은 전국 최대 규모의 재래시장이자 전통적인 방식으로 운영되는 오일장이다. 정선의 깨끗한 물과 바람이 키워낸 각종 산나물과 약초에 정겨운 강원도의 먹거리인 찰옥수수와 감자전이 고소한 향을 풍기고 여전히 넉넉한 시골 인심도 만나볼 수 있다. 마트와 편의점에 익숙한 아이들에게 아리랑시장은 색다른 볼거리와 특별한 추억이 된다.

찾아가는 길
동서울터미널에서 정선터미널행 버스를 타고 3시간 20분

놀이동산만큼이나 마트를 좋아하는 아이는 장난감 코너에만 들어서면 무서운 집중력을 발휘하며 꼼꼼히 살피고 비교해 마침내 하나를 골라든다. 그렇게 제 목적을 달성하고 나면 훌랑 카트에 올라타 엄마가 저녁반찬으로 무엇을 사든 관심을 두지 않는다. 아이에게 마트는 그저 필요한 물건을 구입하는 공간이고, 그 안에서 만나는 세상이란 고작 플라스틱 장난감 정도가 전부다.

생각해보면 어린 시절 엄마를 따라 시장에 가면 아주머니들과 인사도 나누고 감자전과 수수부꾸미 따위를 얻어먹으며 세상과 만나고 소통했다. 계절마다 어떤 채소와 과일이 나는지, 우리 지역에선 어떤 음식을 만들어 먹는지, 그렇게 시장을 드나들며 자연스레 배우고 익혔다.

정선 여행을 계획하며 일부러 장날에 맞춰 일정을 조정했다. 아리랑시장이 관광형 시장으로 인기를 끌면서 평소에도 상설시장이 열리지만 장날인 매월 2일, 7일에는 전국에서 모인 장사치들로 조양강변까지 좌판이 늘어선다. 아이는 장날이라는 게 존재한다는 것부터 놀라운 모양이다. 하긴 1년 365일 밤늦게까지 불을 밝힌 마트에 익숙한 아이에겐 당연한 반응이다. 그렇게 장날에 맞춰 찾아간 아리랑시장은 멀리서부터 북적이는 활기가 느껴졌다. 마침 입구에선 단아한 한복을 갖춰 입은 소리꾼이 정선아리랑을 구성지게 뽑아내고 있었다. 국악에는 별 흥미를 느끼지 못할 것 같았던 아이가 내 손을 잡아끌더니 아예 자리 하나를 차지하고 앉는다. 그러고는 공연이 끝날 때까지 함께 박수도 치고 눈치껏 얼쑤, 추임새도 넣으며 우리음악을 즐긴다. 나음

알차게 돌아보는 하루 여행

으로 아이의 눈길을 사로잡은 것은 시장 한편에 팔려나온 강아지들이다. 짧은 다리가 특징인 '땅개'의 앙증맞은 모습에 마음을 빼앗긴 아이는 한참동안 발길을 떼지 못한다.

"뻥이요!"

어디선가 들려오는 우렁찬 목소리에 아이와 함께 날려가니 추억의 뻥튀기기계에서 갓 구워낸 강냉이들이 우르르 쏟아지고 있었다. 신기한 눈빛의 아이에게 따끈따끈한 뻥튀기 한줌이 쥐어진다.

"이건 얼마예요?"

당연한 듯 묻는 아이에게 손마디 굵은 할아버지는 허허 웃으며 고소한 튀밥 한 줌을 더 얹어줬다.

"이건 서비스다, 서비스!"

할아버지의 넉넉한 마음씨가 고마워 아이가 좋아하는 옥수수 뻥튀기를 한 봉지 구입하자 이번엔 제법 비싼 쌀과자를 아이에게 덤으로 건넨다. 바삭한 뻥튀기를 입 안 가득 채워넣으며 아이는 감동스럽게 말했다.

"엄마, 시장은 참 따뜻한 곳이네!"

## 정선
# 하루코스

### 1. 병방치 스카이워크

해발 583m의 절벽 끝에 설치된 일종의 전망대로 바닥이 투명한 강화유리로 제작돼 마치 구름 위를 걷는 것처럼 아찔한 기분을 느낄 수 있다. 한반도의 모양을 그대로 옮겨놓은 듯한 선암마을의 신비로운 풍광을 발아래서 즐길 수 있으며 정선의 맑고 깨끗한 바람도 마음껏 쐴 수 있다. 보다 특별한 경험을 원한다면 같은 코스를 짚와이어로 달리는 프로그램도 준비돼 있다.

📍 강원 정선군 정선읍 병방치길 225
☎ 033-563-4100
🌐 www.ariihills.co.kr
🕘 09:00~18:00
   동절기 09:00~17:00
₩ 성인 2,000원 청소년 및 어린이 1,000원(7세 미만 무료)

### 2. 아리랑시장

정선을 대표하는 전통시장으로 서울에서 장날에 맞춰 전용 관광열차도 운영될 만큼 관광객들에게 인기가 좋다. 메밀전과 수수부꾸미, 수리취떡, 올챙이국수, 콧등치기국수 등 정선을 대표하는 먹거리들이 모두 모여 있어 부담 없이 속을 채우기에도 좋다. 정선에서 자란 곤드레와 황기 등 몸에 좋은 다양한 산나물과 약초들을 현지에서 저렴하게 구입할 수 있다는 것도 아리랑시장의 매력 중 하나다.

📍 강원 정선군 정선읍 봉양7길 39
☎ 033-563-6200
🕘 09:00~18:00(매월 2일, 7일마다 열리는 오일장, 토요일 주말장 운영)

### 3. 동광식당

정선역 근처에 자리한 황기족발 전문점이다. 약재로 사용되는 정선 황기를 듬뿍 넣어 삶아내기 때문에 식감이 쫄깃쫄깃하고 담백한 맛이 특징이다. 가마솥에서 삶아낸 고기를 먹기 좋게 찢어서 한 접시 두둑하게 담아내기 때문에 아이들과 함께 먹기에도 부담이 없다. 더불어 정선의 향토음식인 콧등치기국수도 맛있기로 유명한 식당이라 함께 곁들이면 더욱 든든하다.

📍 강원 정선군 정선읍 녹송1길 27
☎ 033-563-3100
🕘 09:00~21:00(설날·추석 연휴 휴무)
₩ 황기족발(소) 32,000원

과거 오지 중의 오지로 꼽히던 강원도 정선이지만 요즘은 인기 예능프로그램 〈삼시세끼〉에도 등장할 만큼 누구나 한 번쯤 살아보고 싶은 깨끗하고 아름다운 산골마을의 대명사가 되었다. 정겨운 먹거리와 넉넉한 인심을 자랑하는 아리랑시장을 비롯해 최근 언기드라마 〈태양의 후예〉 촬영지로 화제를 모은 삼탄아트마인 등 다양한 볼거리와 예술공간이 매력적이다.

##  4 아라리촌

양반의 무능력과 부패상을 신랄한 풍자와 해학으로 고발한 연암 박지원의 소설 《양반전》의 다양한 장면을 재현해놓은 공간으로 실제 작품 속 배경 또한 이곳 정선이었다. 더불어 굴피집과 너와집, 저릅집, 돌집, 귀틀집 등 조선시대 정선 지역의 주거 문화를 고스란히 재현해 색다른 볼거리를 만날 수 있다.

📍 강원 정선군 정선읍 애산로 37
☎ 033-562-7062
🕘 09:00~18:00
₩ 아리랑상품권(1인 3,000원) 소지 시 무료

## 5 삼탄아트마인

과거 석탄을 캐는 탄광이 자리했던 곳에 들어선 예술공간으로 당시 모습이 고스란히 보존되고 있어 색다른 풍경을 연출한다. 곳곳에 광부들의 작업복과 손때 묻은 타일 등이 남아 있고 전시된 예술작품 또한 이 같은 배경과 잘 어우러져 박물관과 미술관이 동시에 존재하는 느낌이다. 최근에는 드라마 〈태양의 후예〉 촬영지로 인기를 끌면서 해외 관람객들도 찾아오는 명소가 되었다.

📍 강원 정선군 고한읍 함백산로 1445-44
☎ 033-591-3001
🔗 samtanartmine.com
🕘 09:00~18:00
　하절기 극성수기 09:00~19:00
　동절기 10:00~17:00
　동절기 주말 09:30~17:30(월요일 휴관)
₩ 성인 13,000원 청소년 12,000원 어린이 11,000원(만 6세 미만 무료)

❶ 병방치 스카이워크   ❷ 아리랑시장   ❸ 동광식당

❹ 아라리촌   ❺ 삼탄아트마인

엄마의 여행팁

- ◉ 병방치 스카이워크는 설치물의 특성상 기상조건에 따라 관람 제한이 있을 수 있으니 방문 전에 미리 운영 여부를 확인하세요.
- ◉ 전통시장을 이용할 때는 현금을 넉넉히 준비하도록 하세요.
- ◉ 삼탄아트마인은 입장료가 조금 비싼 편인데 하이원 추추파크나 태백의 365세이프타운을 함께 이용하면 30% 할인혜택을 받을 수 있답니다.

## 여기도 좋아요!

### 정선레일바이크

정선을 대표하는 관광 상품 중 하나로 구절리역에서 아우라 지역까지 7.2km의 기찻길을 레일바이크를 타고 직접 달려볼 수 있다. 정선의 아름다운 산과 들, 시원스레 흐르는 강줄기를 한꺼번에 즐길 수 있어 아이들도 좋아한다.

📍 강원 정선군 여량면 노추산로 749
☎ 033-563-8787  🌐 www.railbike.co.kr
🕐 08:40 10:30 13:00 14:50 16:40 1일 5회 운행(동절기 4회차까지 운행) ₩ 2인승 25,000원 4인승 35,000원

### 싸리골식당

정선을 대표하는 먹거리 중 하나인 곤드레밥으로 유명한 식당이다. 정선에서 자란 구수한 곤드레를 듬뿍 넣은 밥과 정갈한 반찬, 주인장의 푸짐한 인심까지 더해져 많은 여행객들이 찾고 있다.

📍 강원 정선군 정선읍 정선로 1312
☎ 033-562-4554  🌐 www.ssarigol.com
🕐 09:00~18:00  ₩ 곤드레나물밥 7,000원

### 정암사

만항재에 자리한 아름다운 사찰로 우리나라 5대 적멸보궁의 하나로 꼽힌다. 사찰 뒤편 함백산 자락에 보물 제410호인 수마노탑이 자리하고 있는데, 이곳에 올라 바라보는 정암사의 풍경도 놓치기 아깝다.

📍 강원 정선군 고한읍 함백산로 1410  ☎ 033-591-2469
🌐 www.jungamsa.com

대구

'씨투' 버스 타고 대구 한 바퀴
# 대구시티투어

HERE! 도시의 주요 관광지들을 버스를 타고 돌아보는 시티투어는 대중교통을 이용하는 여행자들에게 굉장히 유용한 프로그램이다. 이동시간과 거리를 줄일 수 있는 것은 물론 가격도 저렴한 편이라 아이와 함께여도 부담 없이 이용할 수 있다. 특히 대구시티투어는 오픈탑 형태의 이층버스를 도입해 시원한 바람을 가르며 도심 풍경도 즐길 수 있고, 애니메이션 꼬마버스 〈타요〉에 등장하는 캐릭터 '씨투' 모양을 하고 있어 아이들이 더 좋아한다.

찾아가는 길
서울역에서 동대구역행 KTX열차를 타고 1시간 40분

KTX의 운행으로 서울에서 대구까지 2시간도 채 걸리지 않는 요즘이다. 동대구역을 빠져나오면 바로 시티투어 승강장이 마련돼 있고, 이곳에서 40분 간격으로 14개에 이르는 대구의 주요 관광지들을 돌아볼 수 있는 도심순환형 버스가 운행된다. 버스정류장을 찾아다닐 필요도 없고 지정된 정류장에서만 정차하니 이동 시간도 반으로 줄어든다. 게다가 아이가 좋아하는 만화캐릭터 '씨투'와 똑 닮은 모양에 오픈형 이층버스라니 아이와의 대구 여행을 망설일 이유가 없었다.

"우와, 진짜 씨투버스네!"

기차역을 나서자마자 아이는 승강장에 대기 중인 시티투어버스를 보고 반갑게 소리친다. 기사님도 환한 미소로 아이를 반겨주며 선물 하나를 건넨다. 시티투어버스와 똑같은 모양의 종이 모형을 만들어볼 수 있는 기념품 키트다. 뜻하지 않은 선물에 아이도 "고맙습니다"라고 씩씩하게 인사를 던지고는 활짝 웃어 보인다. 아이가 종이버스 만들기에 집중한 사이 어느새 첫 번째 목적지인 근대문화골목에 도착했다.

대구의 다양한 근대건축물들이 자리하고 있는 이곳은 가곡 〈동무생각〉에 등장하는 청라언덕을 시작으로 경상도 지역에서 가장 오래된 성당인 계산성당, 〈빼앗긴 들에도 봄은 오는가〉의 시인 이상화와 일제강점기 국채보상운동을 이끌었던 독립운동가 서상돈의 고택, '길다'는 의미의 대구사투리 '질다'에서 유래한 진골목까지 대구의 과거 풍경 속으로 시간여행을 떠나볼 수 있다. 특히 청라언덕에 자리한 이국적인 외관의 선교사주택은 각각 선교박물관과 의료박물관, 교육역사박물관으로 사용되고 있어 볼거리를 더한다. 이어 조선시대 3대 시장으로 꼽혔던 서문시장으로 이동해 점심을 해결하기로 했다. 이곳에선 약간의 당면으로 속을 채워 담백하게 구워내는 납작만두를 비롯해 저렴한 가격에 한 그릇 푸짐하게 담아내는 국수골목과 아이들이 좋아하는 짜장면에 노릇노릇하게 구운 삼겹살을 올린 삼겹살짜장면 등 다양하고 이색적인 먹거리가 눈과 입을 유혹한다.

서문시장에서 든든하게 배를 채운 후 대구 도심을 한눈에 내려다볼 수 있는 앞산 전망대에 올랐다. 케이블카를 이용하면 전망대까지 편안하게 오를 수 있어 아이와 함께 들르기에도 부담이 없다. 멀리 팔공산까지 시원스레 펼쳐진 전경에 아이도 "야호" 마음껏 소리를 지르며 즐거운 표정이다.

대구시민들의 아늑한 휴식처이자 멋스런 테라스카페들이 즐비한 수성못에서 커피 한잔의 여유를 즐긴 후 김광석 다시그리기길로 이동했다. 김광석이 어린 시절을 보냈던 대구 방천시장 한편에 자리한 이곳은 그의 주옥같은 노랫말이 담벼락 가득 채워져 따뜻한 감성을 자아낸다. 김광석이 누구인지 알 리 없는 아이에겐 지극히 엄마 취향의 여행지였지만 아기자기한 벽화 덕분인지 아이는 연신 장난스런 포즈를 취하며 사진을 찍어달라고 조른다. 마침 돌아오는 버스는 아이가 기다리던 오픈탑 이층버스였는데 상쾌한 바람을 맞으며 달리는 버스에서 바라보니 대구가 한 뼘 더 가까워진 기분이다.

## 대구
## 하루코스

### 1 대구시티투어

동대구역이 출발점이라 KTX를 이용한 여행자들이 활용하기 좋다. 관광 전문 해설사가 동승해 보다 깊이 있는 여행정보를 얻을 수 있고, 시티투어버스 탑승권을 소지하면 다양한 할인혜택도 챙길 수 있다. 어린이 탑승객들을 위한 종이모형 기념품도 제공해 가족이 함께 이용하기 좋다.

☎ 053-603-1800
☞ www.daegucitytour.com
⊙ 09:30~18:40 1일 12회 운행 (월요일 및 설날·추석 당일 운휴)
₩ 성인 5,000원 청소년 4,000원 어린이 3,000원(보호자 동반시 48개월 미만 1명 무료)

### 2 근대문화골목

'한국관광의 별'로 선정될 만큼 대구의 역사와 문화를 오롯이 담은 매력적인 여행지로 시티투어버스가 정차하는 청라언덕은 그 핵심코스라 할 만하다. 푸른 담쟁이가 휘감은 아름다운 언덕길과 붉은 벽돌의 이국적인 선교사주택, 뾰족하게 솟은 쌍탑이 특징인 계산성당, 오랜 한약시장의 역사를 이어가는 대구약령시 등 대구 근대 100년의 다양한 풍경들을 직접 걸으며 돌아볼 수 있다.

📍 대구 중구 달성로 216
☎ 053-661-2194

### 3 서문시장

대구뿐 아니라 전국에서도 손꼽히는 규모의 재래시장으로 조선시대 평양장, 강경장과 함께 3대 장터 중 하나였다. 특히 선조 때 경상감영이 대구에 설치되면서 비약적인 발전을 하게 되었고, 지금도 주단과 포목 등 섬유와 관련해선 전국적으로 유명세를 얻고 있다. 여행자들 사이에선 다양하고 저렴한 길거리 음식을 즐길 수 있는 곳으로도 인기를 끌고 있는데, 납작만두와 빨간어묵 등 부담 없이 맛볼 수 있는 메뉴들이 가득하다.

📍 대구 중구 큰장로 28길 10
☎ 053-661-3288
☞ www.seomun.net
⊙ 09:00~19:00(첫째·셋째 주 일요일 휴무, 상점마다 조금씩 다름)

멀고 시골벽적한 도시의 이미지가 강했던 대구이지만 기대 이상의 다양한 볼거리와 편리한 교통, 여기에 감각적인 먹거리까지 더해지면서 최근엔 젊은 여행자들 사이에서 큰 인기를 누리고 있다. 특히 시티투어 버스를 활용하면 대구의 대표적인 여행지들을 편리하고 저렴하게 돌아볼 수 있어 가족여행자들도 부담 없이 찾을 만하다.

### 4 앞산전망대

고려시대 왕건의 이야기가 전해지는 안일사 등 다양한 사찰과 유적지가 자리하고 있는 앞산에는 정상 부근에 전망대가 설치되어 낮에는 탁 트인 대구 전경을, 밤에는 화려한 야경을 감상할 수 있다. 전망대까지 케이블카가 운영돼 편안하게 이용할 수 있다.

- 📍 대구 남구 앞산순환로 574-116
- ☎ 053-625-0967
- 🔗 www.daegu.go.kr/Apsanpark
- 🕐 10:00~19:00 금요일~일요일·공휴일 10:00~21:30
  동절기 10:00~18:00 금요일~일요일·공휴일 10:00~19:30
- ₩ 앞산케이블카 성인 왕복 9,500원 청소년 및 어린이 왕복 7,500원(만 4세 미만 무료)

### 5 수성못

대구 시민들의 휴식처이자 세련된 레스토랑과 카페, 유명 식당들이 즐비한 이곳은 아름다운 호수와 걷기 좋은 산책로까지 갖추고 있어 잠시 쉬어가기 좋다. 특히 밤이면 호수 주변으로 아름다운 조명이 켜지고 전국 최대 규모의 음악분수도 자리하고 있어 더욱 화려한 야경을 즐길 수 있다. 호수를 보다 가까이에서 즐길 수 있는 오리배도 운영돼 아이들과 특별한 추억을 만들 수도 있다.

- 📍 대구광역시 수성구 두산동
- ☎ 053-666-2863(수성유원지)

### 6 김광석다시그리기길

〈서른 즈음에〉, 〈이등병의 편지〉 등으로 많은 이들의 사랑을 받았던 국민가수 김광석의 음악세계를 돌아볼 수 있는 거리다. 이곳 방천시장 일대에서 활동하던 예술가들이 아름다운 벽화거리를 조성했다. 한편의 시와 같은 그의 노랫말을 주제로 그려진 그림들이라 다양한 세대가 함께 공감하며 걸을 수 있다. 골목 구석구석 감각적인 카페와 레스토랑, 아기자기한 공방들이 자리해 먹거리, 즐길거리도 풍성하다.

- 📍 대구 중구 달구벌대로 450길 일대
- ☎ 070-8111-3024

❶ 대구시티투어
❷ 근대문화골목
❸ 서문시장
❹ 앞산전망대
❺ 수성못
❻ 김광석다시그리기길

엄마의 여행팁

- 대구시티투어는 별도의 예약 없이 차량 탑승 시 승차권을 구입할 수 있으며 현금과 신용카드, 교통카드 모두 사용 가능합니다.
- 당일 철도나 고속버스 승차권을 소지하면 시티투어버스 요금의 20%를 할인받을 수 있어요. 또 시티투어버스 승차권이 있으면 일부 관광지와 식당, 카페 등에서 할인혜택이 있으니 미리 홈페이지에서 관련 정보를 확인해두길 추천해요.
- 서문시장을 방문하려면 현금을 미리 준비하세요.
- 앞산전망대는 케이블카 탑승장까지 10~20분 정도 오르막길을 걸어 올라가야 해요. 걷기 편한 운동화를 미리 준비하세요.

**여기도 좋아요!**

### 이월드

대구를 대표하는 유럽형 테마파크로 83타워와 스카이점프 등 다양한 볼거리와 놀이시설을 즐길 수 있다. 벚꽃축제와 장미축제, 불빛축제 등 시즌마다 다양한 이벤트가 마련되고 이색 공연도 자주 열린다.

📍 대구 달서구 두류공원로 200 ☎ 053-620-0001
🌐 www.eworld.kr ⏰ 09:30~22:00(날짜에 따라 조금씩 다름, 홈페이지에서 확인) ₩ 성인 18,000원 청소년 11,000원 어린이 10,000원(36개월 미만 무료)

### 대구어린이회관

1970년대 대구시민들이 직접 모금운동을 통해 마련한 어린이 전용 체험시설로, 다양한 과학 원리와 생태계 정보를 얻을 수 있는 꿈누리관과 어린이들의 눈높이에 맞춘 공연이 열리는 꾀꼬리극장 등 아이들이 마음껏 뛰어놀 수 있는 공간이다.

📍 대구 수성구 동대구로 176 ☎ 053-760-0613
🌐 www.daegu.go.kr/Childhall
⏰ 09:30~18:00 동절기 09:30~17:30(월요일 휴관)
₩ 무료

### 동인동 찜갈비골목

국채보상기념공원 정류장에 내리면 대구의 대표 먹거리 중 하나인 찜갈비 골목이 가깝다. 양은냄비에 소갈비를 넣고 마늘과 고춧가루로 매콤하게 맛을 낸 찜갈비는 부드러운 식감과 중독성 강한 양념 때문에 남녀노소 누구나 좋아한다.

📍 대구 중구 동인동1가

PART 3

📍

집이 아닌 새로운 곳에서 보내는 낯선 하룻밤은 아이들은 물론 엄마 아빠에게도 특별한 추억을 만들어준다. 이왕이면 조금 먼 거리의 여행지에서 색다른 풍경도 만나고 익숙하지 않은 음식도 맛보며 아이들과 함께 짧은 단상이나 느낌을 나눠보면 좋겠다. 부모와 자녀가 아닌 같은 여행자로서 온전히 하룻밤을 지낸다면 길 위에서 보내는 시간만큼이나 서로에 대한 애정도 풍성해질 것이다.

추억이
쌓이는
하룻밤 여행

강원
강릉

가슴 뭉클한 모정(母情)의 길
# 노추산 모정탑

강릉의 깊숙한 산골 한 자락에는 오직 자식들의 건강과 안녕을 바라는 마음으로 쌓았다는 돌탑 3,000여 개가 자리하고 있다. 모정탑이라 이름 붙은 이 돌탑들을 쌓기 위해 어머니는 무려 26년 동안 하루도 거르지 않고 찌그러진 대야에 돌을 날랐다고 한다. 그 절실하고 애틋한 기도는 이 세상 모든 어머니의 마음이기도 하기에, 모정탑길은 들어서는 순간부터 가슴 뭉클한 감동으로 다가온다. 그래서 더욱 아이와 함께 걸어보고 싶은 길이다.

찾아가는 길
서울고속터미널에서 강릉행 버스를 타고 2시간 40분

생일을 맞은 엄마에게 아이가 인심 쓰듯 말했다.

"오늘 하루는 엄마가 좋아하는 걸 함께해줄게!"

며칠 전까지 엄마 생일에 예쁜 꽃을 선물하겠다며 집안에 굴러다니는 동전들을 살뜰하게 저금통에 쓸어 넣더니 결국 싸구려 장난감을 사는 데 홀랑 써버린 터였다. 언젠가 '사랑'의 의미를 묻는 아이에게 '좋아하는 걸 함께해주는 것'이라 설명해줬던 것을 기억하고는 제 딴에는 머리를 굴리는 모양이 꽤 앙큼하다. 그래도 엄마를 생각해주는 마음이 기특해 모르는 척 넘어가주기로 했다.

"엄마가 좋아하는 게 뭔데?"

"음… 여행?"

오랜만의 친정 나들이에 아이의 선물 찬스를 활용하기로 했다. 어느덧 30대 중반에 이른 생일 탓인지 부쩍 엄마가 그립기도 했고, 하루쯤 아이와 여행하듯 내 고향 강릉을 찬찬히 둘러보고 싶기도 했다. 외갓집에 간다는 말에 신나서 따라나섰던 아이는 모정탑이 자리한 노추산 자락에 자동차를 세우자 입술을 삐죽이며 심통을 부린다.

"이번 여행은 엄마 생일선물이야."

아이는 못마땅한 표정을 숨기지 못하면서도 제가 한 약속 때문인지 엄마 손을 붙잡고 한적한 산길을 따라 걷기 시작했다. 한여름에도 에어컨이 필요 없다는 '하늘 아래 첫 동네' 대기리의 바람은 맑고 시원했다. 송천의 투명한 물줄기를 따라 10여 분쯤 걸어 올라가니 하나둘, 돌탑들이 모습을 드러낸다. 차옥순 할머니가 자식들을 위해 쌓았다

추억이 쌓이는 하룻밤 여행

는 모정탑이다. 수천 개의 돌탑이 길을 이룬 계곡 끝에는 할머니가 26년간 머물렀던 집터가 고스란히 남아 있다. 큼지막한 돌을 쌓아 거센 바람만 겨우 막은, 사실 집이라고 말하기도 뭣한 보잘 것 없고 궁상스러운 공간이다. 한편에는 할머니가 돌을 나르는 데 사용했던 찌그러진 대야 몇 개가 안쓰럽게 놓어 있다. 여인의 몸으로 선기노 늘어오지 않는 이 깊은 산골에서 오로지 자식들이 잘 되기를 바라는 마음 하나로 돌탑을 쌓았다니 괜스레 친정에서 기다리고 있을 엄마 생각이 나서 코끝이 찡했다. 학창시절 식은 밥을 먹일 수 없다며 매일같이 저녁 도시락을 싸서 학교 앞으로 가져다주시던 엄마였다. 그때는 당연하게 생각했는데 당시 엄마는 그 누구보다 바쁜 워킹맘이었다. 힘들고 지쳤을 퇴근길에 새로 밥을 짓고 정성스레 도시락을 채워 딸에게 가져다줬던 것이다.

"엄마 울어?"

뭉클해진 마음을 눈치 챘는지 아이가 묻는다. 나도 모르게 촉촉해진 눈가를 아이의 작은 손이 닦아준다.

"내가 어른이 되면 엄마 생일 때 크고 예쁜 집 선물해줄 테니까 걱정하지 마. 알았지?"

아이는 내가 할머니의 작고 초라한 집 때문에 마음 아팠다고 생각했는지 제법 의젓한 표정으로 엄마를 달랜다. 또 하나의 선물찬스에 엄마는 활짝 웃고 만다. 아이의 손을 잡고 모정탑길을 내려오며 우리는 서로에게 몇 번이나 사랑해, 말해주었다.

## 강릉
# 하룻밤코스

**1 노추산 모정탑**

강릉에 살던 한 어머니가 두 아들을 잃고 남편이 병에 걸리는 등 집안에 우환이 끊이지 않자 노추산 자락에 터를 잡고 26년 동안 가족의 안녕을 바라며 쌓은 돌탑이다. 처음엔 할머니를 이상한 사람이 아닌가 오해했던 마을사람들도 그 뜨거운 모정에 감동해 음식과 생활용품을 나눠줬다고 한다. 지난 2011년 할머니는 세상을 떠났지만 마을사람들은 할머니의 깊은 사랑을 더 많은 사람들이 보고 느낄 수 있도록 길을 다듬고 안내판을 세웠다.

📍 강원 강릉시 왕산면 대기리 산 716

**2 작은식당835**

강릉 성산면의 한적한 산골마을에 들어선 이름 그대로의 작은 식당이다. 안주인의 살뜰한 손길이 고스란히 느껴지는 아기자기한 인테리어와 식당 구석구석을 채운 작고 어여쁜 꽃들이 머무는 내내 마음을 편안하게 만들어준다. 이곳의 대표 메뉴는 매운 갈비찜으로 씹히는 맛이 부드러워 인기가 좋다. 아이들을 위한 키즈 메뉴를 따로 준비해 가족단위 여행자들도 부담 없이 찾을 수 있다.

📍 강원 강릉시 칠봉로 39
☎ 070-8881-9326
🌐 www.bistro835.com
🕐 11:00~21:00 (브레이크타임 15:00~17:00, 화요일 휴무)
₩ 매운 갈비 12,000원

**3 오죽헌**

조선 최고의 유학자 중 하나인 율곡 이이가 태어난 곳이자 그의 어머니인 신사임당의 친정이기도 하다. 아이들에게 이들이 그려진 지폐를 직접 보여주며 그 업적과 역사적 평가를 설명해준다면 더욱 흥미롭게 접근할 수 있을 것이다. 오죽헌 내에는 강릉시립박물관이 함께 있어 강릉의 역사와 생활문화도 함께 살펴볼 수 있다.

📍 강원 강릉시 율곡로3139번길 24
☎ 033-660-3301
🌐 ojukheon.gangneung.go.kr
🕐 08:00~18:00
   동절기 08:00~17:30
₩ 성인 3,000원 청소년 2,000원 어린이 1,000원

동해안을 대표하는 휴양지인 강원도 강릉은 시원스레 펼쳐진 바다 외에도 다양한 볼거리를 숨겨두었다. 가슴 뭉클한 어느 어머니의 이야기가 전해지는 노추산 모정탑과 지역 예술가들의 작업실이 모여 있는 강릉예술인창작인촌, 강릉을 대표하는 또 한 명의 여류시인 허난설헌의 생가 등 지금껏 알았던 강릉과는 또 다른 풍경이 기다린다.

## 4 강릉예술인창작촌

오죽헌 근처에 자리한 창작촌으로 강릉에서 활동하는 다양한 분야의 예술가들이 모여 창작은 물론 일반 관람객들을 위한 전시가 함께 이뤄지는 공간이다. 폐교를 활용한 아늑한 분위기가 인상적이며 각각의 교실에 공방과 작업실이 들어서 이채롭다. 동양자수박물관을 시작으로 신기한 모양의 수석전시실과 나무, 유리 등 다양한 재료를 활용한 공방에선 직접 작품을 만들어보는 체험도 가능해 아이들과 함께 들르기 좋다.

📍 강원 강릉시 죽헌길 140-12
☎ 033-642-2210
♣ cafe.naver.com/original2010
🕘 09:00~18:00

## 5 참소리축음기 에디슨과학박물관

직접 수집한 다양한 종류의 축음기와 에디슨 관련 유물들을 전시한 사립박물관이다. 축음기 발명 이전의 18세기 오르골을 시작으로 에디슨 최초의 축음기인 틴포일과 세계 최초의 TV 베어드 30라인 등 희귀한 소장품들이 눈길을 사로잡는다. 아이들에겐 에디슨이 직접 제작한 발명품들을 만나볼 수 있는 특별한 기회가 된다.

📍 강원 강릉시 경포로 393
☎ 033-655-1130
♣ www.edison.kr
🕘 09:00~16:30(입장 시간)
₩ 성인 12,000원
   청소년 10,000원
   어린이 8,000원
   (36개월 미만 무료)

## 6 강릉선교장

세종대왕의 형인 효령대군의 11대손 이내번에 의해 처음 지어져 무려 10대에 걸쳐 지금까지 그 후손들이 직접 살면서 지켜오는 조선 최고의 양반 가옥이다. 99칸의 전형적인 사대부 가옥의 특징을 간직하고 있는 선교장은 대문도 12개에 이를 만큼 규모가 상당하다. 특히 여름에는 활래정 주변으로 아름다운 연꽃이 가득 피어 당대 선비들의 풍류를 절로 느끼게 한다. 서별당과 연지당 등은 한옥체험이 가능해 색다른 하룻밤을 만날 수 있다.

📍 강원 강릉시 운정길 63
☎ 033-648-5303
🌐 www.knsgj.net
₩ 서별당(4인실) 300,000원 연지당(6인실) 200,000원 초정(4인실) 100,000원

## 7 동화가든

초당 순두부마을에 자리한 식당으로 각종 해산물을 넣어 얼큰하게 끓여낸 짬뽕순두부로 유명하다. 아이들에게는 바닷물로 간수를 내린 담백하고 따끈한 순두부를 추천하는데, 이곳 마을에선 모든 식당이 직접 두부를 만들기 때문에 더욱 고소하고 부드러운 식감을 즐길 수 있다.

📍 강원 강릉시 초당순두부길 77
☎ 033-652-9885
🕗 08:00~19:00(브레이크타임 16:00~17:00, 설날·추석 연휴 휴무)
₩ 짬뽕순두부 8,000원

마룻바닥이 좋아요.

## 8 허균허난설헌기념관

신사임당과 함께 강릉을 대표하는 여류문학가인 허난설헌이 태어난 집터다. 그녀는 우리나라 최초의 한글소설인 《홍길동전》의 작가 허균의 누이이기도 한데, 당대 최고의 문장가였던 이들 남매의 생가인 만큼 아이들과 함께 꼭 들러볼 만하다. 입구에 자리한 기념관에는 이들의 대표작을 전시해두었고 생가 주변으로는 오래된 소나무들이 우거져 있어 산책을 즐기기에도 좋다.

📍 강원 강릉시 초당동 477-8
☎ 033-640-4798
🕘 09:00~18:00(월요일 휴관)
₩ 무료

## 9 산토리니커피

안목 커피거리에 자리한 로스터리카페로 강릉이 커피의 고장으로 유명해지기 이전부터 이곳에서 작은 카페를 운영했다. 커피의 매력에 빠져 직장을 그만두고 카페를 열었다는 은발의 주인장이 직접 내리는 핸드드립커피가 일품이다. 달콤한 케이크와 젤라또 아이스크림도 있어 아이들과 함께 바다를 바라보며 잠시 쉬어가기에 좋다.

📍 강원 강릉시 경강로 2667
☎ 033-653-0931
🌐 www.santorinicoffee.co.kr
🕘 09:00~01:00

## 10 하슬라아트월드

하슬라는 강릉의 옛 지명으로 아름다운 바다가 한눈에 들어오는 언덕에 자리해 빼어난 조망을 자랑한다. 조각가 부부가 직접 꾸민 예술공원으로 강릉의 아름다운 자연을 배경으로 들어선 예술작품들이 색다른 풍경을 연출한다. 미술관과 야외조각공원, 여유로운 산책로가 자리해 아이들과 함께 천천히 둘러보길 추천한다. 감각적인 디자인의 호텔도 자리해 숙소로 선택해도 좋다.

📍 강원 강릉시 강동면 율곡로 1441
☎ 033-644-9411
🌐 www.haslla.kr
🕘 09:00~18:00
　성수기 08:00~19:00
₩ 성인 10,000원
　어린이 9,000원(통합관람권 기준, 36개월 미만 무료)

❶ 노추산 모정탑

❷ 작은식당835

❸ 오죽헌

❹ 강릉예술창작인촌

❺ 참소리축음기
에디슨과학박물관

❻ 강릉선교장

❼ 동화가든

❽ 허균허난설헌기념관

❾ 산토리니커피

❿ 하슬라아트월드

### 엄마의 여행팁

◉ 노추산 모정탑길은 경사가 완만한 산책코스이지만 산길이라 군데군데 돌과 바위가 있어요. 바닥이 단단하고 걷기 편한 신발과 마실 물을 미리 준비하세요.

**여기도 좋아요!**

### 강릉솔향수목원

강릉시에서 운영하는 24만 평 규모의 수목원으로 아름다운 금강소나무숲을 만날 수 있어 너무 특별하다. 다양한 종류의 수목은 물론 계절마다 색색의 야생화가 피고 귀여운 다람쥐와 시원한 계곡도 만날 수 있다.

📍 강원 강릉시 구정면 구정중앙로 92-177
☎ 033-660-2322 ⊕ www.gnsolhyang.kr
🕘 09:00~18:00 11월~2월 09:00~17:00(월요일 휴원)
₩ 무료

### 정동진 레일바이크

정동진역 주변을 순회하는 레일바이크로 전 구간 아름다운 동해를 옆에 끼고 달릴 수 있어 색다른 추억이 된다. 시원한 바닷바람을 가르며 달리는 기분도 특별하고 가족이 함께 페달을 밟으며 교감할 수 있다는 점도 매력이다.

📍 강원 강릉시 강동면 정동길 17 ☎ 033-655-7786
⊕ www.sunbike.kr 🕘 09:00~17:00 1일 8회 운행(동절기 1일 7회) ₩ 2인승 12,000원 4인승 18,000원

### 썬크루즈호텔

정동진에 자리한 크루즈형 호텔로 마치 산 위에 배가 올라앉은 듯한 독특한 모양 때문에 해외에서도 인기를 끌었던 곳이다. 객실에서 바라보는 바다 전망이 훌륭하며 아름다운 조각공원을 산책할 수 있어 가족끼리 쉬어가기 좋다.

📍 강원 강릉시 강동면 헌화로 950-39
☎ 033-610-7000 ⊕ www.esuncruise.com
₩ 스탠다드더블 90,000원대

충남
예산

나라를 사랑하는 마음을 배워요
# 윤봉길의사기념관

**HERE!** 요즘 아이들에게 조국이나 애국의 의미는 점점 가벼워지고 있는 것 같다. 아직 어린 아이에게 이 같은 주제가 다소 무겁게 느껴질 수도 있겠지만, 어릴 때부터 자연스레 자신이 태어나고 발 딛고 있는 나라의 소중함을 느낄 수 있도록 해주는 것이 진정한 역사교육이 아닐까? 충남 예산에는 조국의 독립을 위해 목숨조차 아끼지 않았던 윤봉길 의사의 생가와 기념관이 자리해 아이들과 한번 들러볼 만하다.

찾아가는 길
서울남부터미널에서 예산행 버스를 타고 2시간

"丈夫出家生不還, 대장부가 집을 떠나 뜻을 이루기 전에는 살아서 돌아오지 않는다."

이처럼 비장한 글을 남기고 고향인 예산을 떠나 망명의 길에 오른 스물세 살의 청년 윤봉길은 중국에서 백범 김구를 만나 그 유명한 상해 홍구공원 거사를 모의한다. 일본군의 전승행사가 열리는 축제의 한가운데, "부모의 사랑과 형제의 사랑, 그리고 처자의 사랑 위에 조국의 사랑이 있다"고 말했던 그는 도시락과 물통으로 위장한 폭탄을 던지고 현장에서 체포된다. 그가 던진 폭탄은 전 세계의 이목을 집중시키며 임시정부의 독립운동에 막강한 힘을 실어줬고, 중국 정부조차 "중국의 백만대군도 못한 일을 일개 조선 청년이 해냈다"고 놀라워했다. 이후 윤봉길 의사는 일제의 가혹한 고문 끝에 총살형으로 짧은 생을 마감했는데 그때 나이 겨우 스물다섯이었다.

윤봉길 의사의 위패를 모신 사당인 충의사 곁에 자리한 기념관에는 생전에 사용했던 유품 56점이 전시돼 있다. 그중에는 김구 선생이 이끄는 한인애국단에 윤봉길 의사가 입단할 때 직접 손으로 쓴 선서문과 홍구공원으로 거사를 위해 떠나는 날 백범의 것과 바꾸었다는 회중시계도 포함돼 있다. 당시 그는 자신에게 남은 시간이 그리 길지 않음을 직감하고 김구의 낡은 시계를 바꾸어 찼다고 하는데, 그 의연하고 담담한 모습이 모형과 내레이션으로 재현돼 보는 이들의 마음을 뭉클하게 한다.

전시관을 둘러보다 윤봉길 의사가 어린 두 아들에게 남긴 편지글

앞에서 걸음을 멈췄다. 아직 강보에 싸인 두 아이에게 조선을 위해 용감한 투사가 되라고 당부한 그는 아비 없음을 슬퍼하지 말라며 아내에게도 그 뜻을 감당할 수 있는 어머니가 되기를 부탁한다. 문득 남편과 나는 그런 아버지, 어머니가 될 수 있을까 자문하다 고개를 가로젓고 말았다. 역사의식은 가르침의 대상이 아니라 부모인 우리부터 바로 세워야 할 정신문화의 유산이라는 것을 아이를 위해 떠난 여행에서 배웠다.

충남 예산은 온 가족이 온천욕을 즐기며 쉬어갈 수 있는 여행지이자, 추사 김정희와 매헌 윤봉길 등 역사적 인물의 흔적들도 만날 수 있다. 더불어 도시의 분주한 시간을 잠시 잊고 자연의 흐름대로 천천히 걷고 먹을 수 있는 슬로시티로도 유명하다.

## 예산
### 하룻밤코스

### 1 수덕사

대표적인 백제시대 사찰로 살빛 아름다운 대웅전은 안동의 봉정사 극락전, 영주의 부석사 무량수전과 함께 현존하는 가장 오래된 목조건물의 하나로 꼽힌다. 덕숭산 자락에 아늑하게 자리잡은 수덕사는 다수의 부속 암자를 포함하고 있어 구석구석 둘러보는 재미도 특별하다. 일주문 근처에는 독창적인 작품 세계로 사랑받은 화가 이응노의 암각화가 남아 있는 수덕여관이 자리해 눈길을 끈다.

📍 충남 예산군 덕산면 수덕사안길 79
☎ 041-330-7700
🌐 www.sudeoksa.com
₩ 성인 3,000원 청소년 2,000원 어린이 1,000원(미취학 아동 무료)

### 2 윤봉길의사기념관

매헌 윤봉길 의사의 생가지에 조성된 기념관으로 보물로 지정된 의사의 유품 다수가 전시되어 있어 아이들과 들러볼 만하다. 전시관 옆에는 영정을 모신 충의사가 자리하고 있고, 길 건너에는 생가인 광현당과 중국으로 망명하기 전까지 생활했던 저한당이 있어 의사의 숨결을 고스란히 느끼게 한다. 매년 4월에는 윤봉길 의사의 애국과 충의정신을 기리는 문화제가 열려 볼거리를 더한다.

📍 충남 예산군 덕산면 덕산온천로 183-5
☎ 041-339-8233
🕘 09:00~18:00
　 동절기 09:00~17:00
₩ 무료

### 3 보해맛동산

리솜스파캐슬 입구에 자리한 한식당으로 영양굴밥과 청국장이 인기 메뉴다. 특히 돌솥에 탱글탱글한 굴을 듬뿍 넣어 갓 지어낸 영양굴밥은 특유의 바다향과 부드러운 식감이 어우러져 든든한 한끼가 된다. 바닷바람에 자연 건조시킨 굴비를 통보리 항아리에 넣고 숙성시킨 보리굴비도 이곳의 별미다.

📍 충남 예산군 덕산면 덕산온천로 291-1
☎ 041-338-0028
🕘 11:00~22:00
₩ 보리굴비 정식 22,000원

### 4 리솜스파캐슬

일찍이 율곡 이이도 효능이 탁월한 온천수로 소개한 바 있는 덕산온천을 활용한 온천테마파크로, 숙박시설을 겸하고 있어 온 가족이 편안하게 쉬어가기 좋다. 유럽과 동남아, 일본과 미국 등 전 세계의 다양한 스파 형태를 적용한 온천욕을 즐길 수 있으며 실내와 실외 모두 스파시설을 갖추고 있어 사계절 언제든 물놀이를 할 수 있다. 특히 아이들이 좋아하는 어트렉션이 많아서 색다른 재미를 느낄 수 있다.

📍 충남 예산군 덕산면 온천단지3로 45-7
☎ 041-330-8000
🌐 www.resom.co.kr/spa
🕘 09:00~18:00
    주말 및 공휴일 09:00~21:00
₩ 성인 48,000원 청소년 및 어린이 30,000원(종일권 기준)

### 5 슬로시티대흥

옛 백제의 성터가 남아 있는 봉수산 아래 오붓하게 들어앉은 예산군 대흥면은 아름다운 자연환경과 오랜 역사문화를 바탕으로 지난 2009년 슬로시티로 인증받았다. 전래동화로도 익숙한 〈의좋은 형제〉의 실제 배경이기도 한 이곳엔 효심이 지극하고 우애가 깊었던 이성만과 이순 형제를 기리는 비석이 자리해 그 의미를 더한다. 아이들과 함께 걷기 좋은 '꼬부랑길'과 여행의 추억을 기록해보는 미니어 행복 만들기 체험도 흥미롭다.

📍 충남 예산군 대흥면 중리길 49
☎ 041-331-3727
🌐 www.slowcitydh.com

### 6 예당저수지

1960년대에 우리나라에서 가장 큰 저수지로 조성되었던 예당저수지는 예산과 당진의 주요 농경지에 물을 공급하는 역할을 담당했다. 지금은 중부권 최고의 낚시터로도 유명한데 한겨울 얼음낚시도 가능해 일년내내 낚시꾼들의 발길이 이어지고 있다. 최근엔 저수지 주변으로 아름다운 산책로와 조각공원이 들어서고 아기자기한 카페와 레스토랑이 자리해 한가롭게 쉬어가기 좋다.

📍 충남 예산군 응봉면
☎ 041-339-8281

### 7 스페이스이앙

예당저수지를 바라보고 들어선 멋스런 카페로 조각공원이 바로 옆에 자리해 산책을 즐기기에도 좋다. 이앙은 우리말로 이음새를 뜻하는데, 사진을 좋아하는 주인장이 커피를 통해 예술과 인간, 그리고 인간과 인간을 이어주는 문화공간으로 꾸며가겠다는 꿈을 담고 있다. 카페에서 바라보는 풍경도 아름답다.

- 충남 예산군 응봉면 예당관광로 146
- ☎ 041-331-3086
- blog.naver.com/sink3066
- 11:00~22:00

### 8 소복갈비

박정희 전 대통령이 즐겨 찾았다고 하여 대통령의 맛집으로 유명한 식당이다. 예산에서 손꼽히는 갈비전문점으로 입구에 자리한 큼직한 화덕에서 갓 구워낸 구수한 양념갈비를 돌판에 담아낸다. 따로 불을 피우거나 구울 필요가 없기 때문에 어린 아이와 함께 먹기에도 부담이 없고 참숯의 향이 골고루 배어 맛도 뛰어나다.

- 충남 예산군 예산읍 천변로15번길 9
- ☎ 041-335-2401
- 10:30~21:00
- ₩ 생갈비 42,000원 양념갈비 34,000원

### 9 추사고택

추사체로 잘 알려진 조선 최고의 명필 김정희가 태어나고 자랐던 고택이다. 중부지방과 영남지방에서 주로 발견되는 'ㅁ'자 형태의 대갓집으로 선생의 고고한 정신세계를 그대로 담아낸 운치 있는 공간이다. 기둥 곳곳에는 추사의 글씨를 붙여놓았는데 마치 하나의 그림을 보는 것처럼 유려한 선이 인상적이다. 고택 근처에는 소박한 규모의 추사 묘도 자리해 함께 둘러보기 좋다.

- 충남 예산군 신암면 추사고택로 261
- ☎ 041-339-8242
- 09:00~18:00
- ₩ 무료

❶ 수덕사  → ❷ 윤봉길의사기념관  → ❸ 보해맛동산

❹ 리솜스파캐슬  → ❺ 슬로시티대흥  → ❻ 예당저수지

❼ 스페이스이앙  → ❽ 소복갈비  → ❾ 추사고택

### 엄마의 여행팁

⊙ 대중교통을 이용해 예산을 찾을 경우 리솜스파캐슬과 수덕사에서 직행노선을 운영하고 있으니 이를 활용하면 편리해요.

⊙ 리솜스파캐슬이 자리한 덕산온천 주변에는 다양한 숙박시설이 밀집해 있으며 소셜커머스를 활용하면 보다 저렴한 가격에 스파를 이용할 수 있어요.

## 여기도 좋아요!

### 한국고건축박물관

목조건축에 있어 손꼽히는 장인 중 하나인 전흥수 대목장이 설립한 박물관으로 숭례문을 비롯해 우리나라의 대표적인 목조건축물을 1/10 크기로 정밀하게 복원해 전시하고 있다. 나무 하나하나를 짜 맞춘 우리 건축의 아름다움을 느끼기에 충분하다.

📍 충청남도 예산군 덕산면 홍덕서로 543
☎ 041-337-5877  🌐 www.ktam.or.kr
🕘 09:00~18:00 동절기 09:30~17:00(월요일 휴관)
₩ 성인 3,000원 청소년 2,500원 어린이 1,500원

### 은성농원

예산은 사과가 맛있기로 유명한 고장인데 이 같은 사과를 직접 따보고 사과파이도 만들어볼 수 있는 체험형 농장이다. 사과로 만든 와인도 맛볼 수 있어 온가족이 함께 즐길 수 있는 공간이다.

📍 충남 예산군 고덕면 대몽로 107-5  ☎ 041-337-9585

### 한일식당

매월 2일, 7일에 열리는 삽교오일장의 장날과 그 전날에만 문을 연다고 하여 '유령식당'이란 별명이 붙었다. 이곳에선 얼큰한 국물의 소머리국밥을 내는데 양도 푸짐하고 가마솥에 푹 끓여낸 깊은 맛과 부드러운 식감이 만족스럽다.

📍 충남 예산군 예산읍 두리2길 60  ☎ 041-338-2654
🕘 08:00~19:30(장날, 장날 전날 휴무)
₩ 국밥 8,000원 국수 6,000원

충남
보령

바다를 품은 아름다운 놀이터
# 개화예술공원

HERE!

서해를 대표하는 여행지로 오랫동안 사랑받은 대천해수욕장은 수심이 얕고 모래도 부드러워 아이들과 함께 물놀이를 즐기기에 그만이다. 매년 7월이면 신나는 머드축제까지 더해져 다양한 볼거리를 챙길 수 있다. 개화예술공원은 이 같은 바다에 아름다운 예술과 초록빛 자연, 귀여운 동물친구까지 만날 수 있어 더욱 반가운 놀이터다.

찾아가는 길
동서울터미널에서 보령행 버스를 타고 3시간 30분

대천해수욕장에서 30여 분 거리에 자리한 개화예술공원은 미술관과 조각공원, 허브랜드 등 온가족이 함께할 수 있는 다양한 테마가 어우러져 바다와는 또 다른 즐길거리를 제공한다. 공원에 들어서자마자 가장 먼저 눈에 띄는 모산조형미술관은 마치 내부를 개인 아틀리에처럼 꾸며 멋스런 분위기를 즐길 수 있을 뿐 아니라, 입구에 아이들이 좋아하는 꽃사슴과 양이 지키고 있어 미술관임에도 친근하게 느껴진다.

이곳에선 매달 유명 화가들의 작품을 꾸준히 전시하고 있어 보령의 오랜 예술공간으로 사랑받고 있다. 미술관을 빠져나와 아름다운 연꽃길을 따라 걸으면 허브랜드를 만날 수 있는데, 무려 1,500여 평 규모의 그린하우스에서 다양한 종류의 허브와 관엽식물, 수생식물들이 자라고 있어 사계절 언제든 초록빛과 상큼한 향을 즐길 수 있다. 그 곁에는 봄기운을 듬뿍 담은 허브꽃비빔밥과 허브빵, 향긋한 허브차는 물론 지역에서 생산되는 갖가지 농산물을 판매하는 장터도 자리해 배를 채우거나 잠시 걸음을 쉬어가기에도 좋다. 또 허브를 활용한 비누 만들기나 도자기 만들기 등 어린이부터 어른들까지 모두 참여할 수 있는 체험프로그램도 다양하게 운영되고 있다.

개화예술공원에서 또 하나 눈여겨봐야 할 것은 보령 지역에서만 발견되는 오석(Black sand stone)이다. 세계 유일의 퇴적 흑사암으로 알려진 보령 오석은 퇴적된 검은 모래가 뜨거운 지열에 의해 마치 보석처럼 단단하게 구워진 것을 일컫는데, 갈면 갈수록 유리처럼 맑은 검푸른 빛깔을 띠고 정으로 쪼면 흰색으로 변하여 영원히 지워지지 않는 독특한 성질을 지녔다. 때문에 어떻게 다듬느냐에 따라 음영처리가 가능해 예부터 훌륭한 비석의 재료로 꼽혔다고 한다. 성주사지에 남아 있는 최치원의 비석도 이 같은 오석을 이용해 오랜 세월이 흘렀음에도 작은 글씨 하나하나 제 형태를 온전히 간직하고 있다. 공원 내에는 이 같은 오석을 활용한 다양한 조각 작품과 시비가 자리해 색다른 볼거리를 더한다.

충남 보령은 서해안을 대표하는 대천해수욕장, 자연과 예술이 어우러진 공원, 마음까지 깨끗해지는 산림욕을 즐길 수 있는 성주산 등 다채로운 매력으로 여행자들을 유혹한다. 철새들의 낙원으로 불리는 천수만이 있는 홍성과 가까워 함께 둘러보면 좋다.

## 보령 하룻밤코스

### 1. 대천해수욕장

서해안 최고의 휴양지로 꼽히는 대천해수욕장은 길고 넓은 백사장과 아름다운 기암괴석, 얕은 수심과 파도가 거칠지 않아 가족단위 관광객들에게 인기가 좋다. 관광지로서의 오랜 명성답게 주변에 다양한 편의시설이 잘 갖춰져 있으며 신선한 해산물을 즐길 수 있는 식당도 많다. 양질의 머드를 체험할 수 있는 체험센터도 운영하고 있어 색다른 재미도 느낄 수 있다.

📍 충남 보령시 신흑동 1029-3
☎ 041-933-7051
🔗 daecheonbeach.kr

### 2. 대천레일바이크

버려진 철길을 활용해 관광형 레일바이크를 운영하고 있다. 옥마역에서 출발해 남포면 옥동리까지 왕복 5km를 달리는 코스로 멀리 바다내음을 맡으며 정겨운 시골풍경을 끼고 달린다. 페달을 밟기 어려운 경사지에선 전기시설을 이용해 전동으로 움직이기 때문에 아이와 함께 타기에도 부담이 적다.

📍 충남 보령시 명천동 산33-1
☎ 041-936-4100
🔗 www.westopia.co.kr
🕘 09:00~17:00 1일 6회 운행
  (주중 1일 3회, 7월 23일~8월 21일 및 5월 주말 1일 7회 운행, 첫째 주 화요일 휴장)
₩ 2인승 20,000원
  3인승 23,000원
  4인승 26,000원

### 3. 개화예술공원

성주산 아래 자리한 대규모 예술공원으로 미술관과 야외조각공원, 식물원, 음악당 등 다양한 볼거리와 즐길거리가 있다. 조각공원에는 한국을 대표하는 시인들의 작품을 돌에 새겨 문학적 정취를 느끼기에 부족함이 없다. 꽃사슴에게 먹이를 주거나 토마스 열차를 타고 공원을 둘러보는 등 아이들이 좋아할 만한 체험도 다수 있다.

📍 충남 보령시 성주면 성주산로 673-47
☎ 041-931-6789
🔗 www.gaehwaartpark.com
🕘 09:00~18:00
  11월~2월 09:30~17:00
₩ 성인 5,000원
  청소년 및 어린이 3,000원(36개월 이하 무료)

## 4 보령석탄박물관

국내 최초의 석탄박물관으로 과거 우리 생활의 주요 연료이자 근대산업발전의 원동력이었던 석탄산업의 역사를 한눈에 살펴볼 수 있는 공간이다. 보령 최대의 탄전마을이었던 성주리 탄광촌의 풍경을 그대로 재현한 것은 물론 탄광노동자들이 이용하던 갱도와 작업환경도 실감나게 꾸몄다. 체험장에서는 실제 석탄가루를 이용한 연탄 만들기도 가능해 색다른 재미가 있다.

- 충남 보령시 성주면 성주산로 508
- ☎ 041-934-1902
- www.1stcoal.go.kr
- ⓒ 09:00~18:00
  11월~2월 09:00~17:00(월요일, 1월 1일 및 설날·추석 연휴 휴관)
- ₩ 성인 1,500원 청소년 800원 어린이 500원(5세 이하 무료)

## 5 성주산자연휴양림

차령산맥이 빚어낸 아름다운 산줄기 중 하나인 성주산에는 푸르른 녹음 사이에서 편안한 휴식을 즐길 수 있는 휴양림이 자리해 색다른 하룻밤을 즐기기에 좋다. 피톤치드를 가득 뿜어내는 편백나무 숲과 맑고 깨끗한 계곡이 한데 어우러진 이곳에선 도시생활의 분주함을 잠시 잊고 자연 속에서 쉬어가며 여유를 즐길 수 있다.

- 충남 보령시 성주면 화장골길 57-230
- ☎ 041-930-3529
- seongjusan.brcn.go.kr
- ₩ 숲속의 집(4인 기준) 70,000원

##  6 그림이 있는 정원

보령 근처 홍성에 자리한 아름다운 수목원으로 자연의 풍광을 있는 그대로 보존하고 있어 아이들과 편안하게 산책을 즐기기 좋다. 이름 그대로 다양한 그림이 걸린 미술관과 멋스런 전통가구전시장이 볼거리를 더하고, 봄이면 색색의 연산홍이, 여름이면 우아한 연꽃이 가득 피어 걷는 즐거움을 더한다. 전망대까지 오르면 수목원의 전경을 한눈에 담을 수 있으며 중간마다 쉼터와 카페도 자리해 천천히 둘러보길 추천한다.

- 충남 홍성군 광천읍 충서로 400번길 102-36
- ☎ 041-641-1477
- gallerygarden.theione.kr
- 09:00~일몰시
- ₩ 성인 7,000원 청소년 4,000원 어린이 3,000원

##  7 삼거리갈비

방송에도 여러번 소개되었던 갈비 전문점으로 30년이 넘는 세월 동안 한자리를 지키고 있는 홍성의 대표적인 맛집이다. 독특한 무쇠 불고기판에 구워내는 양념갈비가 일품인데 갖은 재료를 넣어 적당히 숙성시킨 감칠맛이 입맛을 돋운다. 담백한 국물과 부드러운 육질이 잘 어우러진 갈비탕도 인기 메뉴다.

- 충남 홍성군 홍성읍 월계천길 238
- ☎ 041-632-2681
- 09:00~22:00 (설날·추석 연휴 휴무)
- ₩ 생갈비 34,000원 갈비탕 12,000원

##  8 홍성조류탐사과학관

철새들의 낙원으로 불리는 천수만의 생태환경을 한눈에 살펴볼 수 있는 공간으로, 아이들도 다양한 새의 종류와 하늘을 나는 원리 등을 접할 수 있어 흥미롭다. 특히 철새들이 돌아오는 동절기에는 전문가가 함께하는 탐조프로그램도 운영해 직접 쌍안경을 통해 새들을 관찰하고 모이를 주는 특별한 체험도 가능하다.

- 충남 홍성군 서부면 남당항로 934-14
- ☎ 041-630-9696
- 10:00~18:00 동절기 10:00~17:00
- ₩ 성인 3,000원 청소년 2,000원 어린이 1,500원 (5세 이하 무료)

❶ 대천해수욕장

❷ 대천레일바이크

❸ 개화예술공원

❹ 보령석탄박물관

❺ 성주산자연휴양림

❻ 그림이 있는 정원

❼ 삼거리갈비

❽ 홍성조류탐사과학관

### 엄마의 여행팁

◉ 대천레일바이크는 시즌에 따라 운영횟수가 달라지므로 이용 전에 미리 탑승시간을 확인하도록 하세요.

◉ 개화예술공원에서는 오토캠핑장을 운영하고 있어요. 캠핑 장비를 갖춘 가족이라면 이곳에서 숙박을 해결하는 것도 색다른 추억이 됩니다.

◉ 개화예술공원에서는 여름에는 수영장, 겨울에는 썰매장을 운영해요. 계절에 따라 놀이시설 운영 여부를 확인하고 미리 옷이나 장비를 챙기는 것도 좋아요.

## 여기도 좋아요!

### 서해금빛열차

코레일에서 운영하는 테마열차로 서해안의 금빛 낙조를 감상할 수 있다고 하여 금빛열차라 이름 붙였다. 기존의 열차들과 달리 온돌방을 따로 운영하고 있어 가족단위 여행객들에게 색다른 추억을 선사한다.

₩ 서해금빛열차 보령패키지 성인 51,000~57,000원 청소년 및 어린이 47,000원

### 죽도 상화원

보령의 아름다운 섬 죽도에 자리한 전통식 정원으로 호젓한 산책로와 연못 등이 어우러져 마음까지 느긋하게 만들어준다. 전통한옥을 충실하게 이건 또는 복원한 한옥마을도 자리해 독특한 풍광을 연출한다.

📍 충남 보령시 남포면 남포방조제로 408-83
☎ 041-933-4750  🌐 www.sanghwawon.com
⊙ 주말 및 법정공휴일 11:00~17:00 7월 1일~8월 31일 매일 개방(월요일 휴관)  ₩ 성인 6,000원 어린이 4,000원

강원
영월

오늘은 나도 라디오 DJ
# 라디오스타박물관

국민배우 안성기와 박중훈 주연의 영화 〈라디오스타〉는 무려 10여 년 전 작품임에도 여전히 영월 곳곳에서 그 흔적을 만나볼 수 있다. 당시 영화의 주요 배경으로 등장했던 영월은 몰락한 왕년의 스타 '최곤'이 오만했던 과거의 껍질을 깨고 나와 주변의 소중했던 인연들을 돌아보도록 하는 따뜻하고 순수한 공간이었다. 때문에 영월 여행은 엄마 아빠에게 영화의 아련한 감동을, 아이에게는 직접 라디오 DJ로 변신해보는 특별한 경험을 선물한다.

찾아가는 길
동서울터미널에서 영월행 버스를 타고 2시간

"자기 혼자 빛나는 별은 없어. 별은 다 빛을 받아서 반사하는 거야."

한때 잘나가는 가수였던 주인공은 저 홀로 반짝반짝 빛나는 '스타'가 되었다고 생각하지만 그의 곁에는 가족과의 소중한 시간도 포기하고 스스로 빛이 되어준 매니저가 있었다. 그림자처럼 느껴졌던 그가 사실은 자신을 돋보이게 해준 빛이었다는 걸 깨닫게 되는 과정을 그린 영화 〈라디오스타〉는, 그래서 평범하고 가끔은 지겹게 느껴졌던 일상과 주변의 귀중함을 돌아보게 한다. 꽤 오래 전의 영화인 데다 천만 관객을 동원한 메가히트작도 아니었는데 여전히 그 감동을 되짚어 영월을 찾아오는 이들이 있는 걸 보면 〈라디오스타〉의 감동은 사람 사이의 온기처럼 은근하고 잔잔한 모양이다. 나 역시 어느 케이블채널에서 재방송하는 〈라디오스타〉를 보고 갑작스레 영월행을 결정했다.

라디오스타박물관은 영화의 주요 촬영지였던 구 KBS 영월방송국을 그대로 활용해 더욱 실감나는 방송체험을 즐길 수 있다. 박물관에 들어서면 영화의 감동을 곱씹어볼 수 있는 '라디오스타관'을 시작으로 라디오의 역사를 한눈에 살펴볼 수 있도록 다양한 종류의 라디오도 전시하고 있다. 또 과거의 인기 라디오방송과 그 DJ들을 추억할 수 있는 공간도 눈길을 끈다.

2층에는 라디오 스튜디오가 자리하고 있는데, 이곳에서 실제 라디오방송에 사용됐던 대본들을 가지고 DJ가 된 것처럼 자신만의 라디오방송을 꾸며볼 수 있다. 원하는 음악도 삽입해 나만의 방송을 완성하면 해당 파일을 메일로 보내 색다른 추억을 오랫동안 간직할 수 있다.

어디서 보았는지 아이는 헤드폰까지 쓰고 제법 DJ다운 모양새로 자신만의 방송에 빠져든다. 처음엔 기상캐스터 흉내도 내고 뉴스 앵커처럼 사고 소식도 전하더니 나중엔 제 마음대로 멘트를 지어내기 시작한다.

"오늘 엄마와 함께 라디오박물관에 왔는데 참 좋았습니다. 엄마는 최고 선물입니다. 엄마가 있어서 행복합니다."

매일 밤 잠들기 전 속삭이던 엄마의 말들을 그대로 되돌려주는 꼬마 DJ의 앙증맞은 멘트에 영화보다 더 큰 감동이 밀려온다. 〈라디오 스타〉 속 주인공처럼 나 역시 매일 반복되는 아이와의 일상이 얼마나 소중한지 깨닫는다.

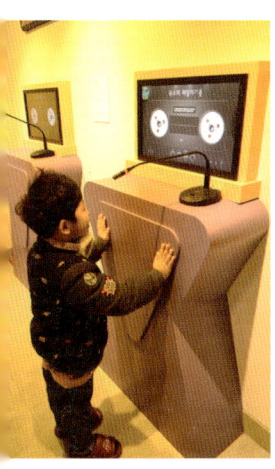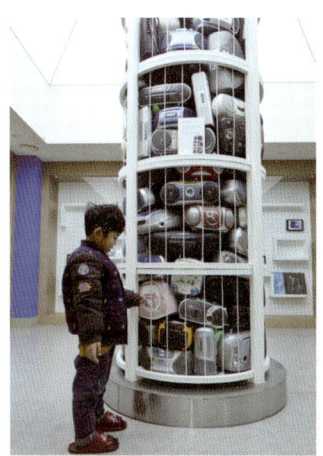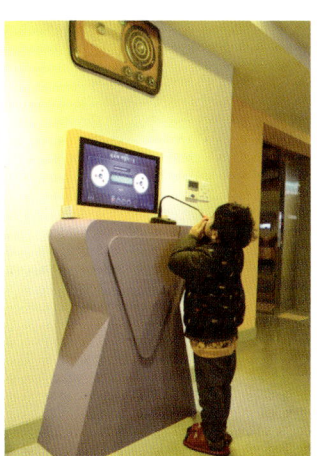

**영월**

# 하룻밤코스

### 1 영월서부시장

영월읍내에서 가장 큰 규모의 재래시장으로 시장 한편에 마련된 향토먹거리장터에선 메밀전병과 올챙이국수 등 영월을 대표하는 다양한 먹거리를 맛볼 수 있다. 외관은 허름해도 전국 3대 닭강정으로 꼽히는 식당도 자리해 여행자들의 발길을 끈다. 이곳 서부시장에서도 영화 〈라디오스타〉의 흔적을 만날 수 있는데, 건물 외관에 주인공인 안성기와 박중훈의 얼굴이 그려져 친근함을 더한다.

📍 강원 영월군 영월읍 서부시장길 13-1

### 2 요리골목

서부시장 맞은편에 자리한 요리골목은 과거 탄광노동자들이 즐겨 찾던 공간으로, 지난 2006년 '지붕 없는 미술관'이란 이름으로 다양한 벽화와 설치작품이 들어서 천천히 걸으며 둘러보기 좋다. 영월 출신의 배우 유오성의 조각상과 연탄의 소중함을 되새겨볼 수 있는 안도현의 시 등 아기자기한 볼거리가 거리를 가득 채우고 있다.

📍 강원 영월군 영월읍 하송안길 100(영월초등학교)

### 3 청록다방

영화 〈라디오스타〉에 등장했던 다방으로 프랜차이즈 카페에 익숙한 젊은이들도 일부러 찾아올 만큼 지역의 명소가 되었다. 영화 속에서 보았던 낡은 소파와 허름한 인테리어, 벽면을 가득 채운 영화 포스터와 배우들의 사진이 색다른 볼거리가 된다. 커피와 녹차, 한방차 등이 대표 메뉴이기는 하지만 아이들을 위한 고소한 율무차와 달콤한 핫초콜릿도 판매한다.

📍 강원 영월군 영월읍 중앙로 58
☎ 033-373-2126
🕖 07:00~24:00
₩ 커피 2,000원
　율무차 3,000원

때 묻지 않은 자연환경과 다양한 역사유적지로 잘 알려진 강원도 영월이지만 최근에는 이 같은 영월에 매료된 수십 개의 사립박물관들이 들어서면서 '박물관 고을'이란 애칭으로 불린다. 영월의 따뜻한 인심을 소재로 한 영화 〈라디오스타〉를 촬영한 라디오스타박물관은 물론 인도미술박물관과 악기박물관 등 관심사에 따라 다양한 볼거리를 챙길 수 있다.

### 4 라디오스타박물관

영화 〈라디오스타〉에서 중요한 공간적 배경이었던 지역 방송국을 리모델링해 박물관으로 꾸몄다. 영화 속 주인공처럼 라디오 스튜디오에서 직접 DJ로 변신해볼 수 있는 체험프로그램을 운영하고 있어 아이들에게 좋은 반응을 얻고 있다. 실제 라디오 방송에 사용되었던 대본과 편집 시설, 주크박스 등 일상에서 접하기 어려운 다양한 볼거리와 체험거리가 가득하다. 입구엔 라디오 모양의 아담한 카페가 있어 쉬어가기 좋다.

- 강원 영월군 영월읍 금강공원길 84-3
- ☎ 033-372-8123
- www.radiostar.or.kr
- 09:00~18:00(월요일, 1월 1일 및 설날 및 추석 당일 휴관)
- ₩ 성인 4,000원
  청소년 3,000원
  어린이 2,000원

###  5 청령포

영월은 조선 역사상 가장 비극적인 운명을 맞았던 임금인 단종이 어린 나이에 세조에게 왕위를 빼앗기고 유배생활을 했던 곳이기도 하다. 단종의 유배지로 잘 알려진 청령포는 삼면이 강으로 둘러싸인 섬이라 그의 외로웠던 생활을 짐작케 한다. 임금이 생활하던 단출한 어가와 한양을 바라보며 그리움을 달랬다는 노산대, 임금의 유일한 벗이 되었던 관음송 등 가슴 아픈 역사가 그대로 남아 있다.

- 강원 영월군 영월읍 청령포로 133
- ☎ 033-374-4215
- 09:00~18:00
- ₩ 성인 2,000원
  청소년 및 어린이 1,200원(도선료 포함)

## 6 별마로천문대

봉래산 정상에 자리한 천문대로 해발 800m에 위치해 최상의 관측조건을 갖췄다. 맑고 깨끗한 자연환경을 가진 영월에선 맑은 날이면 어디서든 아름다운 별을 관찰할 수 있는데, 이곳 천문대에선 보다 선명한 밤하늘과 영월읍내의 정겨운 야경까지 한눈에 담을 수 있어 특별한 여행의 추억을 만들어준다. 관측프로그램 운영시간이 따로 정해져 있어 홈페이지를 통해 미리 예약해야만 이용이 가능하다.

📍 강원 영월군 영월읍 천문대길 397
☎ 033-372-8445
♣ www.yao.or.kr
⏱ 15:00~23:00
  10월~3월 14:00~22:00(월요일 및 설날·추석 연휴 휴관)
₩ 성인 7,000원 청소년 6,000원 어린이 5,000원

## 7 심야식당 게스트하우스

법흥사 입구에 자리한 게스트하우스로 도미토리와 함께 원룸형 민박도 운영하고 있어 가족단위로 머물기에도 부담이 없다. 영월읍내와 조금 떨어져 있지만 그만큼 더 깨끗하고 아름다운 영월의 속살을 만날 수 있는 공간이다. 특히 2층 옥상에서 바라보는 밤하늘이 눈부시다. 아침에는 카페에서 토스트와 커피 등 간단한 조식도 챙겨 먹을 수 있다.

📍 강원 영월군 수주면 백년계곡길 11
☎ 010-2363-9283
♣ js9283.modoo.at
₩ 원룸형 50,000원

## 8 법흥사

신라시대 사찰로 우리나라 5대 적멸보궁 중 하나인 터라 전국에서 수많은 불자들이 일부러 찾아오는 불교 성지다. 적멸보궁이란 석가모니의 진신사리를 모신 사찰을 의미하는데 오대산 상원사와 태백산 정암사, 영축산 통도사, 설악산 봉정암 등이 여기에 속한다. 또 종이가 없던 시절에 영라수 잎에 범어로 경전을 기록한 희귀한 패엽경도 봉안하고 있어 특별한 볼거리가 된다.

📍 강원 영월군 수주면 무릉법흥로 1352
☎ 033-375-9173
♣ www.bubheungsa.kr
⏱ 08:00~18:00

## 9 요선정(요선암)

동강으로 흘러드는 법흥계곡의 아름다운 풍광을 한눈에 담을 수 있는 정자로 숙종이 하사한 어제시 편액이 걸려 있다. 요선정이란 이름은 조선 전기를 대표하는 문인 양사언이 이곳의 풍경에 반하여 '신선이 유람하는 암자'라는 뜻의 요선암을 바위에 새긴 데서 유래했다. 요선암은 그 이름처럼 부드러운 곡선으로 이루어진 독특한 모양의 바위들이 모여 있어 신비로운 풍광을 만날 수 있다.

- 📍 강원 영월군 수주면 도원운학로 13-39
- ☎ 1577-0545

## 10 인도미술박물관

인도의 아름다운 문화예술에 매료되어 직접 수집한 미술작품과 생활용품들을 전시한 공간이다. 인도 특유의 화려한 색감과 생동감 넘치는 표현력 때문인지 아이들도 무척 흥미롭게 관람한다. 전시 외에도 나무판에 쌀가루로 그림을 그리는 왈리 페인팅과 천연염색제인 헤나 등 인도의 전통문화를 체험해볼 수 있는 프로그램은 물론 인도의 전통의상도 직접 입어볼 수 있어 색다른 경험이 된다.

- 📍 강원 영월군 주천면 송학주천로 899-6
- ☎ 033-375-2883
- 🌐 blog.naver.com/indianart
- 🕙 10:00~18:00
  11월~2월 10:00~17:00(월요일 휴관)
- ₩ 성인 5,000원 청소년 4,000원 어린이 3,000원

인도 왕자님으로 변신!

 ❶ 영월서부시장
 ❷ 요리골목
 ❸ 청록다방

 ❹ 라디오스타박물관
 ❺ 청령포
 ❻ 별마로천문대

 ❼ 심야식당게스트하우스
 ❽ 법흥사
 ❾ 요선정

 ❿ 인도미술박물관

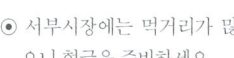 엄마의 여행팁

- 서부시장에는 먹거리가 많으니 현금을 준비하세요.
- 별마로천문대로 올라가는 길은 좁고 경사가 급해서 운전에 각별히 유의해야 합니다. 버스를 이용해 찾아갈 경우 미리 예약을 해야 좌석을 배정받을 수 있습니다.

## 여기도 좋아요!

### 영월장릉

영월에서 유배생활 끝에 사약을 받고 억울하게 생을 마감한 어린 임금 단종이 잠들어 있는 곳이다. 영월 사람들도 단종에 대한 애틋함 때문인지 수시로 들러 참배하고 쉬어가는 특별한 공간이다.

📍 강원 영월군 영월읍 단종로 190
☎ 033-370-2619 ⏰ 09:00~18:00
₩ 성인 2,000원 청소년 1,500원 어린이 1,000원

### 선암마을

삼면이 바다로 둘러싸인 한반도의 모습을 그대로 옮겨 놓은 듯 신비로운 풍경을 만날 수 있는 마을이다. 그 특별한 모양 때문에 지명도 한반도면으로 바뀌었을 만큼 영월을 대표하는 여행지로 트레킹이나 뗏목을 타고 마을 둘레를 돌아볼 수 있다.

📍 강원도 영월군 한반도면 선암길 66-9
🌐 hanbando.go2vil.org

### 고씨동굴

임진왜란 당시 고씨 가족이 피난했던 곳이라 하여 고씨동굴이라 한다. 오랜 세월 독립된 생태계를 유지하며 아름다운 비경을 간직하고 있어 천연기념물로도 지정됐다. 다양한 동굴 풍경을 만날 수 있어 아이들과 함께 들러보기 좋다.

📍 강원 영월군 김삿갓면 진별리 산262
☎ 033-370-2621 ⏰ 09:00~18:00 동절기 09:00~17:00
₩ 성인 4,000원 청소년 3,000원 어린이 2,000원

전북
완주

아픈 역사 위에 예술을 꽃피우다
# 삼례문화예술촌

"호남은 삼례로 통한다"고 했을 만큼 화려한 전성기를 누렸던 완주 삼례는 전주역에서 열차를 타면 10분도 채 걸리지 않을 만큼 가깝다. 이곳엔 일제강점기 수탈의 상징이었던 양곡창고를 지역주민들을 위한 예술공간으로 재탄생시킨 삼례문화예술촌이 자리하고 있다. 볼거리 가득한 헌책방과 나만의 책을 만들어볼 수 있는 책공방, 나무 다듬는 소리가 정겨운 목공소까지 따스한 감성이 여행자의 마음을 두드린다.

찾아가는 길
서울남부터미널에서 삼례행 버스를 타고 3시간 10분

과거 삼례는 역참이 자리했던 교통의 요지였다. 역참이란 국가의 명령이나 공문서 등을 전달하기 위해 교통의 요충지마다 설치했던 일종의 국가시설로, 지금도 기차역을 가리키는 '역'자가 이 역참에서 유래했다. 당시 삼례는 한양에서 해남을 잇는 삼남대로와 통영을 잇는 통영대로가 만나는 분기점에 자리해 호남 최대 규모의 역참이 설치됐다. 자연스레 상업이 번성하고 교육과 문화의 중심지로 떠오른 것은 물론, 만경강 상류에 자리해 토지가 비옥하고 기후가 온화하니 1년 내내 곡식이 풍성하고 물길이 마르지 않았다. 하지만 일제강점기에 접어들면서 삼례를 둘러싼 이 같은 천혜의 환경은 오히려 수탈의 주요한 이유가 되고 만다. 만경평야에서 생산되는 막대한 양곡에 편리한 교통요건까지 갖췄으니 군량미 수탈에 혈안이 된 일본으로선 더없이 좋은 조건을 갖춘 셈이었다.

결국 일제는 보다 원활한 양곡 수탈을 위해 삼례역을 짓고 철도를 이용해 근처 군산으로 대량의 쌀을 빼돌렸다. 삼례역 주변에는 농민들에게 빼앗은 쌀을 저장하기 위한 대형 창고들이 세워졌고 군산, 김제와 더불어 삼례는 일제 양곡 수탈의 중심지로 떠올랐다. 수많은 양곡창고에서 밤마다 "한 말 한 섬" 쌀 세는 소리가 끊이지 않았고, 삼례 주민들은 그 소리를 들으며 나라 잃은 아픔과 배고픔을 눈물로 삼켜야 했다.

삼례역을 빠져나와 가장 먼저 눈에 띈 건물도 이처럼 일제강점기에 사용되었던 양곡창고들이다. 그런데 이들 내부엔 아픈 역사의 흔적

추억이 쌓이는 하룻밤 여행

이나 수탈의 대상이었던 쌀 대신 책과 예술작품 등 색다른 볼거리들로 채워졌다. 일본인 대지주가 사용했던 삼례양곡창고는 'VM아트미술관'으로, 그 옆에는 국내외의 우수한 디자인제품을 한자리에 모아둔 '디자인박물관'이 들어섰다.

건너편 '책박물관'에서는 지난 100년 동안 다양하게 변화해온 우리나라의 북디자인을 살펴볼 수 있다. 특히 '국민학교' 시절 교과서에서 만났던 친근한 인물인 '철수와 영이'를 탄생시킨 김태형 작가의 그림을 만날 수 있어 반갑다. 책박물관 한편에는 무인서점이 운영되고 있는데 소설과 시집, 수필 등 다양한 장르의 책을 판매하는 헌책방으로 책값은 양심껏 지불하도록 한다. 어린이들을 위한 동화책도 다양해서 어느새 아이는 책방 한편에 자리를 잡고 앉아 앤서니 브라운의 그림책을 구경하기 바쁘다. 이곳에선 책을 읽는 것에서 그치지 않고 직접 만들어보는 체험도 가능하다. '책공방북아트센터'를 방문하면 나만의 책을 직접 만들어볼 수 있는데, 손바닥만 한 팝업북부터 스크랩북과 가죽다이어리 등 원하는 형태를 골라 제본부터 손수 체험할 수 있다. 또 책을 만드는 데 사용되는 활판인쇄기와 제본기, 접착기 등 다양한 기계도 함께 전시되어 있어 구경하는 재미가 쏠쏠하다.

잠시 걸음을 쉬어가려 '문화카페'에 들어서니 옛 양곡창고의 나무골조 사이로 커피향이 은은하게 배어 색다른 분위기를 자아낸다. 카페에서 직접 만들었다는 빵도 담백하니 맛있다. 예술촌 안마당에는 작은 공연장도 자리해 주말이면 소규모 공연이나 플리마켓도 열린다.

완주

# 하룻밤코스

## 1. 삼례문화예술촌

호남 최대의 역참지이자 일제강점기 수탈의 아픔이 고스란히 남아 있는 완주 삼례에 조성된 문화예술촌으로 지역의 역사성 위에 주민들의 문화적 감수성을 꽃피운 공간이다. 인사동에서 오랜 명성을 쌓아온 김상림목공소를 비롯해 미디어아트미술관과 디자인뮤지엄, 누구나 책을 접할 수 있는 책박물관과 책공방 등이 있으며 문화카페에선 커피스쿨도 열린다.

📍 전북 완주군 삼례읍 삼례역로 81-13
☎ 070-8915-8121
🌐 www.srartvil.kr
🕐 10:00~18:00(월요일, 1월 1일 휴관)
₩ 성인 2,000원 청소년 1,000원 어린이 500원

## 2. 비비정농가레스토랑

지역 청년회에서 운영하는 농가레스토랑으로 마을에서 생산되는 신선한 재료들로 버섯전골과 꽃게탕 등을 낸다. 비비정마을 할머니들이 직접 만든 반찬들도 맛깔스럽다. 레스토랑 바로 옆에는 고풍스런 옛 삼례양수장 건물이 그대로 남아 있고, 삼례의 드넓은 논밭을 한눈에 담을 수 있는 아름다운 카페도 자리해 천천히 쉬어가기 좋다.

📍 전북 완주군 삼례읍 비비정길 26
☎ 063-291-8609
🌐 blog.naver.com/bibijeong8606
🕐 10:30~21:30(월요일 휴무)
₩ 김치전골 10,000원 버섯전골 12,000원

## 3. 남부시장 청년몰

전주 남부시장 2층에 자리한 청년몰은 이름 그대로 지역 청년들이 운영하는 개성 넘치는 공간이다. 오랫동안 물건을 쌓아놓는 창고로 사용되던 공간을 열정 가득한 청년 장사꾼들이 카페와 공방, 갤러리 등으로 꾸몄다. 이탈리아와 스페인, 멕시코까지 다양한 국적의 음식을 맛볼 수 있는 것은 물론 전주여행의 감성을 듬뿍 담은 디자인 소품들도 눈길을 사로잡는다. 주말에는 다양한 공연도 열려 볼거리를 더한다.

📍 전북 전주시 완산구 풍남문2길 53
☎ 063-288-1344
🌐 simsim1968.blog.me
🕐 11:00~24:00(가게에 따라 조금씩 다름)

일반 여행자들에게는 조금 낯설게 느껴지는 완주군이지만 전주와 버스, 기차 등으로 좁좁히 연결돼 있어 접근성이 좋은 편이다. 과거 호남 최대의 역참이 설치됐던 삼례를 거쳐 전주로 이동하면 고풍스런 매력의 한옥마을과 청년들의 뜨거운 열정이 가득 느껴지는 남부시장 등을 알차게 돌아볼 수 있다.

## 4 자만벽화마을

한옥마을과 도로 하나를 사이에 두고 마주한 자만마을은 한국전쟁 당시 피난민들이 몰려들어 형성된 전형적인 달동네다. 지난 2012년 골목길 곳곳에 벽화가 그려지며 조금씩 여행자들이 찾아들기 시작했는데, 한옥마을의 대표적인 역사유적지인 오목대와 이웃하고 있어 산책 삼아 함께 둘러보길 추천한다. 벽그림 대부분 아기자기하고 따스한 감성을 담고 있어 아이와 함께 걷기에도 좋다.

📍 전북 전주시 완산구 교동 50-158

## 5 이택구사랑채

이택구 화백의 작업실을 리모델링한 갤러리형 한옥체험시설로 공간 하나하나 마치 예술작품을 바라보는 것처럼 아기자기하게 꾸며져 있어 몸과 마음을 편안하게 쉬어갈 수 있다. 집주인인 이택구 화백은 그동안 전주의 아름다운 풍경들을 전주한지 위에 담아냈는데, 그 멋스런 작품도 함께 감상할 수 있어 더욱 뜻깊다. 한옥마을 한가운데 자리해 이동도 편리하고 아침에는 투숙객들을 위해 신선한 빵과 우유, 커피 등을 낸다.

📍 전북 전주시 완산구 최명희길 11-5
☎ 010-9833-7758
🌐 www.이택구사랑채.com
₩ 2~4인실 60,000~130,000원

## 6 서학예술마을

지난 2010년부터 화가와 소설가, 사진작가 등 지역 예술가들이 하나 둘 모여들어 일종의 예술인마을을 형성하고 있다. 과거 미용실과 전파사 등이 불규칙하게 들어섰던 건물을 활용한 '서학아트스페이스'를 시작으로 오래된 한옥을 리모델링한 사진 갤러리 '서학동 사진관', 화가가 운영하는 카페 겸 갤러리 '적요 숨쉬다' 등 개성 넘치는 공간과 특별한 감성을 만날 수 있다.

📍 전북 전주시 완산구 서학로 7(서학아트스페이스)

## 7 전동성당

전주한옥마을 입구에 자리한 고풍스런 분위기의 성당으로 호남지역을 대표하는 서양식 근대건축물로 꼽힌다. 로마네스크 양식의 기둥에 비잔틴풍의 장식이 더해져 화려하면서도 우아한 아름다움을 뽐낸다. 영화 〈약속〉에서 박신양과 전도연이 슬픈 결혼식을 올렸던 공간으로도 잘 알려져 있으며, 역사적으로도 수많은 순교자를 배출했던 곳이라 서울의 명동성당, 그리고 대구의 계산성당과 함께 우리나라 3대 성당으로 많은 이들이 찾고 있다.

📍 전북 전주시 완산구 태조로 51
☎ 063-284-3222

### 8 경기전

전주한옥마을의 중심이 되는 건물로 조선왕조를 세운 태조 이성계의 초상화, 즉 어진을 봉안한 공간이다. 임금에게 제사를 지내는 신성한 공간인 만큼 입구에는 누구든 말에서 내려야 한다는 의미의 하마비가 세워져 있고 붉은 칠을 한 홍살문도 눈길을 끈다. 경기전 한편에는 조선왕조실록을 보관하던 전주사고도 자리하고 있어 조선의 다양한 역사적 공간을 만나볼 수 있다.

📍 전북 전주시 완산구 풍남동3가 102
☎ 063-287-1330
♣ www.jeonjuhanoktown.com/tour01
🕐 09:00~18:00
6월~8월 09:00~20:00
₩ 성인 3,000원 청소년 2,000원 어린이 1,000원(7세 미만 무료)

 ### 9 상덕커리

경기전 담벼락을 마주 보고 자리한 소박한 카레전문점으로 점심시간에만 운영하는 식당이지만 여행자들도 일부러 찾아올 만큼 인기가 좋다. 이곳 카레는 매운 맛과 부드러운 맛, 오직 두 가지 메뉴만 선택할 수 있는데 고기 대신 신선한 채소만을 사용해 만들기 때문에 채식주의자는 물론 아이들과 가기에도 부담이 적다.

📍 전북 전주시 완산구 경기전길 87
☎ 063-288-0824
🕐 11:30~15:00(월요일 휴무)
₩ 카레세트 6,000원

 ### 10 교동다원

전주한옥마을의 골목길 깊숙이 자리한 오래된 전통찻집으로 녹차와 황차, 말차 등 다양한 종류의 차를 맛볼 수 있다. 정갈한 한옥과 주인장의 살가운 손길이 곳곳에서 느껴지는 아담한 마당이 잘 어우러져 느긋하게 쉬어가며 한옥의 정취를 느끼기 좋다. 특히 비가 오거나 눈이 내리는 날씨 궂은 날에 찾으면 더욱 고즈넉한 분위기를 만끽할 수 있다.

📍 전북 전주시 완산구 은행로 65-5
☎ 063-282-7133
🕐 11:00~22:30
₩ 황차 5,000원

 ❶ 삼례문화예술촌

 ❷ 비비정농가레스토랑

 ❸ 남부시장 청년몰

 ❹ 자만벽화마을

 ❺ 이택구사랑채

 ❻ 서학예술마을

 ❼ 전동성당

 ❽ 경기전

 ❾ 상덕커리

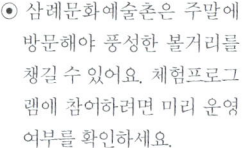 ❿ 교동다원

### 엄마의 여행팁

- 삼례문화예술촌은 주말에 방문해야 풍성한 볼거리를 챙길 수 있어요. 체험프로그램에 참여하려면 미리 운영 여부를 확인하세요.

- 상덕커리는 점심시간에만 운영하므로 가능한 한 이른 시간에 방문하는 것이 좋아요.

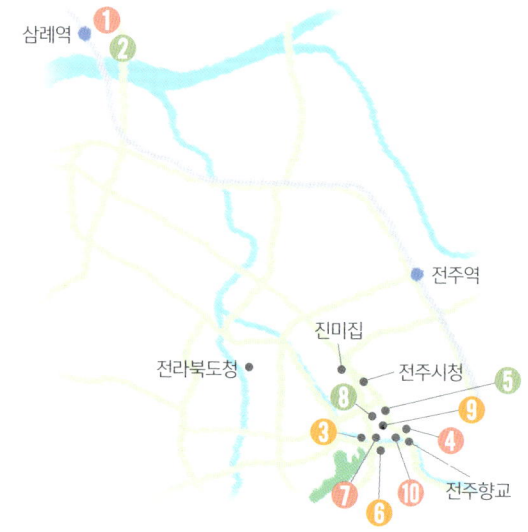

**여기도 좋아요!**

### 전주향교

고려 말에 지어진 향교로 본래 경기전 근처에 자리했으나 조선 선조 때 지금의 자리로 옮겨졌다. 인기드라마 〈성균관 스캔들〉에 등장해 많은 여행자들이 찾고 있으며 특히 가을이면 은행이 노랗게 물들어 아름다운 풍광을 즐길 수 있다.

📍 전북 전주시 완산구 향교길 145-20
☎ 063-288-4544  🌐 www.jjhyanggyo.or.kr
⏰ 09:00~18:00 동절기 09:00~17:00

### 완산공원

전주를 대표하는 완산칠봉에 자리한 시민공원으로 그 산줄기가 호남평야로 이어지며 전라도 지역의 주요한 문화적 공간으로 여겨진다. 봄이면 이곳 꽃동산에 탐스러운 겹벚꽃과 화려한 색깔의 철쭉이 어우러져 잠시 꽃놀이에 취해보기도 좋다.

📍 전북 전주시 완산구 서서학동

### 진미집

전주시내에 자리한 한식당으로 이곳의 대표 메뉴는 매콤한 양념을 입혀 연탄불에 구워낸 돼지고추장불고기다. 이곳에선 독특하게 꼬마김밥을 파는데, 이를 돼지불고기와 함께 상추에 싸 먹으면 색다른 맛을 느낄 수 있다.

📍 전북 전주시 완산구 노송여울2길 100
☎ 063-254-0460  ⏰ 17:00~05:00
₩ 돼지고추장불고기 8,000원 꼬마김밥 2,000원

경북
군위

그림 같은 간이역, 꽃 같은 동네
# 화본마을

HERE!

기차역은 마을 사람들이 들고나는 유일한 문이자 중심지였다. 기차 시간이 다가오면 하나둘씩 모여든 이웃들끼리 저마다의 이야기보따리를 풀어놓는 사랑방이기도 했다. 근처 영천에 오일장이 서는 날이면 아침부터 기차역이 들썩일 만큼 온 동네에 활기가 넘쳤다. 편리함을 좇아 달아난 시간은 그 모든 풍경들을 추억으로 만들어버렸지만 마을은 여전히 정답고 푸근하다. 그림 같은 간이역이 자리한 꽃 같은 동네, 바로 경북 군위의 화본마을이다.

찾아가는 길
청량리역에서 화본역행 기차를 타고 4시간 15분

뾰족한 삼각지붕을 얹은 화본역은 낡은 흑백사진 속에서 튀어나온 것처럼 애틋하고 아련한 풍경을 간직하고 있다. 우리나라에서 가장 아름다운 간이역으로도 선정된 이 작은 기차역은 미니어처로도 제작돼 판매될 만큼 담박한 건축미가 돋보인다. 다른 역사들과 달리 살굿빛으로 칠한 외벽도 마치 시골 소녀의 뺨처럼 수줍고 사랑스럽다.

플랫폼 너머 삐죽이 솟은 급수탑도 화본역에서 빼놓을 수 없는 볼거리다. 과거 증기기관차에 물을 공급하기 위해 지어졌던 급수탑은 칙칙폭폭 정겨운 기적소리가 사라지면서 이젠 몇 남지 않은 소중한 철도문화재가 되었다. 현재까지 원형이 보존된 급수탑은 스무 개 남짓. 그중에서 연대가 가장 오래된 연산역 급수탑을 비롯해 절반 정도가 등록문화재로 지정돼 관리되고 있지만, 1930년대에 지어진 것으로 알려진 화본역 급수탑은 아직 등록문화재로 지정되지 않아 내부를 직접 들여다볼 수 있다. 원통형의 벽면에는 '석탄정돈', '석탄절약'과 같은 당시 작업 풍경을 가늠해볼 수 있는 글귀들이 남아 있어 더욱 특별한 분위기를 느낄 수 있다.

화본역 건너편에 자리한 산성중학교는 마을 아이들이 하나둘 줄어들면서 덩그러니 폐교로 남았던 것을 '엄마 아빠 어렸을 적에'란 이름의 테마박물관으로 새롭게 꾸몄다. 학교 안으로 들어서면 옛 교실의 손때 묻은 책상과 걸상, 흑칠판 등 그리운 학창시절을 떠올리게 하는 풍경이 기다리고 있다. '옆 반 정복'이라고 적힌 급훈도 재미있다. 옆 교실에는 뮤직박스와 촌스러운 꽃분홍색 소파가 놓인 음악다방, 그리

추억이 쌓이는 하룻밤 여행

고. 추억의 포니 자동차가 1970~1980년대의 감성으로 초대한다.

아이는 호기심에 문을 열어본 푸세식 화장실 안에서 화들짝 놀란 표정의 인형을 발견하곤 깔깔깔 웃음을 터트린다. 운동장엔 굴렁쇠와 제기, 달고나 등 '엄마 아빠 어렸을 적'의 놀거리들이 가득하다. 한편에선 화본역빵을 팔고 있었는데 기차역 모양의 달짝지근한 슈크림빵이 금세 아이의 눈과 입을 사로잡았다.

마을로 내려와 담벼락을 따라 걷다 보니 아기자기한 벽화들이 눈길을 끈다. 흔히 군위를 '삼국유사의 고장'이라 일컫는데, 이는 저자인 일연스님이 군위 인각사에서 《삼국유사》를 완성했기 때문이다. 화본마을의 벽그림은 이 같은 《삼국유사》에 실린 다양한 이야기를 소재로 그린 것으로 마치 그림으로 책을 읽듯 걷는 재미가 남다르다.

"엄마, 이 돌은 뭐야?"

마을회관 한쪽 마당을 떡하니 차지하고 있는 돌덩어리 앞에서 아이가 걸음을 멈추고 묻는다. 그러고 보니 이 커다란 바위는 인도는 물론이요, 옆 집 담벼락까지 밀고 들어간 모양새가 그야말로 애물단지다. 그런데 왜 마을 사람들은 이 돌덩어리를 치우는 대신 담벼락을 비껴서 세우고 좁은 길을 가까스로 지나는 불편함을 감수하는 걸까? 바윗돌 앞에 세워진 푯말에는 '고인돌'이라 적혀 있다. 그러니까 이 커다란 돌은 수천 년의 세월을 품은 시간의 흔적이자 무게다. 그 의미를 존중하고 소중히 여길 줄 아는 마을이라니, 어쩐지 화본(花本)이란 이름에 잘 어울리는 사람들이 아닌가 싶다.

## 군위

# 하룻밤코스

### 1 화본역

중앙선에 속한 기차역으로 1938년 보통역으로 영업을 개시했다. 살아 있는 간이역 박물관으로 불릴 만큼 옛 기차역의 풍경을 고스란히 간직하고 있을 뿐 아니라, 증기기관차의 흔적이라 할 수 있는 급수탑도 온전히 남아 있어 아이들에게도 색다른 볼거리가 된다. 기차역 내부엔 화본역의 옛 풍경을 담은 흑백사진들이 전시돼 있고, 실제 기차를 활용한 열차카페도 자리해 잠시 걸음을 쉬어가기 좋다.

📍 경북 군위군 산성면 산성가음로 711-9

### 2 엄마 아빠 어렸을 적에

화본역 건너편에 자리한 추억박물관으로 폐교가 된 옛 산성중학교 건물을 활용했다. 마치 시간을 거슬러 여행하는 것처럼 박물관 안으로 들어서면 오래된 옛 교실과 1960~1970년대 화본마을 풍경이 고스란히 재현돼 있다. 좁은 골목길을 따라 다닥다닥 붙은 이발소와 사진관, 만화방, 연탄가게 등은 아이들에게 색다른 경험으로 다가온다.

📍 경북 군위군 산성면 산성가음로 722
☎ 054-382-3361
🕐 10:00~18:00
  동절기 10:00~17:00
₩ 성인 2,000원
  청소년 및 어린이 1,500원

부끄러워요!

기차여행자들이 특별히 사랑하는 간이역 중 하나인 군위역은 소박한 기차역 풍경과 정겨운 마을이 함께 어우러져 걷는 내내 마음이 따뜻해지는 여행지다. 급수탑에서 옛 증기기관차의 흔적도 만나보고 폐교를 활용한 추억박물관에선 엄마 아빠와 아이가 함께 뛰어 놀며 추억을 공유할 수 있다.

 ### 3 화본식당

화본역을 빠져나오면 바로 맞은편에 보이는 식당으로 여주인의 음식솜씨가 좋아 마을 어르신들도 즐겨 찾는 곳이다. 이곳에선 각종 민물고기를 푹 끓여서 만든 구수한 어죽과 아이들이 좋아하는 생선구이 등을 내는데, 밑반찬이 푸짐한 편이라 백반 메뉴도 부담 없이 즐기기 좋다. 색다른 메뉴를 맛보고 싶다면 작은 생선을 고소하게 튀겨내는 도리뱅뱅이를 주문해보자.

📍 경북 군위군 산성면 산성가음로 708
☎ 054-382-3983
₩ 정식 6,000원
  도리뱅뱅이 15,000원

 ### 4 화본역 관사

1930년대 일본인들이 지었던 화본역 철도관사를 리모델링해 여행자들을 위한 숙소로 활용하고 있다. 외관부터 일본식 건물의 특징을 그대로 간직한 이곳은 실내 역시 다다미로 이루어져 아이들에겐 이색적인 숙소가 된다. 널찍한 거실에 취사도 가능한 구조라 온 가족이 편안하게 쉬어갈 수 있고 가격도 합리적인 편이다. 예약은 전화로만 가능하며 난방 문제로 동절기에는 숙소를 운영하지 않는다.

📍 경북 군위군 산성면 산성가음로 722
☎ 010-7700-3025
⏰ 4~6인실 50,000원~70,000원

 ### 5 석산리산촌생태마을

군위의 깊숙한 산골에 자리한 생태마을로 물과 공기가 맑고 깨끗해 예부터 이곳에서 불어오는 바람도 약이 된다고 하여 '약바람'으로 불렸다고 한다. 마을에서 나는 다양한 종류의 산약초로 만든 건강밥상도 체험할 수 있으며, 3대째 가업을 이어가는 한약방에서 약초의 이름과 효능을 배워보는 체험도 운영한다. 숙박시설도 있어 산골에서의 특별한 하룻밤을 보내기에도 좋다.

📍 경북 군위군 고로면 석산리 121
☎ 054-383-6866
🌐 www.석산리.kr

❶ 화본역   ❷ 엄마 아빠 어렸을 적에   ❸ 화본식당

군위호

❹ 화본역 관사   ❺ 석산리산촌생태마을

 엄마의 여행팁

- 서울에서 기차를 이용해 화본역을 찾을 경우 직행열차는 청량리역에서 하루 1회 08:25에 출발해요. 돌아오는 열차 또한 하루 1회 화본역에서 10:24에 출발하니 열차시간을 잘 맞춰서 이동하세요.
- 석산리산촌생태마을을 평일에 방문할 예정이라면 미리 식당과 모노레일 운영 여부를 확인하세요.

**여기도 좋아요!**

📍 경북 군위군 고로면 석산리 121
☎ 054-383-6866
♣ www.석산리.kr
🕐 11:00~18:00(정시 출발)
₩ 5,000원(5세 미만 무료)

### 석산리 모노레일

석산리산촌생태마을에서 운영하는 모노레일은 옛 폐광으로 이어지는 길을 활용해 때묻지 않은 자연의 상쾌한 바람을 직접 맞으며 달려볼 수 있다. 산자락을 타고 올라가는 모노레일은 마치 놀이기구를 타는 것처럼 색다른 재미를 선사하고, 오랜 세월 은과 아연 등을 채취했다는 폐광에 들어서면 기이한 모양의 바위들이 눈길을 사로잡는다.

경북
청도

겨울밤이 더 아름다운 동화마을
## 프로방스포토랜드

HERE! 찬바람이 불기 시작하면 자연스레 몸이 움츠러들고 바깥 나들이도 망설이게 되지만 오히려 겨울밤이 더 매력적인 여행지들도 있다. 경북 청도에 자리한 프로방스포토랜드는 남프랑스의 따스한 정취를 모티프로 1년 내내 아름다운 빛축제가 벌어진다. 아이들이 좋아하는 동화 속 주인공은 물론 정다운 산타클로스와 루돌프가 반겨주는 곳, 이곳에선 겨울이 더 즐겁고 로맨틱해진다.

찾아가는 길
서울역에서 청도역행 기차를 타고 4시간 35분(새마을호 3시간 50분)

프랑스 남동부의 옛 지명인 프로방스는 뜨거운 햇살 아래 포도가 무르익고 광활한 초원에는 보랏빛 라벤더가 자라는 풍요의 고장이자 고흐와 샤갈, 마티스 등 수많은 화가들이 사랑했던 예술의 고장이다. 이런 프로방스의 아름다운 자연과 로맨틱한 정취를 아이디어 삼아 꾸며진 청도의 프로방스포토랜드는 이름 그대로 100여 개에 이르는 다양한 테마의 포토존이 자리해 아이들과 특별한 추억을 남기기 좋다.

또 1년 내내 빛축제가 열리다 보니 일찍 어둠이 내려앉는 겨울이면 그 매력을 더한다. 별빛동화마을에선 백설공주와 라푼젤, 호두까기인형 등 아이들이 좋아하는 동화 속 주인공들과 함께 사진을 찍을 수 있고 아름다운 산자락에는 반짝이는 빛의 숲이 꾸며져 마치 환상의 나라를 산책하는 듯한 기분을 느껴볼 수도 있다. 어둠이 짙어지면 1,000만 개의 LED조명이 신나는 음악에 맞춰 살아 움직이는 화려한 빛의 춤, 일루미네이션쇼도 감상할 수 있다.

단순한 볼거리뿐 아니라 온 가족이 함께 즐길 수 있는 이색체험도 준비돼 있는데, 마치 《이상한 나라의 앨리스》처럼 환상과 착시가 어우러진 '거울미로'와 심해의 신비로운 생명체들을 만나볼 수 있는 '야광물고기 이야기', 겨울밤을 더욱 오싹하게 만들어주는 '귀신열차'까지 즐길거리도 다양하다. 별빛 가득한 프로방스의 밤하늘을 가로지르며 나를 수 있는 짚라인도 운영돼 짜릿하면서도 낭만적인 레포츠를 경험할 수도 있다.

추억이 쌓이는 하룻밤 여행

전통 소싸움을 상설경기장에서 관람할 수 있는 청도군은 먹거리도 유명하다. 밤이 길어지는 겨울에 찾으면 화려한 야경의 불빛축제와 뜨끈한 용암온천, 향기로운 감와인 등을 즐길 수 있어 색다른 가족 여행지로 추천할 만하다.

## 청도 하룻밤코스

### 1. 새마을운동발상지

경북 청도에 자리한 신도마을은 새마을운동의 모태가 되었던 곳이다. 마을 주민들은 스스로 협동과 나눔을 실천하며 함께 잘 살기 위해 노력했다. 이 같은 새마을운동의 역사를 정리해놓은 기념관이 있는데, 덕혜옹주를 비롯해 역대 대통령들이 직접 이용했던 대통령전용열차가 전시돼 있어 아이들에게 특별한 볼거리가 된다.

- 📍 경북 청도군 청도읍 새마을1길 34
- ☎ 054-372-5500
- ♧ www.새마을발상지.kr
- ⏱ 09:30~17:30(월요일 및 설날·추석 연휴 휴관)
- ₩ 무료

### 2. 한재미나리사랑가든

청도의 특산물 중 하나인 한재미나리를 삼겹살과 함께 곁들여 먹을 수 있는 식당으로, 밑반찬이 정갈하고 미나리가 싱싱해 많은 손님들이 찾고 있다. 채소를 좋아하지 않는 아이들이라도 향긋한 미나리와 고소한 삼겹살이 한데 어우러져 온 가족이 맛있게 즐길 수 있다. 마을에서 생산된 미나리는 따로 구입할 수 있다. 미나리는 비빔밥으로 즐겨도 든든하고 맛깔스럽다.

- 📍 경북 청도군 청도읍 한재로 388
- ☎ 054-371-7031
- ⏱ 11:00~20:00(둘째·마지막 주 수요일 휴무)
- ₩ 한재미나리한접시 7,000원 생삼겹살 8,000원

### 와인터널

 ### 프로방스포토랜드

대한제국 말에 지어진 남성현 터널을 활용한 와인저장고로, 증기기관차가 달리던 흔적이 곳곳에 그대로 남아 있어 색다른 분위기를 즐길 수 있다. 예부터 감이 유명했던 청도의 지역적 특성을 살려 이곳에서 생산되는 와인은 모두 감을 이용해 만들었다. 향긋한 감 와인과 함께 쉬어갈 수 있는 공간도 마련돼 있으며, 1년 내내 비슷한 온도가 유지돼 한여름 더위와 한겨울 추위를 피하기에도 좋다.

📍 경북 청도군 화양읍 송금길 100
☎ 054-371-1904
🔗 www.gamwine.com
🕘 09:30~20:00
　주말 09:30~21:00
₩ 무료(일부 구간 유료)

1년 내내 화려한 불빛축제가 열리는 이곳은 아기자기한 포토존과 함께 아이들이 좋아하는 다양한 캐릭터를 한자리에서 만날 수 있어 더욱 즐겁다. 특히 밤이 길어지는 겨울철에는 썰매 등 온가족이 함께 즐길 수 있는 체험거리도 많아서 하루를 알차게 보낼 수 있다. 카페와 레스토랑 등 편의시설도 잘 갖춰져 있고 각종 이벤트와 공연도 수시로 이뤄져 볼거리를 더욱 풍성하게 한다.

📍 경북 청도군 화양읍 이슬미로 272-23
☎ 054-372-5050
🔗 www.cheongdo-provence.co.kr
🕘 10:00~22:00
　토요일 10:00~23:00
₩ 성인 7,000원 주말 및 공휴일 8,000원 어린이 5,000원

### 5 용암온천

청도에서 손꼽히는 온천지구 내에 자리해 지하 1,000m 이상의 암반에서 뿜어나오는 천연광천 온천수로 일상의 피로를 날려버릴 수 있다. 온천장 규모도 크고 아이들을 위한 유아전용탕도 갖추고 있어서 가족단위로 이용하기에도 부담이 적다. 객실을 이용할 경우 온천을 할인된 가격으로 이용할 수 있으며, 아쿠아룸은 객실 내에 스파시설이 자리해 가족끼리 오붓하게 온천욕을 즐길 수도 있다.

📍 경상북도 청도군 화양읍 온천길 23
☎ 054-371-5500
♣ www.yongamspa.co.kr
₩ 웰빙숙박 100,000원
　주말 140,000원
　아쿠아숙박 135,000원
　주말 180,000원

### 6 청도소싸움경기장

소싸움은 남쪽지방을 중심으로 발달했던 농경문화 중 하나로 주로 봄부터 초가을까지 고된 농사일에 지친 농민들이 일종의 민속놀이로서 즐겼다. 그러다 일제강점기 대규모 군중이 모이는 것을 꺼렸던 일본군의 탄압에 의해 중단되었던 것을 청도에서 다시 재연하고 있다. 청도소싸움경기장에서는 매주 토요일과 일요일에 정기적으로 소싸움 경기가 이뤄지는데, 최소 100원부터 우권을 구입해 직접 경기에 참여해볼 수도 있다.

📍 경북 청도군 화양읍 남성현로 348
☎ 054-370-7500
🕘 09:00~18:00

### 7 청도소싸움테마파크

청도소싸움경기장 옆에 자리한 전시관으로 아이들에게 낯설게 느껴질 수도 있는 소싸움의 역사와 다양한 기술, 소싸움의 규칙 등을 알기 쉽게 정리해두었다. 싸움의 승리보다는 정당한 승부를 겨루는 소싸움의 정신을 담은 애니메이션을 비롯해, 로봇으로 제작된 싸움소를 겨뤄보거나 줄다리기를 통해 싸움소의 강력한 힘을 직접 체험해보는 등 다양한 즐길거리도 아이들의 호기심을 자극한다.

📍 경북 청도군 화양읍 남성현로 346
☎ 054-373-9612
🕘 09:00~18:00(월요일 휴관)
₩ 무료

❶ 새마을운동발상지

❷ 한재미나리사랑가든

❸ 와인터널

❹ 프로방스포토랜드

❺ 용암온천

❻ 청도소싸움경기장

❼ 청도소싸움테마파크

### 엄마의 여행팁

- 프로방스포토랜드는 입장권 외에 일부 유료시설을 운영하고 있어요. 소셜커머스 등을 활용하면 보다 저렴한 가격의 통합이용권을 구매할 수 있어요.
- 프로방스포토랜드는 밤 늦은 시간까지 운영되기 때문에 온도차에 대비한 겉옷이나 담요를 미리 준비하세요.
- 용암온천은 소셜커머스 활용하면 저렴한 가격에 이용이 가능해요. 투숙객에게는 입장료 할인 등의 혜택이 주어지니 꼼꼼히 확인하세요.

**여기도 좋아요!**

### 청도박물관

청도의 오랜 역사와 문화를 한자리에서 만나볼 수 있는 청도박물관은 신석기시대의 빗살무늬토기부터 삼국시대의 굽다리 접시, 고려시대의 청자와 조선시대의 목판, 근현대의 다양한 생활용품까지 광범위한 유물들을 전시하고 있다. 특히 청도 지역의 특색 있는 민속을 소개한 민속관은 지역 주민들이 직접 기증한 유물들로 채워져 있어 그 의미를 더한다. 야외공간도 넓어서 아이들과 부담 없이 들러보기 좋다.

- 경북 청도군 이서면 이서로 567
- 054-370-2281  museum.cd.go.kr
- 09:00~18:00(월요일, 1월 1일 및 설날·추석 당일 휴관)
- ₩ 무료

### 니가쏘다쩨

청도의 아름다운 자연과 마음 따뜻한 사람들에게 반하여 이곳에 자리 잡은 개그맨 전유성이 운영하는 레스토랑이다. 청도박물관 바로 건너편에 자리해 찾아가기도 쉬울 뿐 아니라 어른들이 좋아하는 얼큰한 짬뽕과 아이들이 좋아하는 피자를 함께 팔고 있어 가족이 함께 가더라도 메뉴 선택의 어려움이 덜하다. 복층 구조의 아늑한 분위기도 인상적이다.

- 경북 청도군 이서면 칠곡길 2   054-373-9889
- 11:30~20:30(1월 1일 및 설날·추석 연휴 휴무)
- ₩ 해물짬뽕 9,000원 마르게리따피자 17,000원

전남
곡성

### 가을은 기차를 타고 떠난다
# 섬진강기차마을

HERE!

버스나 자동차는 목적지로 가기 위한 수단의 의미가 강하다면 기차는 플랫폼에 들어서는 순간부터 여행이 시작된다. 덜컹이는 기찻길은 삶의 풍경 속을 느긋하게 드나들고 운전의 부담이 없으니 차창 밖 풍경은 오롯이 내 것이 된다. 칙칙폭폭 정겨운 증기기관차를 타고 섬진강의 넉넉한 물길을 품어볼 수 있는 곡성의 섬진강기차마을은 아이들과 함께 깊어가는 가을의 정취를 느끼기에 더없이 좋은 여행지다.

찾아가는 길
용산역에서 곡성역행 기차를 타고 4시간 20분(새마을 3시간 50분, KTX 2시간 10분)

곡성역에서 내려 섬진강기차마을 입구에 자리한 옛 곡성역까지는 걸어서 10분 남짓. 맞배지붕을 얹은 전형적인 시골 기차역의 모습을 그대로 간직한 옛 곡성역이 처음 지어진 것이 1933년이니, 이들 사이에 놓인 60여 년의 세월에 비하면 오히려 짧게만 느껴지는 거리다. 영화 〈태극기 휘날리며〉에도 등장한 바 있는 옛 곡성역은 지금껏 남아 있는 옛 역사들 중 꽤 큰 규모를 자랑하지만, 흰색 담벼락에 박공지붕 형태라 군더더기 없이 담박한 분위기가 매력이다. 마치 주인 없는 성을 연상시키는 지금의 곡성역과 비교하면 훨씬 정겹고 친근하달까.

영화 촬영 당시 지붕 일부를 손봤다고는 하나 초기 건물 형태가 비교적 잘 보존되어 있어 지난 2004년엔 등록문화재로도 지정되었다. 역사 내부로 들어서면 기둥과 천장 등 목조구조가 더욱 여실하게 드러나고 손때 묻은 나무의자는 옛 대합실 풍경을 고스란히 재현한다. 반세기 넘도록 곡성 사람들은 이곳을 통해 타지로 떠나고 또 돌아왔다. 섬진강기차마을은 그 켜켜이 쌓인 추억들에서 시작한다.

전라선의 복선화 작업과 함께 옛 곡성역에서 시작해 압록역에 이르는 13.2km의 기찻길이 폐선되었다. 이 구간은 우리나라에서 가장 아름다운 기찻길로 꼽힐 만큼 빼어난 풍광을 자랑하는데, 그도 그럴 것이 구불구불 이어지는 기찻길을 따라 17번 국도와 섬진강이 나란히 달린다. 전라도의 실핏줄 같은 개울들이 모여 하나로 흘러드는 섬진강은 이곳 곡성에 이르러 물살이 제법 풍성해지는데, 가을이면 쏘가리 등을 잡느라 허리춤까지 몸을 담근 낚시꾼들이 하나의 풍경을 이룬다. 여기에 기찻길을 따라 자리한 꽃분홍 코스모스가 강바람에 하늘거리며 보는 이의 마음마저 흔들어놓는다. 이 아름다운 기찻길을 제대로 즐기려면 옛 곡성역에서 출발해 가정역을 왕복하는 증기기관차를 타야 한다. 〈토마스와 친구들〉을 보고 자란 아이들에겐 너무도 친숙한 모양의 이 관광형 증기기관차는 시속 30~40km로 느릿느릿 달리며 차창 밖 섬진강 풍경을 마음껏 눈에 담을 수 있다. 비록 디젤엔진에 증기기관차의 외형을 얹은 것이지만, 둔중한 검은색에 1970년대 비둘기호를 흉내 낸 좌석은 엄마 아빠에게도 마치 시간을 건너 뛰어 옛 기차여행의 낭만과 향수를 떠올리게 한다. 가정역에 도착한 증기기관차는 약 30분 동안 정차하게 되는데, 이때 우리나라에서 가장 긴 보도 현수교인 섬진강 출렁다리를 건너면 섬진강의 은빛 물결을 보다 가까이에서 만날 수 있다.

    섬진강기차마을은 이름 그대로 기차를 테마로 한 공원이다. 추억의 증기기관차 외에도 기차마을 곳곳에 다양한 볼거리와 즐길거리가 자리해 온 가족이 함께 즐길 수 있다. 기찻길을 따라 페달을 밟으며 마을을 한 바퀴 돌아볼 수 있는 레일바이크를 비롯해 무려 1,004종의 장미들이 식재된 장미정원, 아이들이 좋아하는 놀이시설과 미니동물원 등 다채로운 볼거리가 있다. 아이에게 조금 더 특별한 하룻밤을 선물하고 싶어 기차마을 내에 자리한 기차펜션을 예약했더니, 아이는 침대에 누워 잠들 때까지 "이 기차는 언제 출발하는 거야?"라며 설레는 표정으로 묻고 또 묻는다. 이윽고 달콤한 꿈나라로 떠난 아이의 손에는 낮에 탔던 증기기관차 모형이 소중하게 안겨 있었다.

## 곡성
# 하룻밤코스

### 1 삼기국밥

곡성읍내에 자리한 국밥전문점으로 식당에서 직접 만드는 암뽕순대국밥이 인기다. 암뽕은 돼지의 새끼보를 뜻하는데 일반적인 내장순대와 달리 잡내가 적고 깔끔한 맛이 특징이다. 국물도 맑게 끓여내 여자들도 부담 없이 먹을 수 있다. 콩나물국밥 등 아이들이 먹을 수 있는 메뉴도 있다.

📍 전남 곡성군 곡성읍 읍내22길 9-1
☎ 061-363-0424
🕘 09:00~21:00
₩ 암뽕순대국밥 7,000원
  콩나물국밥 5,000원

### 2 증기기관차

이제는 역사 속으로 사라진 증기기관차의 정겨운 '칙칙폭폭' 소리를 들어볼 수 있는 관광형 열차로 섬진강기차마을이 자리한 구 곡성역을 출발해 가정역까지 편도 10km를 30~40km/h의 느긋한 속도로 달린다. 계절마다 다양한 풍경으로 갈아입는 아름다운 섬진강변을 창밖으로 감상하며 달릴 수 있어 아이들은 물론 온가족이 색다른 추억을 만들 수 있다.

🕘 09:30 11:30 13:30 15:30 17:30 (1일 5회 운행)
₩ 성인 왕복 7,000원
  청소년 및 어린이 왕복 6,500원

칙칙폭폭

아이들이 좋아하는 기차를 테마로 꾸민 곡성의 섬진강기차마을은 아름다운 섬진강변을 따라 추억의 증기기관차를 타고 달려볼 수 있어 가족 여행지로도 그만이다. 온 가족이 함께 신나는 레일바이크도 타고 천문대에서 눈부신 밤하늘도 마음에 담고 실제 기차를 리모델링한 기차펜션에서 하룻밤 쉬어갈 수도 있다.

 ## 3 섬진강기차마을

 ## 4 장미공원

 ## 5 레일펜션

구 곡성역을 중심으로 꾸며진 기차테마파크로 섬진강변을 따라 달리는 증기기관차와 레일바이크 외에도 한여름 무더위를 날려줄 시원한 음악분수와 섬진강의 도깨비 설화를 소재로 꾸민 요술랜드, 아이들이 좋아하는 동물친구들이 기다리는 동물농장, 바이킹과 회전목마 등을 탈 수 있는 드림랜드가 자리하고 있다.

📍 전남 곡성군 오곡면 기차마을로 232
☎ 061-363-9900
🔗 www.gstrain.co.kr
🕘 09:00~18:00
₩ 하절기 성인 3,000원
 청소년 및 어린이 2,500원
 동절기 성인 2,000원
 청소년 및 어린이 1,000원

섬진강기차마을 내에 자리한 장미공원이다. 매년 봄이면 화려한 축제도 벌어진다. 전국에서 가장 큰 규모의 장미공원으로 처음 문을 열었으며 세계 각국의 아름다운 장미 1,004종을 식재해 다양한 모양과 색깔을 감상할 수 있다. 아이들과 함께 사진을 찍거나 산책을 즐기기에도 좋다.

📍 전도 곡성군 오곡면 기차마을로 252-16
☎ 061-363-0606

섬진강기차마을 내에 자리한 펜션으로 기차 테마에 어울리도록 옛 새마을호를 리모델링한 객실이 눈길을 끈다. 실제 기차를 활용했지만 객실 내부는 모두 편백나무로 마감해 아이들도 안심하고 쉬어갈 수 있으며 현대식 욕실과 침실을 갖춰 온 가족이 편안하게 휴식을 취할 수 있다. 야외 테라스에서 섬진강기차마을의 풍경을 감상할 수 있다는 것도 큰 매력이다.

📍 전남 곡성군 오곡면 기차마을로 252-16
☎ 061-362-9712
🔗 www.gsrailpension.co.kr
₩ 4인실 주중 100,000원
 주말 180,000원

❶ 삼기국밥　❷ 증기기관차　❸ 섬진강기차마을

곡성군청 ❶ 곡성역 ❷
❺ ❸
❹

● 곡성섬진강천문대

❹ 장미공원　❺ 레일펜션

엄마의 여행팁

- 섬진강기차마을은 곡성역에서 도보로 이동이 가능하고 공원 내에 숙소도 자리하고 있어 기차를 이용해서도 편리하게 여행할 수 있어요.
- 하절기 주말에는 증기기관차와 숙소 등을 미리 예약하세요.
- 섬진강천문대는 단체관람객에 한하여 온라인 예약을 받고 있으며 개인관람객은 당일 조기발권이 가능합니다. 증기기관차의 정차역인 가정역 근처에 자리하고 있어 이때 미리 발권해놓으면 편리해요.

**여기도 좋아요!**

### 곡성섬진강천문대

섬진강변에 자리한 아담한 규모의 천문대로 순수 국내기술로 제작한 망원경이 설치되어 있어 낮에는 태양을, 밤에는 아름다운 밤하늘의 별을 관찰할 수 있다. 관측시간별로 인원이 제한되어 있어 미리 입장권을 구입해두는 것이 편리하며 날씨에 따라 관측이 불가능할 수도 있다. 아이들이 이해하기 쉽도록 천체관측 전에 간단한 영상물과 설명이 이뤄지기 때문에 부담 없이 참여해볼 수 있다.

📍 전남 구례군 구례읍 섬진강로 1234
☎ 061-363-8528  ✚ star.gokseong.go.kr
🕐 14:00~22:00(월요일, 1월 1일 및 설날·추석 당일 휴관)
₩ 성인 3,000원 청소년 2,000원 어린이 1,000원(6세 미만 무료)

전남
순천

붉은 노을 아름다운 생명의 정원
# 순천만습지

HERE!  세계 5대 연안습지 중 하나인 순천만은 160만 평에 이르는 갈대밭과 그 끝을 알 수 없는 690만 평의 광활한 갯벌로 이루어져 있다. 도시에서는 좀처럼 만나기 어려운 탁 트인 자연 그대로의 풍광은 그 어떤 생태박물관이나 자연과학적 지식에 비교할 수 없는 감동과 아름다움으로 보는 이를 압도한다. 걷기 좋은 산책로와 천문대를 비롯한 다양한 체험관도 들어서 있어 아이들과 함께 느긋하게 둘러보기 좋다.

찾아가는 길
서울센트럴시티터미널에서 순천행 버스를 타고 3시간 50분

남해안 중앙에 항아리처럼 둥그렇게 자리 잡은 순천만은 바다와 강을 끼고 있어 드넓은 갯벌과 갈대밭, 염습지 등 다양한 지형을 품고 있다. 이 여러 개의 자연공간들이 하천과 개울로 이어지고 서로를 보듬으며 순천만이란 하나의 거대한 생태계를 이룬다. 특히 하천으로부터 끊임없이 영양 물질이 공급되는 갯벌은 수천여 종의 동식물들이 살아가는 서식지로 산책로를 따라 걷다 보면 농게와 칠게, 짱뚱어 등 정겨운 갯벌 생물들을 쉽게 만날 수 있다.
　난생처음 짱뚱어를 실제로 본 아이는 물고기처럼 생겼음에도 비늘을 다리 삼아 갯벌을 이리저리 기어다니는 독특한 움직임에 눈을 떼지 못한다. 아이가 알고 있는 물고기들은 하나같이 물속에서 호흡하는데 짱뚱어는 마치 사람처럼 입을 끔뻑이며 공기를 호흡하니 "이거 물고기 맞아요?", "이거 도마뱀 아니에요?" 하며 호기심 폭발이다.

　순천만의 가장 특징적인 풍경 중 하나는 30만 평에 이르는 갈대군락인데, 언뜻 별다른 쓸모가 없을 것 같은 이 갈대들은 적조를 막아주는 뛰어난 정화 기능해 순천만의 천연 하수종말 처리장으로서 역할을 톡톡히 하고 있다. 또 여름에는 홍수를 조절하고 겨울에는 찬바람을 온몸으로 막아줘 물고기들의 안정적인 보금자리가 되어주니 이를 먹이로 하는 철새들이 찾아와 또 하나의 소중한 생태계를 이룬다. 천연기념물인 흑두루미를 비롯해 세계적으로도 희귀한 조류들이 이곳 순천만을 찾아오는 것도 이 아름다운 갈대군락 덕분인 것이다.
　아이와 드넓은 갈대밭을 헤매다 일몰이 가까워오자 얼른 용산전망대로 향했다. 이곳에선 순천만이 한눈에 내려다보이는데, 특히 해질 무렵 S자 형태로 굽어진 갯골 너머로 지는 붉은 노을을 감상하기에 최적의 포인트다. 점차 하늘이 다홍빛으로 물들기 시작하더니 곧 검붉은 갯벌 너머로 해가 떨어진다. 아이와는 처음으로 함께 바라보는 순천만의 일몰이라 손을 꼭 마주잡고 서서 감동스럽게 그 풍경을 바라보았다.

"엄마, 오늘 하늘 참 예쁘다."
아이의 사랑스런 두 볼도 붉게 빛났다.

## 순천
# 하룻밤코스

### 1. 선암사

송광사와 함께 순천을 대표하는 사찰이다. 신라시대 도선국사가 창건한 사찰로 알려져 있으며 '선암'은 신선이 내린 바위를 의미한다. 단정한 균형미의 대웅전과 삼층석탑 등 보물로 지정된 문화재들이 다수 남아 있어 그 오랜 역사와 아름다움을 대변한다. 특히 이른 봄이면 경내에 향이 진동할 만큼 매화가 가득 피어 그림 같은 풍경을 연출한다.

📍 전남 순천시 승주읍 죽학리 산 802
☎ 061-754-5247
🌐 www.seonamsa.net
🕘 09:00~18:00
₩ 성인 2,000원
　청소년 1,500원
　어린이 1,000원

### 2. 금성가든

선암사 입구에 자리한 흑염소 떡갈비 전문점으로 가정집을 개조한 식당이다. 영양이 풍부해 대표적인 보양식으로 꼽히는 흑염소 고기를 먹기 좋게 동글동글하게 뭉쳐서 석쇠에 구워내기 때문에 아이들도 맛있게 즐길 수 있다. 구수한 향과 더불어 쫄깃한 육질이 인상적인 흑염소 떡갈비에 남도의 푸짐한 반찬이 곁들여져 더욱 든든하게 배를 채울 수 있다.

📍 전남 순천시 승주읍 죽학리 351-3
☎ 061-754-6060
🕘 11:30~20:00
₩ 흑염소떡갈비 25,000원

### 3. 낙안읍성민속마을

낙안읍성을 중심으로 형성된 옛 민속마을로 오래된 가옥과 전통을 지키며 살아가는 사람들이 있어 더욱 의미 있다. 임경업 장군이 낙안군수로 부임했을 때 쌓았다는 읍성은 마을의 아늑한 울타리가 되어줄 뿐 아니라 직접 그 위를 걸어볼 수도 있다. 주말이면 마을 어르신들과 함께 소달구지를 타보는 등 다양한 체험도 가능하며 전통가옥 다수가 숙박업을 겸하고 있어 숙소로 이용하기에도 좋다.

📍 전남 순천시 낙안면 충민길 30
☎ 061-749-8831
🌐 nagan.suncheon.go.kr
🕘 09:00~18:30
₩ 성인 4,000원
　청소년 2,500원
　어린이 1,500원

호남선 KTX의 운행으로 예전보다 한결 거리가 가까워진 전남 순천은 아름다운 자연유산인 순천만 하나만으로도 꼭 한 번 들러봐야 할 도시다. 여기에 봄이면 고매화의 짙은 향기로 물드는 선암사와 옛 읍성의 풍경을 고스란히 간직한 낙안, 시간을 거슬러 추억의 서울거리를 만나볼 수 있는 드라마촬영지 등 볼거리가 풍성하다.

## 4. 순천만자연생태공원

순천을 대표하는 여행지 중 하나로 생태학적으로 보존가치가 높은 순천만을 직접 둘러볼 수 있어 아이들에게 자연의 아름다움과 함께 그 소중함을 일깨워 줄 수 있는 공간이다. 산책로를 따라 흐드러진 갈대군락도 만나볼 수 있고 일몰 무렵에는 갯벌 너머로 떨어지는 붉은 낙조가 장관을 이룬다. 공원 내에 천문대도 자리해 미리 예약하면 순천만 위로 반짝반짝 빛나는 별도 눈에 담을 수 있다.

📍 전남 순천시 순천만길 513-25
☎ 061-749-6052
🔗 www.suncheonbay.go.kr
🕗 08:00~일몰시
₩ 성인 8,000원 청소년 6,000원
　 어린이 4,000원(7세 이하 무료)

## 5. 에코그라드호텔

순천 시내에 자리한 유일한 관광호텔로 비교적 최근에 지어져 세련되고 깔끔한 객실을 자랑한다. 지상 18층 규모의 높은 고도와 호텔 외벽 전체를 통유리로 마감해 객실에서 바라보는 순천 시내 전망이 탁월하다. 도심에 자리한 만큼 주요 관광지로 이동하기도 좋고 아이들과 함께 여유롭게 휴식을 즐길 수 있는 수영장도 자리하고 있다.

📍 전남 순천시 백강로 234
☎ 061-811-0000
🔗 www.ecogradhotel.co.kr
₩ 스탠다드 100,000~150,000원

## 6. 순천드라마촬영장

드라마 〈사랑과 야망〉의 세트장으로 지어졌던 것을 그대로 보존해 관광지로 활용하고 있다. 1960년대의 순천읍내거리와 함께 1980년대 서울의 달동네 풍경을 고스란히 재현해 마치 시간여행을 떠나온 것 같다. 아이들에게도 과거의 다양한 풍경을 만날 수 있는 특별한 공간이기도 하다. 〈제빵왕 김탁구〉, 〈늑대소년〉, 〈허삼관〉 등을 촬영한 공간이기도 해서 드라마와 영화 속 장면과 비교해보는 재미도 있다.

📍 전남 순천시 비례골길 24
☎ 061-749-4003
🕘 09:00~18:00
₩ 성인 3,000원
　 청소년 2,000원
　 어린이 1,000원

❶ 선암사 　❷ 금성가든 　❸ 낙안읍성민속마을 　❹ 순천만자연생태공원 　❺ 에코그라드호텔 　❻ 순천드라마촬영장

 엄마의 여행팁

- 선암사는 입구에서 사찰까지 15~20분 정도 걸어 올라가야 하므로 걷기 편한 신발과 마실 물을 미리 챙기도록 하세요.
- 순천만자연생태공원에서는 개인이나 가족단위 관람객들을 위한 다양한 체험프로그램을 운영하고 있어요. 미리 홈페이지를 통해 관련 정보를 확인하고 예약해두면 보다 알찬 여행을 즐길 수 있답니다.

### 여기도 좋아요!

### 송광사

우리나라 삼보사찰 중 하나로 보조국사를 비롯해 무려 16명의 국사를 배출한 승보사찰로 유명하다. 국보로 지정된 목조삼존불감과 국사전 등 수많은 사찰문화재를 간직하고 있어 의미 있는 볼거리를 챙길 수 있다.

📍 전라남도 순천시 송광면 송광사안길 100
☎ 061-755-0107
🔗 www.songgwangsa.org
🕐 06:00~19:00 동절기 07:00~18:00
₩ 성인 3,000원 청소년 및 어린이 2,000원

### 원조동경낙지

순천 시내에 자리한 낙지전골 전문점으로 싱싱한 낙지와 깊고 진한 국물 때문에 지역 주민들이 즐겨 찾는 맛집이다. 함께 나오는 밥에 낙지전골 국물과 김가루를 넣어 비벼 먹는 비빔밥도 별미다.

📍 전남 순천시 금곡길 26 ☎ 061-755-4910
🕐 11:00~21:30 ₩ 낙지전골 10,000원

전남 보성

기찻길 옆 추억 여행
# 득량역 추억의 거리

"기찻길 옆 오막살이, 아기 아기 잘도 잔다."
고무줄 사이를 껑충대며 부르던 노래는 어느새 추억이 되었고 오막살이는 대부분 사라졌다. 땅 모양대로 구불구불 느릿하게 달리던 기찻길은 시속 300km가 넘는 고속열차들을 위해 다듬어지고 동네 멀리로 옮겨졌다. 그래도 여전히 기차역에서 열 걸음 남짓이면 1970~1980년대 시골마을의 정취를 만날 수 있는 곳이 있다. 전남 보성군의 작은 간이역, 득량역이다.

찾아가는 길
서울센트럴시티터미널에서 보성터미널행 버스를 타고 4시간 40분

득량역 근처에 마련된 '추억의 거리'는 개인 수집품으로 꾸며진 거리 박물관이다. 이곳에서 40년 넘게 이발소와 다방을 운영하고 있는 어르신 내외와 아들이 함께 아이디어를 냈다. 어릴 때부터 낡고 헌 물건에 관심이 많았다는 아들은 툭하면 고물 덩어리를 집으로 주워왔다. 어른이 되어선 아예 직접 옛 물건들을 사러 전국 방방곡곡을 돌아다녔다. 그렇게 쌓인 수집품들이 어느새 창고 하나 가득이었다. 마침 이발소 주변에 버려지고 텅 빈 가게들이 많았던 터라 작으나마 전시 공간을 꾸며보면 어떨까 생각한 것이 지금의 추억의 거리가 되었다.

득량역을 빠져 나오니 주차장에 세워진 오렌지빛 포니자동차가 추억의 거리에 들어섰음을 알려준다. 명절을 앞두거나 장날이 되면 문 밖까지 길게 줄이 늘어섰다는 '역전이발관'이 그 너머로 반겨주고, 푸근한 인상의 안주인이 운영하는 '행운다방'과 엄마 아빠의 어릴 적 추억이 고스란히 담긴 '득량국민학교', 옛 기차역 풍경을 짐작해볼 수 있는 '문화역 득량', 독수리 5형제와 철인 28호가 기다리는 '꾸러기문구', 1970~1980년대 마을의 만물상으로 통했던 '득량점방' 등이 길목을 따라 이어진다.

"제 딴에는 취미생활이라지만 우리 눈에는 쓰레기였지."

잠시 걸음을 쉬어가려 행운다방에 들렀더니 아주머니께서는 처음 추억의 거리를 만들게 된 이야기보따리를 풀어놓으셨다. 기차역 앞에서 오일장이 열리고 다방도 대여섯 개나 있었다는 득량마을의 북적이던 옛 풍경도 아주머니의 입을 통해 그려졌다. 그러다 문득 손주 또래

추억이 쌓이는 하룻밤 여행

의 아이가 반가우셨는지 부엌에서 가래떡을 잔뜩 가져와 따끈따끈한 난로에 구워주셨다. 아예 아주머니 옆자리를 차지하고 앉은 아이는 아기새 마냥 그 쫄깃하고 구수한 가래떡을 쏙쏙 받아먹는다. 말없이 지켜보시던 바깥 어르신도 '꾸러기문구'에서 슬쩍 가져온 옛날 장난감을 건네주신다. 덕분에 추억의 옛 다방에서 그 누구보다 재미있게 놀던 아이는 어느새 스르르 눈이 감기더니 아주머니의 한쪽 무릎을 베개 삼아 단잠에 빠진다. 할머니처럼 정다운 표정으로 잠든 아이를 도닥여주시는 모습에 보는 나까지 마음이 따뜻해졌다.

사실 추억의 거리에 아이가 '추억'할 수 있는 것은 아무것도 없다. 하지만 이렇게 따스하게 반겨주고 편안하게 쉬어갈 수 있으니 아이의 마음속에 그리운 '추억' 하나 아로새긴 득량역이다.

## 보성
## 하룻밤코스

### 1 대한다원

우리나라 최대 규모의 다원으로 한국전쟁 직후 폐허로 남아 있던 활성산 자락에 무려 50만 평 규모의 차밭을 일궜다. 양질의 차를 생산하기에 적합한 기후조건과 강수량을 갖춘 이곳은 우리나라를 대표하는 차 생산지이자 아름다운 풍광 때문에 수많은 드라마와 CF에도 등장했다. 이곳에서 생산된 녹차로 만든 아이스크림 등 다양한 먹거리도 즐길 수 있다.

📍 전라남도 보성군 보성읍 녹차로 763-67
☎ 061-852-4540
🌐 www.dhdawon.com
🕘 09:00~19:00
  9월~4월 09:00~18:00
₩ 성인 4,000원 청소년 및 어린이 3,000원(6세 미만 무료)

### 2 한국차박물관

보성에 자리한 차박물관으로 차의 역사와 문화, 체험이 한데 어우러진 곳이다. 차나무가 어떤 환경에서 잘 자랄 수 있는지, 차의 종류가 어떻게 나뉘고 어떻게 마시는 것이 가장 맛있게 즐길 수 있는 방법인지 알기 쉽게 소개한다. 다양한 종류의 차를 직접 시음해볼 수도 있고 5층 전망대에서는 율포 앞 바다까지 눈에 담을 수 있다.

📍 전남 보성군 보성읍 녹차로 775
☎ 061-852-0918
🌐 www.koreateamuseum.kr
🕘 10:00~17:00
  3월~10월 10:00~18:00(월요일, 1월 1일 및 설날·추석 당일 휴관)
₩ 성인 1,000원 청소년 700원 어린이 500원

### 3 득량역 추억의 거리

득량역 주변에 조성된 거리박물관으로 1970~1980년대의 생활 문화를 엿볼 수 있는 다양한 수집품들을 전시하고 있다. 단순한 전시 외에 수십 년 동안 한자리를 지키고 있는 이발소와 다방이 있어 더욱 정겨운 분위기를 즐길 수 있다. 다방에서는 커피 외에 각종 음료를 팔고 있으며 득량마을에 얽힌 재미있는 이야기도 들을 수 있어 잠시 쉬어가기 좋다.

📍 전남 보성군 득량면 역전길 28
🌐 www.memory-road.co.kr

보기만 해도 싱그러운 초록빛 차밭으로 유명한 전남 보성은 최근 득량역 주변에 조성된 추억의 거리 덕분에 볼거리가 하나 늘었다. 정겨운 시골 간이역과 옛 추억을 떠올리게 하는 다양한 전시물들이 발길을 멈추게 하는 이곳에선 신나는 7080축제도 벌어진다. 가까이 벌교가 자리해 꼬막 등 싱싱한 먹거리도 챙길 수 있다.

## 4 거시기꼬막식당

꼬막으로 유명한 지역인 벌교에서 늘 북적이는 식당 중 하나로 싱싱한 벌교 꼬막을 이용한 다양한 요리를 맛볼 수 있어 여행자들이 즐겨 찾는다. 탱글탱글한 식감이 인상적인 양념꼬막을 시작으로 매콤달콤한 꼬막회무침, 고소한 꼬막전, 아이들이 좋아하는 꼬막탕수육까지 전라도의 넉넉한 인심이 한 상 가득 차려진다. 꼬막과 각종 반찬을 넣고 비벼 먹는 비빔밥도 맛깔스럽다.

📍 전남 보성군 벌교읍 계두길 3
☎ 061-858-2255
🕐 10:00~21:00
₩ 거시기꼬막정식 15,000원

## 5 보성여관

조정래 작가의 대하소설 《태백산맥》에 '남도여관'이란 이름으로 등장하는 보성여관은 실제로 일제강점기 일본인들이 주로 이용하던 숙박시설로, 요즘으로 치면 5성급 호텔에 해당할 만큼 화려한 규모를 자랑한다. 당시의 일본식 건축양식과 다다미방도 그대로 남아 있어 등록문화재로도 지정된 가치 있는 건축물이지만 이를 숙박시설로 활용해 색다른 분위기를 즐길 수 있다.

📍 전라남도 보성군 벌교읍 태백산맥길 19
☎ 061-858-7528
🌐 www.boseonginn.org
₩ 3인실 80,000원~100,000원

① 대한다원   ② 한국차박물관   ③ 득량역 추억의 거리

④ 거시기꼬막식당   ⑤ 보성여관

엄마의 여행팁

⊙ 대한다원은 산자락을 따라 드넓은 차밭이 펼쳐져 있어 걷기 편한 운동화와 모자를 꼭 챙기도록 하세요.

**여기도 좋아요!**

### 태백산맥문학관

벌교를 무대로 한 소설《태백산맥》의 문학적 가치를 돌아볼 수 있는 공간으로 실제 작품 속에 등장하는 현부자네 집과 소화의 집이 근처에 자리하고 있다. '20세기 한국의 베스트셀러'로 선정되기도 했던 소설《태백산맥》은 우리 근현대사의 아픔과 비극을 고스란히 담고 있는 작품으로, 아이들에게 조금 어렵게 느껴진다면 어린이 태백산맥문학관 홈페이지에 소개된 내용을 참고하면 보다 이해하기 쉽게 설명해줄 수 있다.

- 전남 보성군 벌교읍 홍암로 89-19
- 061-858-2992
- tbsm.boseong.go.kr
- 09:00~18:00 동절기 09:00~17:00(월요일 및 설날·추석 당일 휴관)
- ₩ 성인 2,000원 청소년 1,500원 어린이 1,000원

전남
강진

동백꽃 아름다운 봄날의 산책
# 백련사동백림

HERE! 봄이 오면 꽃이 피는 자연의 이치도 아이가 머리로 이해하기보다 눈으로 보고 마음으로 담았으면 싶다. 매년 저 남쪽 땅에서 가장 먼저 봄을 알리는 붉은 동백꽃은 도시에서 피어오르는 수많은 봄꽃들과 비교할 수 없을 만큼 강렬한 생명력과 원시의 아름다움을 뽐낸다. 다산 정약용의 유배지로 잘 알려진 전남 강진에는 수백 년의 세월을 품은 동백나무숲이 자리해 이른 봄날에 특별한 산책을 즐기기 좋다.

찾아가는 길
서울센트럴시티터미널에서 강진터미널행 버스를 타고 4시간 30분 동백의 '동'자는 겨울 동(冬)이다. 제주를 비롯해 오동도와 거문도 등 남쪽지방에서 주로 피는 동백꽃들은 1~2월에 만개했다가 3월 초면 이미 꽃송이가 툭툭 떨어진다. 이름 그대로 동백은 겨울꽃이다. 그럼에도 매년 TV뉴스나 신문 등에서 동백꽃의 개화 소식을 호들갑스럽게 전하는 것은, 겨울바람 한가운데 홀연히 피어난 저 동백꽃은, 봄이 멀지 않았다는 증거이기 때문이다. 강원도에서 나고 자란 탓에 스무 살이 넘어서야 탐스러운 동백꽃을 처음 보았던 나처럼 서울에서 태어난 아이는 동백꽃을 실제로 본 일이 없다. 어느 이른 봄날의 동백꽃 여행은 그런 이유에서 시작되었다.

강진읍내에서 조금 떨어진 만덕산 자락에 위치한 사찰인 백련사는 천연기념물로 지정된 동백나무숲으로 유명하다. 오랜 세월 세상의 시름과는 동떨어져 자랐는지 높이가 7m에 이르는 동백나무도 부지기수다. 약 4,000평의 산자락을 따라 1,500여 그루의 동백나무가 자생하고 있으니 그 규모도 상당하다. 다른 지역의 동백숲과는 비교도 할 수 없을 만큼 울창해 들어서는 순간부터 신비롭고 비밀스런 풍광이 이어진다. 특히 동백꽃이 흐드러지게 피어올랐다 송이째 툭툭 떨어지는 이른 봄날에 찾으면 발걸음 하나도 조심해야 할 만큼 온통 붉은 꽃밭이 펼쳐진다.

이른 아침 아이와 함께 다산초당을 거쳐 백련사로 향하는 오솔길을 따라 걸었다. 수백 년 전 다산 정약용이 아침저녁으로 걸었다는 그 길이다. 먼 길을 떠나오느라 여전히 눈꺼풀이 무거운 아이는 동백꽃이 어디에 있는 거냐며 슬슬 짜증이다. 그러다 문득 땅에 떨어진 동백꽃 한 송이를 발견하고는 언제 그랬냐는 듯 반갑게 달려간다. 그렇게 만난 생애 첫 동백꽃이 하나둘 이어지더니 마치 '헨젤과 그레텔'의 과자 부스러기처럼 아이를 동백나무숲으로 이끈다. 제법 많은 꽃송이가 땅에 떨어진 동백나무숲은 바람이 일렁일 때마다 또 한 번 후드득, 붉은 꽃들을 털어낸다.

"엄마, 꽃폭탄이다, 꽃폭탄!"

사내아이 아니랄까 봐 동백꽃송이를 폭탄에 비유한 아이는 마치 폭탄이 터질까 노심초사하듯 땅에 떨어진 꽃을 피해 발걸음을 내딛느라 조심스런 모습이다. 그 모습이 귀엽고 또 기특해 입가에 미소가 가득 번진다. 한참 저 혼자 꽃송이를 가지고 놀던 아이가 다급히 부르기에 다가가보니 붉은 동백꽃이 하트 모양으로 모여 앉았다.

"이건 내 선물이야."

어여쁜 꽃송이와 엄마를 바라보는 사랑스런 아이의 눈빛에 봄이 멀지 않았음을 느낄 수 있었다.

다산 정약용의 유배지로 잘 알려진 전남 강진은 최근 다양한 관광지들을 개발했다. 붉은 동백으로 물드는 백련사를 시작으로 다산의 흔적을 만나볼 수 있는 초당, 강진만의 아름다운 바다를 끼고 걸어볼 수 있는 가우도 등 매력적인 여행지들이 가득하다.

## 강진
### 하룻밤코스

### 1 백련사

통일신라 말에 창건된 사찰로 세종대왕의 형인 효령대군이 동생에게 왕위를 양보하고 전국을 떠돌 때 이곳 백련사에서 8년 동안 기거했던 것으로 알려져 있다. 또 정약용이 다산초당에서 유배생활을 할 당시에 백련사의 혜장선사를 스승으로 모시기도 했는데, 지금도 백련사로 향하는 오솔길이 남아 있어 당시의 각별한 우정을 엿볼 수 있다. 차나무를 직접 재배할 만큼 차문화가 발달한 사찰이라 백련사 차 맛을 보러 들르는 이들도 많다.

📍 전남 강진군 도암면 백련사길 145
☎ 061-432-0837
🌐 www.baekryunsa.net

### 2 백련사동백림

지난 1962년 천연기념물 제151호로 지정된 백련사동백림은 오랜 세월 수천여 그루의 동백나무가 자생하며 울창한 숲을 이뤘다. 동백나무는 한반도 남쪽의 난온대지방을 대표하는 수종인데, 이곳 동백나무숲은 그 가운데서도 상당한 규모를 자랑한다. 동백나무 외에도 비자나무와 후박나무 등이 한데 어우러져 있으며 백련사에서 재배하는 차나무도 이색적인 풍경을 연출한다.

📍 전남 강진군 도암면 백련사길 125

### 3 다산초당

조선 후기를 대표하는 사상가이자 실학자인 다산 정약용이 천주교도 탄압사건의 하나인 신유사옥에 연루돼 강진으로 귀양을 왔을 때 생활하던 공간이다. 그는 외롭고 비참한 유배생활 중에도 학문에 대한 뜨거운 애정으로 이곳 다산초당에서《목민심서》와《흠흠신서》등 수 백여 권의 저서를 완성하였다. 복원되는 과정에서 다소 과장된 기와집의 형태로 변했지만 본래는 소박하고 오붓한 초가였다.

📍 전남 강진군 도암면 다산초당길 68-35
☎ 061-430-3911

### 4 다산유물전시관

다산초당 근처에 조성된 전시공간으로 정약용의 생애와 업적을 한자리에서 살펴볼 수 있다. 강직하고 꼿꼿한 선비의 인상을 풍기는 영정을 비롯해 오랜 유배생활 동안 사랑하는 가족, 뜻을 함께 하는 친구들과 나눈 편지글도 만나볼 수 있다. 특히 이곳 강진에서 머무는 동안 완성한 《목민심서》의 내용과 그 의미를 되새겨볼 수 있는 야외공원도 조성되어 있어 다산의 정신세계를 보다 가까이에서 만날 수 있다.

📍 전남 강진군 도암면 다산로 766-20
☎ 061-430-3911
🕘 09:00~18:00
₩ 무료

### 5 다산명가

다산초당 입구에 자리한 정갈한 한옥으로 숙박은 물론 식당과 찻집을 함께 운영하고 있어 편안하게 쉬어가기 좋다. 무엇보다 주인장이 정약용의 외가 쪽 후손이자 다산의 학문을 연구하는 전문가로 전 강진군수를 지내기도 했기 때문에 보다 의미 있는 이야기를 나눌 수 있다. 식당에서 내는 음식 또한 다산의 저서에서 아이디어를 얻은 조리법을 적용해 몸과 마음까지 건강해지는 공간이다.

📍 전남 강진군 도암면 다산초당길 68
☎ 061-434-5252
₩ 온돌방 50,000~70,000원

### 6 가우도

강진만에 자리한 섬 가운데 유일하게 사람들이 살아가는 정겨운 풍경을 만날 수 있는 곳으로, 바다를 가로지르는 출렁다리가 놓여 편안하게 오갈 수 있다. 섬을 한 바퀴 도는데 1~2시간이면 충분하고 시원한 바닷바람을 맞으며 걸을 수 있는 해안산책로가 잘 다듬어져 있어 아이들과도 부담 없이 걸을 수 있다. 곧 가우도의 바다를 날아볼 수 있는 짚라인도 설치될 예정이다.

📍 전남 강진군 도암면 신기리

## 7 영랑생가

〈모란이 피기까지는〉의 시인 김영랑은 정제된 언어와 아름다운 서정이 녹아난 작품들로 우리에게 익숙하다. 강진읍내에 자리한 영랑생가는 시인이 태어나 서울로 이주하기까지 45년 동안 살았던 집으로, 일부 복원을 거치기는 했으나 원형 초가집을 고스란히 재현했다. 생가 뒤편 언덕에는 오래된 동백나무와 대나무 숲이 자리해 운치를 더하고, 매년 5월이면 안마당에 시처럼 모란꽃이 가득 피어 아름다운 풍경이 절정을 이룬다.

📍 전남 강진군 강진읍 영랑생가길 15

## 8 사의재

강진으로 유배를 떠나온 다산 정약용에게 무려 4년 동안 숙식을 제공하며 당대 최고의 학자를 극진히 배려했던 주막집을 재현한 공간이다. 다산은 이곳 사의재에 머무는 동안 《경세유표》를 집필하고 수많은 제자들을 교육했다. 사의재란 '네 가지를 마땅히 해야 할 방'이란 뜻으로 그 네 가지는 맑은 생각과 엄숙한 용모, 과묵한 말씨, 신중한 행동을 의미한다. 즉 유배생활 중에도 스스로를 절제하고 다잡았던 선비의 마음가짐을 엿볼 수 있다.

📍 전남 강진군 강진읍 사의재길 27
☎ 061-433-3223
🔗 www.sauijaehanok.com
🕘 09:00~18:00
₩ 무료

## 9 다강한정식

강진읍내에서 손꼽히는 한식당으로 강진만의 싱싱한 바지락을 새콤달콤하게 무쳐낸 바지락회무침과 직접 담근 맛깔스런 간장게장, 강진 한우를 이용해 만든 고소한 떡갈비 등 전라도의 화려하고 푸짐한 밥상을 제대로 맛볼 수 있다. 다양한 요리를 한꺼번에 내는 한정식의 특성상 4인상을 기준으로 차려지며 주말에는 미리 예약해야 한다.

📍 전남 강진군 강진읍 동성리 186-43
☎ 061-433-3737
🕘 12:00~21:00
₩ 다강정일품 100,000원

❶ 백련사  → ❷ 백련사동백림  → ❸ 다산초당

❹ 다산유물전시관  → ❺ 다산명가  → ❻ 가우도

❼ 영랑생가  → ❽ 사의재  → ❾ 다강한정식

## 엄마의 여행팁

- 백련사와 다산초당은 30여 분 거리의 오솔길로 이어져 있어요. 동백나무숲을 비롯해 아름다운 숲길을 만날 수 있으니 가능한 한 걸어서 돌아보기를 추천해요.
- 가우도 트레킹을 떠날 때에는 걷기 편한 신발과 마실 물, 모자와 선크림 등을 꼭 챙기세요.
- 사의재는 한옥체험공간으로도 운영되고 있어 숙박이 가능해요.

**여기도 좋아요!**

### 강진다원

예부터 다수의 사찰에서 차나무를 재배했던 강진은 적당한 습도와 큰 온도차 덕분에 부드럽고 향기로운 차를 생산하고 있다. 남한의 금강산으로 불리는 월출산이 병풍처럼 둘러싼 강진다원은 이국적인 차밭 풍경만으로도 한번쯤 들러볼 만하다.

📍 전남 강진군 성전면 백운로 93-25
☎ 061-432-5500

### 무위사

월출산 자락에 위치한 사찰로 신라시대 원효대사가 창건했다고 전해진다. 국보인 극락보전과 보물로 지정된 백의관음도, 아미타여래삼존좌상 등 다양한 불교문화재가 자리하고 있어 볼거리를 더한다.

📍 전남 강진군 성전면 무위사로 308 ☎ 061-432-4974
🌐 www.muwisa.com

### 분홍나루

강진만의 아름다운 바다와 야트막한 섬들을 한눈에 담을 수 있는 고바우전망대에 새롭게 문을 연 카페로 통유리 너머 탁 트인 전망이 특징이다. 전망대 주변으로 산책로도 잘 다듬어져 있어 잠시 걸음을 쉬어가기 좋다.

📍 전남 강진군 강진읍 청자로 1606 ☎ 070-7720-0662
🕙 10:00~21:00

> 전남 해남

고즈넉한 사찰에서 보내는 하룻밤
# 미황사 템플스테이

**HERE!** 고즈넉한 산사의 하루는 자연의 시간을 따라 움직인다. 만물이 잠을 깨는 새벽에 눈을 뜨고 어둠이 내리면 잠자리에 든다. 텔레비전과 핸드폰이 없으니 자연스레 산자락에 핀 꽃과 풀에 눈길이 가고, 그것들로 차려진 밥상의 고마움도 느끼게 된다. 어른들 만큼이나 바쁘게 움직이는 아이들의 하루를 조용한 사찰에 머물며 느긋하게 즐겨보면 어떨까? 학원이나 학습지에서는 배울 수 없는 자연의 넉넉함을 담아가는 시간이 될 것이다.

찾아가는 길
서울센트럴시티터미널에서 해남터미널행 버스를 타고 4시간 40분

"땅 끝에 가면 뭐가 있어? 바다로 떨어지는 건 아니지?"

땅끝마을에 간다고 하니 아이는 호기심 반 두려움 반으로 자꾸만 질문을 쏟아낸다. 자동차로 4시간이 넘는 멀고 먼 여정에도 땅끝이라는 말 때문에 조금은 수긍하는 눈치다. 마침내 우리나라에서 가장 남쪽에 자리한 사찰인 미황사에 이르자 아이는 난생 처음 보는 달마산의 기이한 산자락과 사찰 특유의 엄숙한 분위기에 살짝 긴장한 얼굴이다. 하지만 정다운 표정의 스님이 아이의 손을 잡고 응진전 앞마당에서 멀리 남해의 푸른 물결을 보여주자 그제야 '땅끝'이라는 공간을 실감했는지 우와, 감탄을 터트린다.

하늘과 바다가 맞닿은 땅끝은 한반도의 끝이자 새로운 시작이 되기도 한다. 때문에 이곳에서 보내는 하룻밤은 조금 더 특별할 수밖에 없는데, 미황사는 수도권의 사찰들과 달리 1년 내내 템플스테이를 운영하고 있어 언제든 부담 없이 머물다 갈 수 있다. 또 대규모 템플스테이를 자주 치렀던 만큼 정갈한 숙소와 샤워실, 세탁실 등 편의시설도 잘 갖춰져 있어 아이와 함께 이용하기에도 불편함이 없다.

스님에게 배운 대로 저녁예불을 마치고 주지스님과 함께 향기로운 차를 나누는 시간, 아이는 노래를 한번 불러보라는 스님의 장난스런 요청에 망설임도 없이 어느 여자 아이돌의 춤과 노래를 선보인다. 덕분에 고요한 산사에 한바탕 웃음소리가 터지고 스님은 동화책에 '날마다 행복한 날'이란 축복 같은 글귀를 적어 아이에게 선물했다. 우려했던 것과 달리 사찰생활에 금세 적응한 아이는 핸드폰도 텔레비전도 없는 첫날밤을 그 언제보다 깊고 편안하게 잠들었다.

　이튿날에도 아이는 스님의 꽁무니를 졸졸 따르며 달마산으로 아침 산책을 나섰는데, 험한 산길이 나타날 때마다 스님과 보살님들이 너도 나도 손을 잡고 또 안아준 덕분에 산 속의 작은 암자에 무사히 이를 수 있었다. 고맙고 또 죄송스런 마음에 한 분 한 분께 인사를 전하는 사이, 아이는 어디선가 강아지풀을 뜯어와 스님의 손목을 간질이며 장난을 건다. 마치 또래 친구처럼 아이와 장난을 치며 놀아주는 스님의 천진한 모습에 바라보는 이들도 입가에 미소가 가득하다.
　점심공양을 마치고 이제 미황사를 떠나야 할 시간, 아이는 그새 정이 깊이 들었는지 스님의 법복을 만지작거리며 곁을 떠나지 않는다. 결국 엄마에게 조만간 다시 오겠다는 약속을 받고서야 스님에게 꾸벅 인사를 전한다. 스님도 아쉬운 듯 아이의 머리를 한참이나 쓰다듬어 주시더니 그 먼 길을 다시 찾아올 수 있겠느냐고 물었다. 아이는 얼른 고개를 끄덕인다.
　"차에서 한숨 푹 자면 돼요!"
　아이의 천연덕스런 대답에 또 한 번 산사에 웃음이 번진다. 그날부터 미황사는 아이에게도 엄마에게도 언제든 가고 싶은 마음의 휴식처가 되었다.

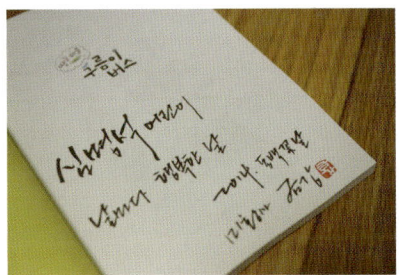

해남

# 하루코스

### 1 미황사

달마산을 병풍처럼 두르고 자리한 해남 미황사는 우리나라 최남단의 사찰로 잘 알려져 있다. 13세기 남송의 학자들이 찾아왔다는 기록이 남아 있을 만큼 중국에까지 널리 알려졌던 사찰로 오랜 역사와 전통을 자랑한다. 단청을 덧칠하지 않아 살빛처럼 부드러운 나뭇결이 그대로 남은 대웅보전과 연꽃과 게가 그려진 기둥돌 등 아늑하면서도 이국적인 분위기가 인상적이다.

📍 전남 해남군 송지면 미황사길 164
☎ 061-533-3521
🌐 www.mihwangsa.com
₩ 템플스테이 성인 50,000원 청소년 및 어린이 30,000원

### 2 달마산

마치 공룡의 등줄기처럼 삐쭉하게 솟은 바위봉우리로 이어진 달마산은 남도의 금강산으로 불릴 만큼 아름다운 능선을 자랑한다. 달마가 머물렀던 산이라는 신비로운 전설 때문에 달마산이라 이름 붙였다. 기기묘묘한 바위들이 마치 수백의 부처 얼굴 같아서 임진왜란 때 왜군 장수도 이곳에서 칼을 내려놓았다는 이야기가 전해진다. 바위산이라 가볍게 오를 수 있는 산은 아니지만 템플스테이를 할 경우 작은 암자까지 아침 산책 삼아 오르게 된다.

📍 전남 해남군 송지면 서정리
☎ 061-530-5229

### 3 도솔암

달마산 끝자락에 위치한 작은 암자로 하늘과 맞닿을 듯 거대한 바위 속에 숨어 신비로운 풍광을 더한다. 이곳에 서면 해남의 땅끝과 드넓은 앞바다가 한눈에 펼쳐져 눈과 마음이 시원해진다. 미황사의 열두 번째 암자로 통일신라 때 의상대사가 세웠다고 전해지는데 《동국여지승람》에는 달마대사의 법신이 늘 상주하는 곳으로 묘사된다. 도솔암 입구까지 차로 이동할 수 있다.

📍 전남 해남군 송지면 마봉송종길 355-300

땅끝이라는 이름 때문에 어쩐지 마음의 거리가 더 멀게 느껴지지만, 오히려 그 먼 여정이 고맙게 느껴질 만큼 아름다운 풍광을 만날 수 있는 곳 또한 해남이다. 특히 달마산의 신비로운 산자락을 병풍 삼은 미황사에서 보내는 고즈넉한 하룻밤은 엄마 아빠는 물론 아이에게도 특별한 추억으로 남을 것이다.

### 4 땅끝마을

### 5 땅끝전망대

이름 그대로 한반도의 끝자락에 위치한 마을로, 예부터 백두대간의 등줄기가 마지막으로 용트림을 하며 멈춘 곳이라 하여 땅의 기운이 세고 가장 좋은 혈이 뭉친 곳이라 전해진다. 바다와 하늘이 맞닿은 땅끝마을은 이곳에서 소원을 빌면 꼭 이루어진다는 희망의 공간으로 여겨지며 많은 관광객들이 찾아온다. 땅끝이란 지명 때문에 아이들도 흥미롭게 둘러볼 만한 지역이다.

📍 전남 해남군 송지면 송호리
☎ 061-530-5544

땅끝마을은 물론 보길도와 백일도 등 해남 앞바다의 아름다운 섬들을 한눈에 담을 수 있는 전망대로 역동적으로 타오르는 횃불의 이미지를 형상화한 건물이 독특하다. 이곳 전망대까지 운영하는 모노레일을 이용하면 보다 편리하게 오를 수 있는데, 모노레일에서 바라보는 땅끝마을 전경도 무척 아름답다. 전망대 주변에는 조선시대의 봉수대와 땅끝탑, 땅끝에 선 특별한 감동을 담은 시비들이 이어져 볼거리를 더한다.

📍 전남 해남군 송지면 땅끝마을길 60-28
☎ 061-530-5544
🕐 08:20~18:00
₩ 모노레일 성인 왕복 5,000원
　청소년 4,000원
　어린이 3,000원

❶ 미황사    ❷ 달마산    ❸ 도솔암

❹ 땅끝마을

❺ 땅끝전망대

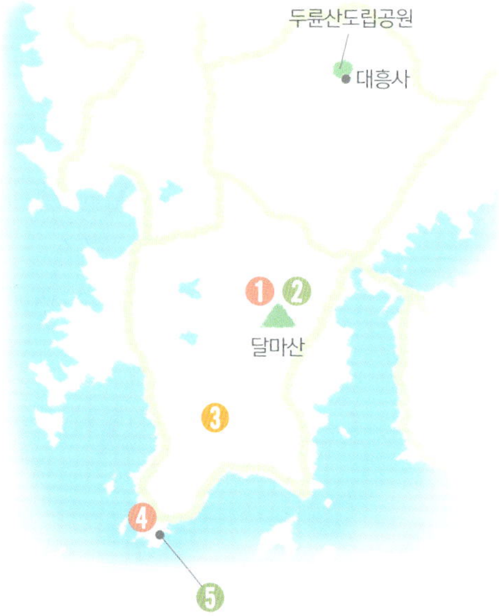

두륜산도립공원
대흥사

달마산

 엄마의 여행팁

◉ 미황사는 1년 365일 템플스테이가 가능하지만 주말에 이용할 경우 미리 전화로 예약해두기를 추천해요.

◉ 미황사 템플스테이에 참여할 경우 개인 세면도구와 따뜻한 겉옷을 꼭 준비하세요. 산중사찰이라 아침저녁으로 일교차가 크기 때문에 여름에도 바람을 막아줄 겉옷이 필요합니다.

◉ 미황사는 수행공간이니 사찰을 방문할 때 짧은 바지나 치마는 입지 않는 것이 예의입니다. 절에 머무는 동안 편하게 신을 수 있는 신발도 미리 준비하면 편리합니다.

**여기도 좋아요!**

📍 전남 해남군 삼산면 대흥사길 400
☎ 061-534-5502
🔗 www.daeheungsa.co.kr
₩ 성인 3,000원 청소년 1,500원 어린이 1,000원

## 대흥사

두륜산 자락에 위치한 아름다운 사찰로 입구부터 울창한 숲길과 시원한 계곡이 이어져 관광객들도 즐겨 찾는다. 마치 옆으로 누운 부처의 얼굴을 닮은 산자락과 그 능선을 따라 옆으로 펼쳐지듯 가람을 배치한 독특한 구조가 눈길을 끈다. 추사 김정희와 원교 이광사의 글씨로 전해지는 무량수전 현판도 빼놓을 수 없는 볼거리다. 영화 〈서편제〉의 촬영지로 알려진 유선여관도 자리해 한 번쯤 들러볼 만하다.

S P E C I A L

아이와 단 하나의 지역만 여행해야 한다면 망설임 없이 제주를 꼽을 것이다. 화산지형 특유의 신비스런 풍광과 자연을 거스르지 않고 살아가는 평범한 이웃들의 삶, 그리고 아이의 눈과 입을 즐겁게 해줄 갖가지 볼거리와 먹거리가 넉넉하니 한 달을 머물러도 아쉽고 부족한 곳이 제주다. 때문에 스페셜 페이지를 빌려 엄마 뱃속에 있을 때부터 수십 번 제주를 드나들었던 아이가 직접 꼽은 테마별 최고의 여행지와 맛집을 소개한다.

# 언제라도 좋을 제주 여행

## 아이와 걷기 좋은 길

아이의 손을 잡고 서로의 체온을 느끼며 이런 저런 이야기를 나눌 수 있으니 걷기만큼 좋은 여행법도 없다. 제주에는 아이와 함께 걸어볼 만한 아름다운 산책길이 무척 많은데 신비로운 비자나무 숲길부터 제주 특유의 풍경을 간직한 나지막한 오름들, 에메랄드빛 바다를 끼고 걷는 해안산책로, 정겨운 삶의 풍경을 한 바퀴 돌아보는 섬 둘레길까지 한 시간 남짓의 걷기만으로도 감성을 풍성하게 채울 수 있다.

## 비자림 ★★★

수령 500년 이상의 비자나무가 무려 2,800여 그루나 자생하는 거대한 숲으로 가장 오래된 비자나무는 수령 약 830년에 그 높이만 14m에 달한다. 천연기념물로도 지정된 이 신비의 숲은 한겨울에도 초록빛을 만날 수 있어 1년 내내 여행자들의 발길이 끊이지 않는다. 경사가 거의 없는 숲길인 데다 1시간 30분 정도면 긴 코스를 모두 돌아볼 수 있어 아이와 함께 걷기에도 부담이 없고, 짧은 코스는 유모차 통행도 가능해 영유아를 동반한 가족들도 편안하게 둘러볼 수 있다.

📍 제주시 구좌읍 비자숲길 62 ☎ 064-710-7912
🕘 09:00~18:00 ₩ 성인 1,500원 청소년 및 어린이 800원(6세 이하 무료)

## 용눈이오름 ★★★

제주사투리로 산봉우리를 뜻하는 오름은 제주에서 만날 수 있는 독특한 화산지형으로 일종의 기생화산이다. 복판이 움푹 파여 마치 용이 누웠던 자리 같다고 하여 이름 붙은 용눈이오름은 경사가 완만하고 조금만 올라가도 사방으로 탁 트인 전망을 즐길 수 있어 아이와 함께 오르기에 적당하다. 용눈이오름을 특별히 사랑했던 사진작가 김영갑의 작품들이 전시된 김영갑갤러리와 함께 둘러보면 더욱 의미가 깊다.

📍 제주시 구좌읍 종달리 산28

## 거문오름 ★★☆

예부터 제주사람들에게 신령스러운 산으로 불리던 거문오름은 천연기념물이자 지난 2007년 유네스코가 지정한 세계자연유산으로 등재돼 제한된 탐방프로그램만 이용 가능하다. 전망대에 오르면 화산의 분화구가 한눈에 들어오고, 곳곳에 떨어진 화산탄과 용암동굴 등 다양한 화산지형을 만날 수 있다. 모두 돌아보는 데 2시간이 조금 넘게 걸리지만 해설사의 상세한 설명이 곁들여져 아이들도 재미있게 걸을 수 있다.

📍 제주시 조천읍 선교로 569-36 ☎ 064-710-8981 🌐 wnhcenter.jeju.go.kr ⏰ 09:00~13:00(전화 및 홈페이지를 통한 선착순 예약제, 당일 예약 불가, 화요일 휴무) ₩ 성인 2,000원 청소년 및 어린이 1,000원(6세 이하 무료) ※ 기상 악화 시 탐방이 취소될 수 있으며 탐방코스 내 화장실이 없으므로 방문센터에서 이용

## 한담해안산책로 ★★☆

시역주민들도 즐겨 이용하는 산책코스로 애월리에서 곽지리까지 총 1.2km의 산책로가 아름다운 해안선을 따라 구불구불하게 이어진다. 돌을 다듬어 만든 친숙한 길과 파도 소리가 바로 옆에서 들릴 만큼 바다와 가까운 산책로라 아이와 함께 걷기 더없이 좋다. 부담 없는 거리이긴 하지만 자동차를 이용하면 출발점으로 되돌아와야 하므로 아이의 컨디션에 따라 코스를 조절하도록 한다.

📍 제주 제주시 애월읍 애월리(산책로 입구)

## 월령선인장군락지 ★★☆

천연기념물로도 지정된 우리나라 유일의 선인장 군락지로, 열대지방으로부터 해류를 타고 밀려왔다는 선인장의 강인한 생명력을 느낄 수 있는 곳이다. 뾰족한 가시 때문에 뱀이나 쥐를 막을 목적으로 집집마다 담벼락에 선인장을 심어놓은 마을 풍경도 이채롭고 군락지를 따라 산책로도 잘 다듬어져 있어 아이와 함께 걷기에도 좋다. 7월이면 노란색 꽃이 피고 11월에는 백년초로 불리는 보라색 열매가 맺히는데 이를 활용한 초콜릿이나 음료 등도 판매한다.

◉ 제주 제주시 한림읍 월령리 359-4

## 차귀도 ★★★

낚시꾼들 사이에서 꽤 유명한 섬이지만 아이와 함께 걷기에도 좋다. 30여 년 전 군사적인 이유로 무인도화 되면서 오랜 세월 인간의 발길이 닿지 않은 제주의 아름다운 속살을 만날 수 있기 때문이다. 차귀도를 오가는 유람선을 이용하면 한 시간여 동안 차귀도 트레킹을 즐길 수 있는데 코스도 길지 않고 경사도 완만한 편이라 부담 없이 둘러볼 만하다. 트레킹이 끝나면 유람선을 타고 섬을 한 바퀴 도는데 깎아지른 기암절벽이 절로 감탄을 자아낸다.

◉ 제주시 한경면 고산리 ☎ 064-738-5355(차귀도유람선) ✥ www.차귀도.net
◷ 09:30~18:30(매시 30분 운항) 동절기 10:00~17:00(매 정시 운항)
₩ 차귀도탐방+제트유람선 성인 16,000원 소인 13,000원(36개월 미만 무료)

## 비양도 ★★★

고려시대 기록에도 등장할 만큼 제주에서 가장 최근에 만들어진 섬으로 지난 2002년 탄생 천년을 기념하는 축제가 열리기도 했다. 섬을 한 바퀴 걸어서 돌아보는 데 넉넉잡아 두 시간이면 충분할 만큼 아담한 섬이라 아이와 함께 걷기에 적당하다. 화산활동으로 형성된 기이한 모양의 돌들이 아이의 호기심을 자극하고 그림 같은 비양분교 운동장에선 마음껏 뛰어놀 수도 있다. 한림항에서 하루 세 번 배가 왕복하므로 시간을 잘 조절해야 한다.

📍 제주시 한림읍 한림해안로 146 ☎ 064-796-7522(한림항도선대합실)
🕐 한림항 출발 09:00 12:00 15:00 비양도 출발 09:16 12:16 15:16
₩ 대인 3,000원 소인 1,800원(만2세 미만 무료)

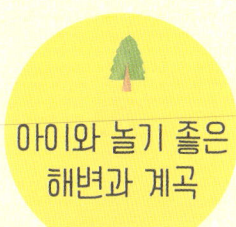

아이와 놀기 좋은
해변과 계곡

제주하면 아름다운 해변을 빼놓을 수 없다. 이국적인 풍광을 자랑하는 협재해변부터 감각적인 카페거리로 유명한 월정리해변, 귀여운 목마등대가 기다리는 이호테우해변 등 수심이 얕고 모래가 부드러워 아이와 함께 물놀이를 즐기기 좋은 바닷가를 모아보았다. 더불어 추사 김정희도 즐겨 찾았다는 안덕계곡에서 색다른 제주의 풍광을 즐기며 살짝 발을 담가보는 것도 좋겠다.

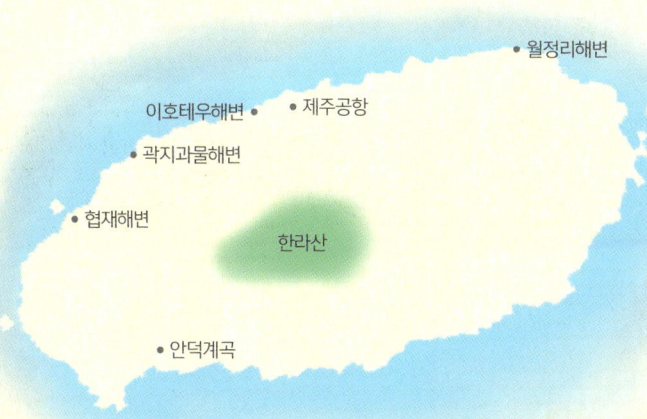

## 월정리해변 ★★☆

제주에서 가장 트렌디한 해변 중 하나로 해안선을 따라 이국적인 분위기의 카페와 레스토랑이 즐비하다. 때문에 느긋하게 식사나 커피를 즐기며 시간을 보내기에 좋다. 수심이 얕고 물이 맑은 바다에는 의외로 사람이 적어 아이가 물놀이하기 그만이다. 석회질 성분의 모래는 가늘고 부드러워 아이가 맨발로 뛰어놀기에도 좋다.

📍 제주시 구좌읍 월정리 33-3

## 이호테우해변 ★★☆

제주공항에서 가까워 일정 중에 부담 없이 물놀이를 즐기기 좋은 해변이다. 거무스름한 모래와 자갈로 이뤄져 있지만 이곳의 랜드마크인 목마등대 쪽으로 조금만 걸어 들어가면 보다 고운 모래와 수심이 얕은 지형이 나타난다. 바위틈에 숨은 작은 소라게도 구경하고 등대 너머로 떨어지는 붉은 노을까지 눈에 담는다면 알찬 여행이 될 것이다.

📍 제주시 도리로 20 ☎ 064-728-4923

### 협재해변 ★★★

제주에서 가장 아름다운 에메랄드빛 바다를 자랑하는 이곳은 희고 고운 모래 때문에 신비롭고 이국적인 풍광을 연출한다. 한참을 걸어도 바닷물이 허리춤에 겨우 닿을 만큼 수심이 얕은 편이라 아이들이 물놀이를 즐기기에 가장 적당한 해변이기도 하다. 제주사람들도 즐겨 찾는 해변이라 샤워실 등 편의시설이 잘 갖춰져 있고 캠핑족들을 위한 캠핑장도 운영하고 있어 여유롭게 머물러도 좋다.

📍 제주시 한림읍 협재리 2497-1 ☎ 064-796-2404

### 곽지과물해변 ★★☆

협재해변으로 향하는 길목에 자리한 곽지과물해변은 한여름에도 비교적 여유로운 물놀이를 즐기기 좋은 곳으로, 역시 옥빛 바다와 하얀 모래사장이 매력적이다. 수심도 얕은 편이라 아이들이 물놀이를 즐기기에도 좋다. 특히 이곳엔 용천수를 이용한 천연수영장과 샤워장이 마련돼 있어 아이가 어리다면 안고 가볍게 물놀이를 즐길 수도 있다.

📍 제주시 애월읍 곽지리 ☎ 064-728-8884

## 안덕계곡 ★★☆

도로변에 자리한 표지판만으로는 선뜻 머릿속에 그려지지 않는 비밀스런 계곡으로, 나무데크를 따라 10여 분만 걸어 들어가면 전혀 다른 세상에 온 것처럼 신비한 풍광을 만날 수 있다. 추사 김정희가 즐겨 찾았다고도 전해지는 이곳은 검은 바위와 난대림의 독특한 식생이 어우러져 보는 이들을 압도한다. 천연기념물로 지정된 상록수림이 자리한 곳으로 여름에는 아이와 함께 가벼운 물놀이를 즐기기에도 좋다.

📍 서귀포시 안덕면 일주서로 1524
☎ 064-794-9001

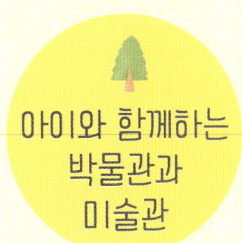

## 아이와 함께하는 박물관과 미술관

우리나라에서 가장 많은 박물관과 미술관이 자리하지 않았을까 싶을 만큼 제주에는 다양한 테마의 전시공간들이 가득하다. 만화영화에서 보았던 갖가지 클래식카들을 만나볼 수 있는 자동차박물관부터 게임 하나로 아빠와 아이가 하나될 수 있는 컴퓨터박물관, 엄마와 딸이 모두 좋아하는 키티박물관, 꼬마 파일럿으로 변신해볼 수 있는 항공박물관 등 아이들의 관심사에 따라 볼거리를 선택할 수 있다.

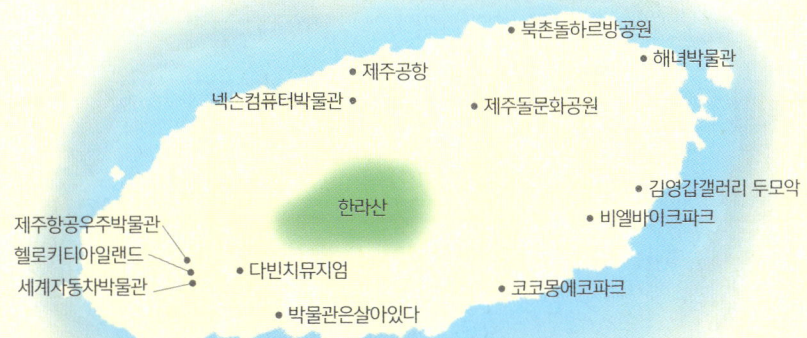

## 김영갑갤러리 두모악 ★★★

제주를 너무도 사랑했던 사진작가 김영갑의 작품들을 만날 수 있는 특별한 공간으로, 과거 삼달분교였던 폐교를 직접 꾸며 가장 제주스러운 전시공간으로 다시 태어났다. 그는 루게릭병으로 고통스러운 투병생활을 하던 중에도 제주의 아름다운 사계를 카메라에 담았다. 보기만 해도 마음이 평화로워지는 작품들로 여행자들의 마음을 어루만진다. 아기자기한 정원이 있어 아이와 함께 둘러보기에 좋다.

📍 서귀포시 성산읍 삼달로 137  ☎ 064-784-9907  🌐 www.dumoak.co.kr
🕘 09:30~18:00 7월~8월 09:30~19:00 11월~2월 09:30~17:00(수요일, 1월 1일 및 설날·추석 당일 휴관)  ₩ 성인 3,000원 청소년 2,000원 어린이 1,000원(7세 미만 무료)

## 다빈치뮤지엄 ★★☆

위대한 예술가이자 과학자인 레오나르도 다빈치의 300여 점에 이르는 과학발명품들을 한자리에서 만날 수 있다. 단순히 보기만 해서는 이해하기 어려운 부분이 있어 가능한 한 매 정시마다 운영되는 도슨트프로그램에 참여하기를 추천한다. 아이들의 눈높이에 맞춰 알기 쉽게 설명해주기 때문에 보다 알찬 관람이 된다. 로봇과 물로켓, 자동차 등을 만드는 체험프로그램도 운영하고 있으니 미리 예약하면 아이에게 특별한 경험을 만들어줄 수 있다.

📍 서귀포시 안덕면 산록남로 788
☎ 064-794-5115
🌐 www.davincimuseum.co.kr
🕘 09:00~18:00 7월~8월 09:00~19:00
₩ 성인 9,000원 청소년 8,000원 어린이 7,000원(36개월 미만 무료)

### 넥슨컴퓨터박물관 ★★★

게임회사 넥슨의 제주도 본사에 자리한 컴퓨터박물관으로 남자아이들이 특히 좋아할 만한 공간이다. 스티브잡스가 개발한 최초의 개인용 컴퓨터인 애플 I 를 비롯한 다양한 컴퓨터 관련 수집품은 물론, 2층 오픈스테이지에는 지금은 사라진 옛 게임들을 직접 경험해볼 수 있도록 해 아빠와 아들이 게임을 통해 공감할 수 있다. 지하 카페에서는 키보드와 마우스 모양의 빵도 판매하고 있어 색다른 재미를 선사한다.

📍 제주시 1100로 3198-8 ☎ 064-745-1994
🌐 www.nexoncomputermuseum.org
🕐 10:00~18:00 7월~8월 10:00~20:00(월요일 및 설날·추석 당일 휴관)
₩ 성인 8,000원 청소년 7,000원 어린이 6,000원(만 36개월 미만 무료)

### 세계자동차제주박물관 ★★★

영화 속에서만 볼 수 있었던 오랜 역사의 클래식 카들을 직접 볼 수 있다. 전설의 명차로 평가되는 'Benz 300SL'을 비롯해 다양한 모양과 매력을 지닌 클래식카 90여 대가 한자리에 전시된 것은 물론, 어린이체험장에서는 아이들이 직접 전기자동차를 운전해보고 운전면허증도 발급받는 색다른 경험을 할 수 있어 반응이 좋다.

📍 서귀포시 안덕면 중산간서로 1610
☎ 064-792-3000
🌐 www.koreaautomuseum.com 🕐 09:00~18:00
₩ 성인 9,000원 청소년 및 어린이 8,000원(만 36개월 미만 무료)

## 비엘바이크파크 ★★☆

바이크를 테마로 한 박물관으로 역사 속의 다양한 바이크를 전시하고 있는 것은 물론, 바이크가 등장했던 영화나 드라마에서 착안한 재미있는 포토존도 자리해 사진촬영을 하기에도 좋다. 본래 개인용 바이크를 제작하던 회사에서 운영하는 박물관이라 어디서도 볼 수 없었던 화려한 디자인과 멋스런 자태의 바이크를 다수 만날 수 있어 아빠와 아들이 모두 좋아할 만한 공간이다. 엄마들을 위한 수유실과 파우더룸 등 편의시설도 잘 갖추고 있다.

◉ 서귀포시 표선면 세성로 474 ☎ 064-787-7667 ⊕ www.bikemuseum.co.kr
⊙ 09:00~18:00 7월 20일~8월 19일 09:00~19:00
₩ 성인 9,000원 청소년 7,000원 어린이 6,000원(36개월 미만 무료)

## 제주항공우주박물관 ★★☆

항공과 우주에 대한 인류의 끊임없는 도전과 역사를 만나볼 수 있는 공간으로 실물 항공기가 전시된 에어홀부터 아이들의 눈길을 사로잡는다. 실제 파일럿처럼 옷을 입고 사진을 촬영할 수 있는 포토존도 있으며, 2층 천문우주관에서 신비로운 우주공간을 다양한 영상을 통해 체험할 수 있다. 영유아를 동반했다면 7세 이하 영유아들만 이용할 수 있는 블록놀이터가 있어 잠시 쉬어가기 좋다.

◉ 서귀포시 안덕면 녹차분재로 218
☎ 064-800-2000
⊕ www.facebook.com/jam.jeju
⊙ 09:00~18:00(첫째 주 월요일 휴관)
₩ 성인 10,000원 청소년 9,000원 어린이 8,000원(만 3세 미만 무료)

## 박물관은 살아있다 ★★☆

체험형 미술관으로 다양한 미술품과 조각품들을 직접 만지고 재미있는 사진도 촬영할 수 있다. 평면이 입체로 느껴지는 착시아트와 과학적 원리를 활용한 오브제아트를 비롯해 여자아이들이 좋아할 만한 아기자기한 분위기의 프로방스마을도 있어 다양한 즐거움을 선사한다. 유명 조각품들을 재현해놓은 드넓은 야외정원에서는 아이들이 마음껏 뛰어놀 수 있다.

📍 서귀포시 중문관광로 42 ☎ 064-805-0888
🌐 www.alivemuseum.com/branch/jeju
🕘 09:30~21:30
₩ 성인 10,000원 청소년 9,000원 어린이 8,000원 (36개월 미만 무료)

## 해녀박물관 ★★☆

끈질긴 생명력과 강인한 정신력으로 제주 여성의 상징으로 꼽히는 해녀는 세계적으로도 그 존재가 희귀할 만큼 소중한 제주의 문화유산이다. 이곳 해녀박물관은 해녀의 역사와 가치를 돌아볼 수 있는 특별한 공간으로, 물옷과 물질도구는 물론 해녀들의 사진과 영상자료 등을 풍성하게 만나볼 수 있다. 특히 어린이해녀관이 따로 있어 아이들의 눈높이에서 해녀의 문화를 이해할 수 있도록 한다.

📍 제주시 구좌읍 해녀박물관길 26 ☎ 064-782-9898 🌐 www.haenyeo.go.kr
🕘 09:00~18:00(첫째·셋째 주 월요일, 1월 1일 및 설날·추석 연휴 휴관)
₩ 성인 1,100원 청소년 500원(13세 미만 무료)

## 제주돌문화공원 ★★★

제주의 정체성과 향토성, 예술성을 자연스레 녹여낸 곳으로 드넓은 원시림을 그대로 보존하면서 공간을 꾸며 가장 제주다운 공원을 완성했다. 제주 사람들 사이에서 내려오는 설문대할망과 오백장군의 이야기를 제주의 가장 큰 특징인 돌을 이용해 재현한 것은 물론, 제주의 옛 마을을 본따서 마치 시간을 거슬러 여행하는 기분도 들게 만든다. 워낙 규모가 방대해 아이들이 마음껏 뛰어놀기에도 좋고 유모차 대여 등 관련 서비스도 잘 되어 있다.

📍 제주시 조천읍 남조로 2023
☎ 064-710-7731~3
🔗 www.jejustonepark.com
🕘 09:00~18:00(첫째 주 월요일 휴관)
₩ 성인 5,000원 청소년 3,500원 (12세 이하 무료)

## 북촌돌하르방공원 ★★★

제주하면 가장 먼저 떠오르는 돌하르방을 주제로 꾸민 테마공원으로, 현대적인 감각으로 재해석한 다양한 모양과 크기의 돌하르방과 함께 제주의 아름다운 자연이 한데 어우러져 온 가족이 여유롭게 쉬어갈 수 있는 공간이다. 입장료도 다른 박물관과 비교해 저렴한 편이라 부담 없이 들르기 좋고 곳곳에 눈길을 사로잡는 글귀와 힐링포인트들이 마음을 편안하게 만들어준다. 돌하르방 만들기 프로그램도 운영하고 있으니 아이에게 색다른 체험을 해보도록 하는 것도 좋다.

📍 제주시 조천읍 북촌서1길 70  ☎ 064-782-0570
🔗 www.dolharbangpark.co.kr
🕘 09:00~18:00 11~3월 09:00~17:00
₩ 성인 4,000원 소인 3,000원(36개월 미만 무료)

### 코코몽에코파크 ★★☆

아이들이 좋아하는 캐릭터 중 하나인 코코몽을 테마로 꾸민 공원으로, 에코파크란 이름답게 제주의 아름다운 자연에서 마음껏 뛰어놀 수 있도록 배려한 공간들이 눈길을 끈다. 프랑스의 유명 조형미술가와의 콜라보레이션으로 탄생한 공간들은 하나같이 감각적이면서도 아이들의 호기심과 오감을 자극한다. 다양한 체험프로그램과 이벤트도 마련해 아이들이 무척 좋아한다.

서귀포시 남원읍 태위로 536 ☎ 1661-4284 ♣ cocomongjeju.com
10:00~18:00 7월 25일~8월 16일 10:00~19:00 11월~2월 10:00~17:30
₩ 15,000원(24개월 미만 무료)

### 헬로키티아일랜드 ★★☆

글로벌 캐릭터 헬로키티를 주제로 꾸민 사랑스러운 테마파크다. 키티의 탄생과 세계적인 유명세를 얻기까지의 이야기를 담은 역사관을 시작으로 귀여운 키티의 방을 그대로 재현한 키티하우스, 키티의 세계일주를 테마로 한 갤러리 등 다양한 볼거리가 눈과 마음을 사로잡는다. 아이들이 마음껏 뛰어놀 수 있는 놀이터와 먹기 아까울 만큼 앙증맞은 디저트들을 판매하는 키티카페도 자리하고 있다.

서귀포시 안덕면 한창로 340 ☎ 064-792-6114
♣ www.hellokittyisland.co.kr
09:00~18:00 7월~8월 09:00~20:00
₩ 성인 12,000원 청소년 11,000원 어린이 9,000원 (24개월 미만 무료)

## 아이가 즐기는 오감체험

단순히 보고 즐기는 데서 그치지 않고 직접 조랑말을 타보거나 생명의 숲 곶자왈을 증기기관차를 타고 달리는 등 제주의 자연과 문화를 온몸으로 체험할 수 있는 공간도 다양하다. 여름에는 잠수함을 타고 푸른 바다 속으로 탐험을 떠나거나 돌고래와 함께 친구가 되어보고, 겨울에는 하얀 눈 사이로 피어난 붉은 동백꽃을 눈에 담거나 달콤한 제주 감귤을 직접 따보는 것도 색다른 경험이다.

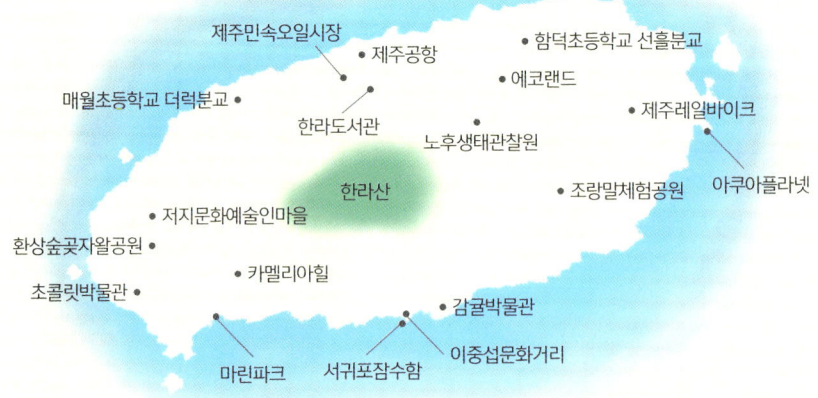

## 이중섭문화거리 ★★★

한국인이 가장 사랑하는 예술가 중 하나인 이중섭은 생전 제주 서귀포의 작은 마을에 가족과 함께 머물렀던 시절을 가장 행복했던 기억으로 꼽는다. 실제로 이 시기의 작품들을 보면 게를 잡으며 천진하게 놀고 있는 아이들처럼 평화롭고 따뜻한 분위기가 느껴진다. 지금도 그가 머물던 초가가 그대로 있는데, 이 주변으로 이중섭미술관과 그의 예술혼을 이어받은 젊은 예술가들의 공방이 밀집해 이중섭문화거리를 이루고 있다. 주말이면 플리마켓도 열려 아이와 함께 다양한 체험을 하기에 좋다.

📍 서귀포시 이중섭로 27-3(이중섭미술관)

## 저지문화예술인마을 ★★☆

제주현대미술관을 중심으로 30여 명의 예술가들이 모여 사는 마을로, 제각각의 개성과 남다른 감각을 뽐내는 건축물들이 한데 어울려 색다른 분위기를 자아낸다. 특히 미술관 주변으로 어린이 야외조각공원이 형성되어 있는데, 상상 속의 동물들을 표현한 재미있는 작품들이 즐비해 있어 그 사이로 아이들이 마음껏 뛰어놀 수 있다. 마을 곳곳에도 화가와 서예가, 작가들의 작업실과 전시공간이 열려 있어 아이와 천천히 산책을 즐기며 예술적 감성을 채우기에 그만이다.

📍 제주시 한경면 저지14길 35(제주현대미술관)

## 환상숲곶자왈공원 ★★★

제주의 독특한 지형 중 하나인 곶자왈의 강인한 생명력을 느낄 수 있는 곳으로, 숲해설가가 동행하며 이곳에서 자라는 다양한 식물의 종류와 생태를 재미있게 설명해준다. 척박한 환경 속에서도 함께 어울려 살아가는 지혜를 터득한 식물들의 놀라운 이야기들을 듣다 보면 아이들도 자연스레 생명의 소중함과 자연의 위대함을 느끼게 된다. 바위와 이끼가 많은 지역이라 걷기에 편하고 바닥이 미끄럽지 않은 신발이 필수다.

⚲ 제주시 한경면 녹차분재로 594-1  ☎ 064-772-2488  ⚘ www.jejupark.co.kr
⏱ 09:00 10:00 11:00 13:00 14:00 15:00 16:00 17:00(숲해설자와 동행하여 관람, 동절기 마지막 해설 16:00, 일요일 오전 휴무)  ₩ 성인 5,000원 청소년 및 어린이 4,000원

## 조랑말체험공원 ★★☆

조선시대 궁궐에서 사용하는 말을 길러내는 국영목장인 '갑마장'이 자리했던 가시리 일대에 세워진 체험공원이다. 제주 말과 관련된 다양한 자료를 모아 놓은 조랑말박물관과 직접 말을 타고 광활한 초원을 달려볼 수 있는 승마장이 함께 있다. 승마체험은 연령에 따라 코스와 난이도를 조절할 수 있기 때문에 아이들과 함께 체험해보기 좋다. 공원 내에 자리한 마음카페에선 말똥쿠키 등 재미있는 모양의 먹거리가 있어 잠시 쉬어가기 좋다.

⚲ 서귀포시 표선면 가시리 산41  ☎ 064-787-0960
⚘ www.jejuhorsepark.com
⏱ 10:00~18:00 11월~2월 10:00~17:00(화요일 휴무)
₩ 성인 2,000원 청소년 및 어린이 1,500원

## 마린파크 ★★☆

화순해변에 자리한 국내 유일의 돌고래체험센터로 아이들이 돌고래를 직접 만져보고 먹이도 주면서 교감할 수 있는 공간이다. 사전예약제로 운영되고 있는 조련사체험을 신청하면 약 40분 동안 돌고래와 함께 특별한 추억을 쌓을 수 있다. 체험 후에는 수십 개의 수조에 전시된 전 세계의 다양한 해양생물들도 만날 수 있어 아이들에게 값진 경험이 된다.

📍 서귀포시 안덕면 화순중앙로 132
☎ 064-792-7777
🌐 www.marinepark.co.kr
🕘 09:30~18:30(돌고래체험 10:00~17:00 매시 정각)
₩ 성인 9,000원 청소년 8,000원 소인 7,000원(24개월 미만 무료) 조련사체험 1인 60,000원(24개월 이상 이용, 키 120cm 이하 어린이는 보호자 1인 동반 하에 체험 가능)

## 아쿠아플라넷 ★★☆

국내를 대표하는 해양테마파크인 아쿠아플라넷의 제주점으로 세계 곳곳의 물고기들은 물론 귀여운 물범과 펭귄 등 다양한 해양생물들을 한자리에서 만날 수 있다. 어린이 전용 전시관인 키즈플라넷에서는 이들의 생태와 바다에 대한 갖가지 정보를 퀴즈로 풀어보는 등 학습적인 측면에서도 유용한 공간들이 많다. 이곳에서 놓치지 말아야 할 볼거리는 오션아레나의 공연이다. 바다를 배경으로 펼쳐지는 스펙터클한 스토리와 재미있는 동물쇼가 아이들의 눈을 사로잡는다.

📍 서귀포시 성산읍 섭지코지로 95 ☎ 064-780-0900 🌐 www.aquaplanet.co.kr/jeju/index.jsp
🕘 10:00~19:00(오션아레나 공연 11:10 13:00 15:00 17:00) ₩ 성인 39,500원 청소년 37,800원 어린이 35,900원(36개월 미만 무료)

## 에코랜드 ★★★

아이들이 좋아하는 기차를 타고 신비의 숲 곶자왈을 볼 수 있는 테마파크로 증기기관차를 실제로 체험할 수 있어 인기가 좋다. 영국에서 특별 제작한 색색의 증기기관차가 7~12분 단위로 운행되어 에코브리지와 레이크사이드 등 4개의 기차역을 차례로 둘러볼 수 있다. 각각의 역마다 드넓은 정원과 아름다운 풍경을 볼 수 있어 천천히 둘러보자. 걷기 좋아하는 아이들이라면 곶자왈의 생태를 보다 가까이에서 체험할 수 있는 에코로드를 함께 걸어보는 것도 좋다.

📍 제주시 번영로 1278-169 ☎ 064-802-8020 🌐 www.ecolandjeju.co.kr
🕗 08:30~18:00 동절기 08:40~17:00
₩ 성인 12,000원 청소년 10,000원 어린이 8,000원(24개월 이하 무료)

## 카멜리아힐 ★★★

동양에서 가장 큰 동백수목원으로 6만여 평의 부지에 500여 종의 동백나무 6,000여 그루가 울창한 숲을 이루고 있다. 워낙 다양한 종류의 동백나무들이 자라다 보니 가을부터 봄까지 활짝 핀 꽃봉오리를 만날 수 있다. 동백꽃의 아름다움을 감성적으로 표현한 공간들 덕분에 분위기 있는 사진을 촬영하기에도 좋다. 곳곳에 쉬어갈 수 있는 공간도 잘 마련되어 있다.

📍 서귀포시 안덕면 병악로 166
☎ 064-792-0088 🌐 www.camelliahill.co.kr
🕗 08:30~17:30 6월~8월 08:30~18:00 12월~2월 08:30~17:00
₩ 성인 7,000원 청소년 5,000원 어린이 4,000원(36개월 이하 무료)

## 제주민속오일시장 ★★★

매월 2일, 7일, 12일, 17일, 22일, 27일마다 열리는 오일장으로 무려 100여 년의 역사를 지니고 있어 제주의 독특한 문화를 자연스럽게 체험할 수 있다. 제주의 민속의상인 갈옷을 비롯해 새벽에 갓 쪄낸 따끈한 오메기떡과 담백한 맛의 빙떡 등 다른 곳에서는 만날 수 없는 볼거리와 먹거리가 넘쳐난다. 또 전통방식으로 각종 농기구를 제작하는 대장간과 귀여운 강아지와 고양이, 토끼 등을 만날 수 있는 가축시장도 한편에 자리해 아이들에게 더없이 다양한 경험을 선사한다.

♥ 제주시 오일장서길 26 ☎ 064-743-5985 ⊙ 08:00~20:00 토요일 09:00~18:00

## 애월초등학교 더럭분교 ★★☆

애월읍의 작은 분교였던 이곳은 2012년 세계적인 컬러리스트 장 필립 랑클로와의 캠페인을 통해 다채로운 빛깔을 덧입히면서 사진촬영 명소로 알려지게 됐다. 단층의 아담한 학교이지만 흙을 밟으며 자유롭게 뛰어노는 아이들과 알록달록한 교실들이 한 폭의 그림처럼 아름답다. 지식보다는 공존의 지혜를 배우는 이곳에서 아이와 속 깊은 대화를 나눠보는 것도 좋다. 학기 중에는 수업에 방해가 될 수 있으니 개방시간에 맞춰서 방문하도록 한다.

♥ 제주시 애월읍 하가로 195 ☎ 064-799-0515
⊙ 18:00~일몰시 토요일 13:00~일몰시 공휴일 09:00~일몰시

## 함덕초등학교 선흘분교 ★★☆

여행자들에게 많이 알려진 더덕분교와 비교하면 보다 편안하고 소박한 분위기를 잘 간직한 곳으로 선흘리 깊숙이 자리해 아이와 여유롭게 구경하기 좋다. 학교 입구에 적힌 '차츰차츰'이라는 글귀처럼 삶에 있어 중요한 것은 속도가 아니라는 것을 스스로 증명이라도 하듯 느긋하고 아담한 풍경이 인상적이다. 운동장 한편에 자리한 멋스런 후박나무와 오래된 동백나무도 무척 아름답다.

◎ 제주시 조천읍 선흘동1길 41 ☎ 064-783-8526

## 한라도서관 ★★☆

제주시민들이 즐겨 이용하는 도서관으로 9층 규모의 건물에 다양한 종류의 단행본과 전문자료를 보유하고 있다. 도서관 1층에 어린이열람실이 있어 아이와 편안하게 책도 읽고 쉬어가기 좋다. 제주 특유의 분위기가 그대로 반영된 정원과 작은 동물원은 아이들이 뛰어놀기에 더없이 좋고, 근처에 신비로운 계곡 풍경을 간직한 올레길이 숨어 있어 여행지로도 손색이 없다.

◎ 제주 제주시 오남로 221 ☎ 064-710-8666 ⊙ 08:00~22:00 토요일·일요일 및 공휴일 09:00~20:00 어린이열람실 09:00~18:00(수요일, 1월 1일, 12월 31일 및 설날·추석 연휴 휴관)

## 감귤박물관 ★★☆

제주를 대표하는 특산물이기도 한 감귤을 테마로 꾸민 박물관으로 제주감귤의 역사와 문화를 한눈에 돌아볼 수 있어 아이들에게 색다른 볼거리가 된다. 세계감귤전시장에서는 다양한 종류와 크기의 감귤은 물론 파파야와 파인애플 등 이국의 식물들도 함께 만날 수 있다. 특히 감귤 수확 시기에는 직접 감귤을 따볼 수 있는 체험프로그램을 운영하는데, 일반 농장보다 저렴한 가격에 맛있는 감귤을 마음껏 따고 그 자리에서 맛도 볼 수 있어서 아이들이 오감으로 체험할 수 있는 공간이다.

서귀포시 효돈순환로 441 ☎ 064-767-3010 citrus.seogwipo.go.kr
09:00~18:00 7월~8월 09:00~19:00(1월 1일 및 설날·추석 연휴 휴관) ₩ 성인 1,500원 청소년 1,000원 어린이 800원(7세 미만 무료)

## 초콜릿박물관 ★★☆

초콜릿을 테마로 한 박물관으로 초콜릿이 어떻게 만들어지고 어떤 역사를 거쳐 왔는지 이해할 수 있다. 박물관 한편에 자리한 온실에는 실제 초콜릿의 재료가 되는 카카오나무도 자라고 있다. 박물관에서 판매하는 초콜릿을 일정 금액 이상 구입하면 직접 초콜릿을 만들어볼 수 있는 체험프로그램에 참여할 수 있는데, 아이들이 작은 손으로 오물조물 달콤한 초콜릿을 만드는 모습이 무척 진지하고 즐거워 보인다.

서귀포시 대정읍 일주서로3000번길 144
☎ 064-792-3121
www.chocolatemuseum.org
10:00~18:00 7월~8월 10:00~19:00 11월~2월 10:00~17:00
₩ 성인 6,000원 어린이 4,000원(6세 미만 무료)

## 제주레일바이크 ★★☆

용눈이오름 바로 옆에 자리한 상도리공동목장에 마련된 제주 유일의 레일바이크로 다랑쉬오름과 우도, 성산일출봉까지 한눈에 조망할 수 있는 탁월한 전망을 자랑한다. 공동목장에 방목되어 한가로이 풀을 뜯고 있는 100여 마리의 소도 한 폭의 그림처럼 평화롭다. 일부 구간은 전기로 운행하는 레일바이크라 체력적인 부담 없이 이용이 가능하며 제주의 아름다운 초원을 느긋하게 즐길 수 있어 아이들에게도 특별한 추억이 된다.

📍 제주시 구좌읍 용눈이오름로 641 ☎ 064-783-0033 🔗 www.jejurailpark.com
🕘 09:30 10:00 11:00 12:00 13:00 14:00 15:00 16:00 17:00 (하절기는 17:30까지 운행)
₩ 2인승 30,000원 3인승 40,000원 4인승 48,000(36개월 미만 무료)

## 노루생태관찰원 ★★☆

200여 마리의 노루가 자연 그대로 서식하며 자유롭게 뛰어노는 거친오름에 자리한 세계 최대 규모의 노루생태관찰원이다. 먼저 전시관에 들어서면 아이들의 눈높이에서 노루의 생활상을 이해할 수 있도록 다양한 체험자료들이 전시되어 있고, 관찰로를 따라 오름을 한 바퀴 돌면 자연스레 초원을 뛰어노는 노루들을 만날 수 있다. 관찰로 입구의 상시관찰원에서는 아기 노루들에게 직접 먹이를 주는 체험도 가능해 아이들이 노루와 교감할 수 있는 특별한 추억을 선사한다.

📍 제주시 명림로 520 ☎ 064-728-3611
🔗 roedeer.jejusi.go.kr
🕘 09:00~18:00 11월~2월 09:00~17:00
₩ 성인 1,000원 청소년 600원

## 서귀포잠수함 ★★☆

세계 최대의 연산호 군락지로 유네스코가 지정한 생물권 보전지역이자 천연보호구역이기도 한 제주 문섬 주변을 1시간 동안 운항하는 잠수함이다. 알록달록한 연산호의 아름다운 자태와 함께 수심 40m의 심해 풍경까지 만날 수 있어 아이들에게도 새로운 경험이 된다. 특히 깊은 바다에 잠들어 있는 난파선의 모습은 아이들의 상상력을 자극하기에 충분하다. 전문 다이버가 잠수함 주변을 돌며 물고기에게 먹이를 주는 모습과 탑승객들과 교감하는 모습도 인상적이다. 운항을 마친 후에는 해저탐험증명서도 발급해줘 아이들에게 특별한 성취감을 선사할 수도 있다.

♦ 서귀포시 남성중로 40 ☎ 064-732-6060 ⊕ www.submarine.co.kr
⊙ 07:20~18:40 11월~2월 07:20~16:40(40분 간격 운항) 7월~8월 07:45~18:50(35분 간격 운항)
₩ 성인 55,000원 청소년 44,000원 소인 33,000원(36개월 미만 무료) 해상공원이용료(별도) 성인 1,000원 청소년 800원 소인 500원

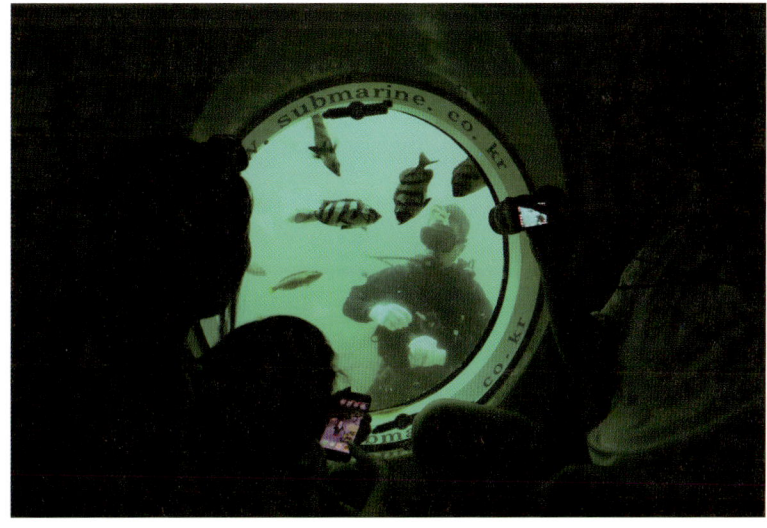

### 아이가 좋아하는 제주 맛집

아이와 함께 제주를 여행하다 보면 먹거리 하나를 선택하는 일도 쉽지 않다. 제주를 대표하는 향토음식인 고기국수와 흑돼지구이부터 제주토박이가 운영하는 채식레스토랑, 제주산 치즈를 듬뿍 올린 피자와 어른 얼굴 크기의 햄버거 등 다양한 메뉴의 맛집들을 골라보았다. 더불어 고소한 콩가루를 올린 아이스크림과 제주의 푸른 바다 빛깔을 닮은 레모네이드 등 가벼운 디저트와 음료도 소개했다.

### 자매국수 ★★☆

제주를 대표하는 향토음식인 고기국수를 맛볼 수 있다. 고기국수는 돼지사골을 푹 고아서 우려낸 진한 국물에 굵직한 중면을 넣고 두툼하게 썰어낸 돼지고기를 올린 음식을 뜻하는데, 자극적이지 않은 맛과 담백함 때문에 아이들의 입맛에도 잘 맞는다. 제주 본점과 함께 노형점과 서귀포점 3곳에 지점을 운영하고 있어 여행 중 편안하게 이용할 수 있다.

📍 제주시 삼성로 67  ☎ 064-727-1112
🕐 24시간
₩ 고기국수 7,000원

### 난드르깡통구이 ★★★

안덕면에 자리한 난드르깡통구이는 수많은 흑돼지구이 전문점 중에서 현지인들이 강력 추천하는 맛집으로, 신선하고 두툼한 흑돼지를 통으로 구워 내 보기만 해도 먹음직스럽다. 함께 내는 멸치젓도 담백한 고기와 잘 어울린다.

📍 서귀포시 안덕면 대평감산로 14
☎ 064-738-7385  🕐 13:00~22:00(1·3번째 일요일 휴무)  ₩ 흑돼지 근고기 39,000원(2인 기준)

### 운정이네 ★★☆

제주에서 가장 편하게 선택할 수 있는 식사 메뉴 중 하나인 고등어구이를 푸짐하게 즐길 수 있는 식당이다. 다양한 종류의 밑반찬 덕분에 아이와 함께 식사하기에 좋고 대부분 자극적이지 않은 맛이다. 식사 후에는 커피와 아이스크림 등을 자유롭게 즐길 수 있어 가족 단위 여행자들에게 인기가 좋다.

📍 서귀포시 안덕면 일주서로 1524
☎ 064-792-8833  🕐 08:00~24:00  ₩ 고등어구이 15,000원

## 다담 ★★☆

제주시외버스터미널 근처에 자리한 약선요리 전문점으로 여행자들보다는 현지인들이 즐겨 찾는 맛집이다. 주택을 활용한 식당이라 마치 집에서 먹는 것처럼 편안한 분위기로 아이와 함께 가기에 좋다. '약이 되는 음식'을 테마로 한 식당인 만큼 반찬 하나하나 신선하고 영양소가 조화롭도록 요리한 점도 마음에 든다. 아이와 함께 먹기에는 연잎밥이나 연근떡갈비, 채소비빔밥 등을 추천한다.

📍 제주시 서광로2길 11-18  ☎ 064-753-2843  🕐 11:30~21:00(브레이크타임 15:00~17:00)
₩ 연잎밥 10,000원

## 샤라의정원 ★★☆

유명 관광지가 아닌 선흘리의 한적한 마을 귀퉁이에 자리한 오가닉레스토랑으로 정성스레 꾸민 아름다운 정원이 들어서는 순간부터 마음을 편안하게 만들어준다. 담쟁이덩굴이 뒤덮은 붉은 벽돌 건물도 인상적이지만 내부엔 개성 넘치는 테이블과 의자, 소품들이 한데 어우러져 독특한 분위기를 자아낸다. 이곳의 대표 메뉴는 '샤라의 정원'이라 이름 붙인 친환경 현미밥요리로 신선한 재료가 특징이다. 아이들은 이태리식 닭요리인 '미친닭'도 좋아한다.

📍 제주시 조천읍 선교로 198-2
☎ 070-7773-9631  🕐 11:00~18:00(화요일 휴무)  ₩ 샤라의정원 30,000원

### 작은부엌 ★★★

제주토박이가 운영하는 가정식 레스토랑으로 실제 살림집의 별채를 활용해 아담하고 아기자기한 분위기가 특징이다. 채식주의자인 주인장이 직접 요리하는 곳이라 모든 메뉴에 고기나 동물성재료를 사용하지 않으며, 계절이나 재료에 따라 메뉴도 조금씩 달라진다. 주문은 최소 하루 전까지 전화예약을 통해서만 가능하며 들풀주스와 현미가래떡구이, 샐러드피자와 현미주먹밥 등 푸짐한 코스요리로 채워진다.

📍 제주시 조천읍 선흘동2길 1 ☎ 010-4699-3179
🌐 blog.naver.com/h7843179
🕐 11:00~16:00(일요일, 월요일 휴무)
₩ 코스요리 1인 30,000원(2인 이상 주문 가능), 샐러드피자 15,000원

### 데미안 ★★★

서울에서 7년 넘게 돈가스전문점을 운영했던 부부가 제주에 정착해 식당을 연 만큼 오랜 내공이 음식에 고스란히 담겨 있다. 제주산 돼지고기를 직접 숙성시켜 겉은 바삭하면서도 안은 육즙이 살아 있고 씹히는 맛 또한 훌륭하다. 갖가지 재료로 만든 수제소스도 아이들 입맛에 잘 맞는다. 메뉴는 돈가스정식 하나인데 전복죽이 애피타이저로 나오고 커피와 차, 아이스크림 등을 후식으로 먹을 수 있어 알차다. 마당에는 아이들이 놀기 좋은 모래밭도 있어 가족단위 여행자들에게 딱 알맞다. 단 마감시간이 이르므로 시간을 잘 맞춰 찾아가야 한다.

📍 제주시 한경면 홍수암로 560 ☎ 010-4277-0551 🌐 jejudemian.blog.me
🕐 11:00~16:00(월요일 휴무) ₩ 돈까스 정식 12,000원

### 피자굽는돌하르방 ★★☆

일명 '1m 피자'로 잘 알려진 피자전문점으로 실제 화덕에서 1m 길이의 피자를 구워낸다. 인원이 많은 다둥이가족에게 추천한다. 길이가 긴 만큼 토핑도 고구마와 감자, 불고기, 김치 등 4가지가 올라가 한 번에 다양한 맛을 즐길 수 있다. 치즈도 수입과 제주산 중 선택이 가능하다. 2~3인 가족이라면 조금 작은 크기의 '세떠멍피자'나 '지실밭'도 있으며 남은 피자는 포장이 가능하다.

📍 제주시 한경면 청수로 218
☎ 064-773-7273 ⏰ 평일 11:00~19:00 주말 및 공휴일 11:00~18:30(월요일 휴무)
₩ 돌하르방피자(1m 피자) 수입치즈 43,000원 제주치즈 59,000원

### 오는정김밥 ★★☆

제주를 대표하는 김밥 맛집으로 미리 전화로 예약을 하지 않으면 주문도 어려울 만큼 여행자들 사이에서 인기가 뜨겁다. 김밥 하나만 먹어도 입이 가득 찰 만큼 재료가 풍성한 것이 특징인데, 바삭한 튀김을 사용해 다양한 식감을 느낄 수 있다. 부드러운 치즈나 담백한 치즈 외에도 상큼한 깻잎이나 고소한 멸치를 넣은 김밥도 판매한다.

📍 서귀포시 동문동로 2 ☎ 064-762-8927 ⏰ 10:00~20:00(예약제, 부정기적 휴무)
₩ 오는정김밥 2,500원(2줄 이상 주문)

### 황금룡버거 ★★☆

커다란 접시를 가득 채울 만큼의 빅버거로 큰 인기를 끌고 있는 이곳은 제주산 돼지고기와 직접 재배한 허브, 주변 농장에서 구입한 싱싱한 채소들로 속을 채워 건강한 맛이 인상적이다. 부드러운 빵과 아이들이 좋아할 만한 달콤한 소스 때문에 온 가족이 만족스러운 식사를 즐길 수 있다. 4인 기준의 많은 양이 부담스럽다면 커플용으로 제공되는 2인용 커플버거를 주문해도 좋다.

♀ 서귀포시 대정읍 칠전로 434
☎ 064-773-0097  ⊙ 09:30~19:00
₩ 황금룡버거 20,000원 커플버거 12,000원

### 두봄 ★★★

안덕면의 조용한 주택가에 자리한 아담하고 모던한 분위기의 수제햄버거 전문점으로, 두부를 이용해 패티를 구운 건강한 홈메이드버거와 신선한 제철 재료를 이용한 주스가 주요 메뉴다. 물론 입맛에 따라 제주산 돼지고기나 한우를 사용한 버거도 있다. 주택을 개조해 편안한 분위기는 물론 아이들에게 유난히 친절한 주인장 덕분에 가족단위 여행자들도 편안하게 찾을 수 있다.

♀ 서귀포시 안덕면 서광남로 123  ☎ 064-792-4222  ⊕ blog.naver.com/doobom
⊙ 10:30~주문 마감 19:30(일요일 휴무)  ₩ 두봄버거 8,500원

## 하우스레서피 ★★☆

눈여겨보지 않으면 그냥 지나칠 만큼 길가의 작고 아담한 가게지만 오후 3~4시면 제품이 모두 동이 날 만큼 인기가 좋다. 이곳의 대표 메뉴는 여주인이 직접 구워내는 당근케이크로 제주산 당근을 아낌없이 사용해 달지 않고 담백하면서도 부드러운 맛이 일품이다. 치즈를 좋아한다면 크림치즈로 속을 채운 당근케이크를 맛보자. 색다른 맛을 즐길 수 있다. 가게 내부에 테이블이 따로 없으므로 구입 후 들고 다니며 여행 중에 간식 삼아 먹으면 든든하다.

📍 제주시 한림읍 일주서로 5892 ☎ 064-796-9440
🕙 10:00~18:00 (재료 소진 시 마감, 화요일 휴무)
₩ 당근케이크(소) 11,000원

## 아라파파 ★★☆

여행자들은 물론 지역 주민들도 즐겨 찾는 베이커리카페로 수십 종의 빵을 시간대별로 구워내 언제든 신선하고 맛있는 빵을 만날 수 있다. 모든 빵은 유기농 밀가루로 구워내며 재료 하나하나 까다롭게 고른 탓에 주변에 사는 젊은 주부들에게 인기가 좋다. 상큼한 딸기를 달콤한 초코빵 위에 가득 올린 딸기초코브리오슈는 아이들 입맛에도 그만이다. 빵 외에도 이곳에서 직접 만든 홍차밀크잼도 인기 메뉴다.

📍 제주시 국기로3길 2 ☎ 064-725-8204 🕙 08:00~23:00 ₩ 딸기초코브리오슈 3,500원

### 담화헌 ★★★

아이들이 좋아하는 아이스크림을 조금 색다르게 즐길 수 있는 곳으로 고소한 콩가루와 상큼한 생 블루베리를 함께 넣어 건강한 맛이 인상적이다. 본래 그릇을 굽는 작업실로 사용되던 공간을 작은 카페로 꾸며 구석구석 투박한 토기들이 빚어내는 우직하고 소박한 분위기가 편안하다. 제주 전통방식으로 직접 구워내는 발효빵도 별미다. 주인장이 직접 내리는 핸드드립커피도 향이 깊고 진하다.

📍 제주시 축산마을북길 55 ☎ 010-9087-2953
🕙 10:00~17:00(목요일 휴무)
₩ 콩가루아이스크림 4,500원

### 이니스프리하우스 오가닉 그린카페 ★★☆

엄마들이라면 누구나 알 법한 화장품 브랜드 이니스프리에서 운영하는 카페로 제주에서 생산한 갖가지 신선한 재료들로 만든 식사와 음료를 낸다. 화장품 브랜드답게 감각적이면서도 사랑스러운 푸드스타일링이 돋보이는데, 특히 제주의 푸른 바다 빛깔을 그대로 담아낸 바다레모네이드는 보기만 해도 기분이 좋아진다. 아이들도 귀여운 당근이 박혀 있는 당근주스 등 평소엔 잘 먹지 않았던 재료도 모양 때문에 선뜻 입에 넣게 된다.

📍 서귀포시 안덕면 서광리 1235-3 ☎ 064-794-5351 🌐 jeju.innisfree.co.kr
🕙 09:00~18:00 ₩ 제주바다레모네이드 6,000원

아이와 떠나는
한나절 * 하루 * 하룻밤
감성 여행

**펴낸날** 초판 1쇄 2016년 7월 15일

**지은이** 권다현

**펴낸이** 임호준
**이사** 홍헌표
**편집장** 김소중
**책임 편집** 윤혜민 | **편집 3팀** 김은정
**디자인** 왕윤경 김효숙 정윤경 | **마케팅** 강진수 권소희 김혜민
**경영지원** 나은혜 박석호 | **지식사업부** 표현원 이용직 김준홍 차상은

**인쇄** (주)웰컴피앤피

**펴낸곳** 비타북스 | **발행처** (주)헬스조선 | **출판등록** 제2-4324호 2006년 1월 12일
**주소** 서울특별시 중구 세종대로 21길 30 | **전화** (02) 724-7633 | **팩스** (02) 722-9339
**홈페이지** www.vita-books.co.kr | **블로그** blog.naver.com/vita_books | **페이스북** www.facebook.com/vitabooks

ⓒ 권다현, 2016

이 책은 저작권법에 따라 보호를 받는 저작물이므로 무단 전재와 무단 복제를 금지하며,
이 책 내용의 전부 또는 일부를 이용하려면 반드시 저작권자와 (주)헬스조선의 서면 동의를 받아야 합니다.
책값은 뒤표지에 있습니다. 잘못된 책은 바꾸어 드립니다.

ISBN 979-11-5846-103-4   13980

- 이 도서의 국립중앙도서관 출판예정도서목록(CIP)은 서지정보유통지원시스템 홈페이지(http://seoji.nl.go.kr)와
  국가자료공동목록시스템(http://www.nl.go.kr/kolisnet)에서 이용하실 수 있습니다. (CIP제어번호: CIP2016015697)

- 비타북스는 독자 여러분의 책에 대한 아이디어와 원고 투고를 기다리고 있습니다.
  책 출간을 원하시는 분은 이메일 vbook@chosun.com으로 간단한 개요와 취지, 연락처 등을 보내주세요.

**비타북스**는 건강한 몸과 아름다운 삶을 생각하는 (주)헬스조선의 출판 브랜드입니다.